やわらかアカデミズム
〈わかる〉シリーズ

よくわかる
現代経営
第7版

「よくわかる現代経営」編集委員会
[編]

ミネルヴァ書房

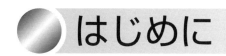
はじめに

　『よくわかる現代経営［第7版］』は，大学や短大で開設されている経営学入門用のテキストとして編集したものです。その目的は，経営学に関する基本的な知識を習得してもらうこと，そして何よりも経営学に興味をもってもらうことにあります。

　みなさんは，経営学に関して，どのようなイメージを持っているでしょうか。経営学なんて聞いたこともないという人から，将来は起業したいので非常に関心があるという人まで，そこには相当な差があると思います。

　しかし，経営学が対象としている企業（ビジネス）が，われわれの生活に大きく関係していることは，特に意識せずとも日常感じていることでしょう。昨今，企業が様々な「犯罪」や「不正」を犯し，マスコミをにぎわせていることも知っているでしょうし，また，Google, Amazon, Facebook, Apple という巨大 IT 企業が“GAFA”と呼ばれ注目されていることにも興味を持っているでしょう。そして，大学生活の先には，「就職」という逃れられない現実が待っています。

　企業（ビジネス）とは何か。経営学が解き明かすこの命題こそ，読者であるみなさんにとって最大の関心事であるに違いない，こうした認識をもってわれわれはこの『よくわかる現代経営［第7版］』を編みました。その際，単に企業を取り巻く現象のみを羅列・説明するのではなく，そうした現象の背後にある本質の解明こそが重要であるという観点から編集したことは是非とも強調しておきたいと思います。

　これまで経営学を学んだこともなく，また，経営学に対する関心に差があるみなさんに，基礎から講義し，その勉学意欲を鼓舞する目的をもつ本書の作成に当たっては，様々な困難に直面しました。何よりもみなさんの目線で経営学あるいは企業（ビジネス）を語る難しさを実感しました。しかし，これまでに履修・学習してくれたみなさんの先輩が多くのことを教えてくれたのも事実です。この『よくわかる現代経営［第7版］』は，これまでの授業でわれわれが得た貴重な体験に基づいて構想し，議論を尽くし，これまでの第1〜6版の内容を再度吟味・改良することによって実現したものです。講義に出席し，真摯な態度で受講し，質問してくれたこれまでの学生諸君に感謝します。また，今後もテキストとして使うなかで，みなさんの反応を参考にしながら様々な点を改良していかねばならないとも考えています。その際必要なのは，実際に受講

してくれているみなさんの「生の声」です。率直な「批判」を期待します。

　次に，『よくわかる現代経営［第7版］』の特徴について説明しておきます。本書は，まだまだ改良の余地はあると思いますが，現時点では最高のものができたと自負しています。その内容は，多くの大学や短大で開講されているマネジメント関連の専門科目の「序章」をなすものとして位置づけた点に1つ目の特徴がありますが，専門科目でも十分通用するものとなっています。

　2つ目の特徴として，初学者の便宜を図るため，各頁の左右にキーワード解説の欄を設けています。語学を学ぶ際に辞書が必要であるのと同様，経営学にも辞書が必要であることは言うまでもありません。ただし，このキーワード解説は，テキストとしての性格上必要最小限のものであることを理解しておいてください。

　3つ目の特徴として，各章末に内容確認と自学自習のための問題を「理解できましたか？」と「考えてみましょう！」の2段階に分けて設定しています。これらの設問は，講義で留意する内容であり，みなさんに是非理解してほしいと考えている点であることも指摘しておきたいと思います。

　4つ目の特徴として，初学者の今後の勉学の指針として，「はじめて学ぶ人のための入門書」，「本章をより理解したい人のための書物」，「進んだ勉学を志す人のための書物」の3段階で既刊の書物を解説しています。紙幅の関係で各章毎に計6冊ずつしか取り上げることができませんでしたが，それらは厳選されたものであり，それらの書物を読むことでより深い理解が得られるものと確信しています。

　5つ目の特徴として，みなさんの勉学をサポートする意味も込めて，巻末に「企業経営関連年表」を付け加えています。現代の企業（ビジネス）を学ぶ際に，企業（ビジネス）を取り巻く世界ならびに日本の情勢を的確に認識する必要があることは言うまでもありません。

　最後に，出版に際し貴重な助言と励ましを頂いたミネルヴァ書房の杉田啓三社長と編集部の杉田信啓氏に，心からの感謝の意を捧げさせていただきます。

　2022年12月

　　　　　　　　　　「よくわかる現代経営」編集委員会

もくじ

やわらかアカデミズム・〈わかる〉シリーズ

よくわかる
現　代　経　営
第 7 版

ビジネスを知る

1　生活を支えるビジネス

　企業や様々な組織を運営することを「経営する」という。会社経営，病院経営，学校経営という言葉にそのことが示されている。なかでも，企業の経営活動の成功と失敗は，社会全体に大きな影響を与えるので，特に重要である。そこで，本書は，現代企業の経営活動（現代経営）を中心に考察を行っている。

　企業という言葉は，起業，創業，興業と同じく業を企てるということであり，またそのようなことを行う組織を意味する。つまり，企業とは事業（ビジネス：business）を行う組織，特に経済活動を主目的とした事業組織のことである。したがって，本書『よくわかる現代経営』は，現代企業のビジネス活動の運営に関する問題を取り扱うことになる。

　さて，われわれの身近には，生活に直接かかわる様々なタイプのビジネスがある。例えば，衣に関するビジネスには，総合スーパーや百貨店の衣料部門，専門店などがある。食に関しては，スーパーマーケットを代表としてコンビニエンスストアや外食産業などがあり，住に関しては建築会社や不動産業，ホームセンターなどがある。さらに，運輸，自動車，電力・ガス，銀行など数えあげればきりがないほどのビジネスが行われている。

　このように，無数にあるビジネスを特定の分野ごとに分類したものが，産業である。鉄鋼産業，電機産業などのように。わが国においてどのくらいの産業があるのかを知るには，総務省統計局が公表している「日本標準産業分類」（2013年10月改定）が指針となる。だが，ここでは身近な新聞を利用して，産業分類を大まかにみておきたい。例えば，『朝日新聞』の金融情報欄の「東証プライム市場」には，日本を代表する大企業約1,800社余が産業ごとに分類され，それぞれの会社の株式の売買状況や価格が示されている。「水産・鉱業」，「建設」，「食品」，「繊維・紙」，「化学」，「医薬品」，「石油・窯業」，「鉄鋼」，「非鉄・金属」，「機械」，「電機」，「輸送機器」，「精密・諸工業」，「卸売業」，「小売業」，「銀行」，「証券・不動産」，「運輸・倉庫」，「情報・通信」，「電力・ガス」，「サービス」に区分されている。

　これらの1,800社は，ビッグ・ビジネス（大企業）といわれる。なぜならば，わが国に約260万社ある株式会社の中で，各産業を代表する存在だからである。売上高，資本金，従業員数のどれもかなり大きいのが特徴である。このような

▷**企業**
経済的活動を主目的とした事業組織。営利を目的とする私企業と，営利を目的としない公企業と協同組合がある。

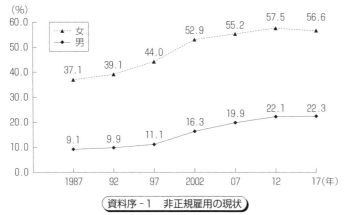

雇用者（役員を除く）に占める非正規就業者の割合

資料序-1　非正規雇用の現状

出所：総務省統計局「就業構造基本調査 結果の概要」，平成19年，平成24年，平成29年より筆者作成。

大企業の経営の成否はわれわれの生活に大きく影響するので，特に経営者は，企業を維持し発展させるために，日々懸命に努力をしなければならない。

❷ ビジネスの担い手としての企業

企業はビジネスの中心的な担い手である。そこで，企業が社会においてどのような役割を演じているかみておきたい。

まず，企業は経済の発展と豊かな生活の担い手である。企業の行うビジネス活動が活発になることにより，国の経済力は高まり，われわれの生活も豊かになるということである。

次に，企業は雇用機会と人々の収入の提供者である。企業が発展すれば，働く人々の収入も増え，新たに雇用される人も増加する。このように，企業の発展は人々の生活に大きな影響を及ぼすのである。上図に示したように，2000年頃以降，**非正規雇用**が急増している。非正規雇用労働者（非正規就業者）とは，企業の中核となる正社員でない人々，パートタイマー，アルバイト，派遣社員，契約社員などである。このような非正規雇用労働者（非正規就業者）が増える傾向があるということ，企業が正社員を必要最小限度にして費用負担の少ない非正規雇用を利用することにより，景気変動に対応する傾向が著しいことが問題視されているのである。

忘れてならないのは，企業は社会的存在だということである。営利企業であってもそうである。**営業の自由**は，市場経済における基本原則であるが，「公共の福祉に反しない限り」（日本国憲法第22条第1項）で認められているにすぎないからである。つまり，企業は自らの成長をめざすだけでなく，社会に貢献できるようにビジネスを行わなければならない。そして現在は，国内の視点からだけでなく，グローバルな視点から社会貢献を考えなければならない時代なのである。

▷非正規雇用
比較的に職の安定した雇用形態である正規雇用（正社員）以外の，パートタイマー，アルバイト，派遣社員，契約社員などの不安定な雇用形態。⇨Ⅵ-6「人材の多様化」も参照。

▷営業の自由
公共の福祉に反しない限り，取引活動を自由に行いうる権利。市場経済における基本原則であり，日本国憲法（第22条第1項）でどのような人（何人）にも保障されている権利。憲法上の表現は，「職業選択の自由」。

変化するビジネスとその経営

① 変化する産業構造

　企業経営は真空のなかで行われるのではない。激しく変化する環境のなかで，これに適応した経営活動が不可欠である。経営環境に適応できなければ，企業の存続が危うくなる。一国の産業の姿，構成のことを産業構造という。イギリスの経済学者ペティ（W・Petty）は，経済の発展につれて，農業，製造業，商業の間に格差が生じ，農業から製造業，商業へと働く人々が移っていく，と述べている。この考えに基づき，イギリスの統計学者クラーク（C・G・Clark）が，これらの産業を第1次産業，第2次産業，第3次産業に分類し，各産業の比重が順に移っていくことを明らかにした。

　わが国の産業構造はどのように変化したのか，**国勢調査**からおおまかに就業者数の移り変わりをみておこう。第1次産業は農業，林業，漁業から，第2次産業は鉱業，建設業，製造業からなり，第3次産業はそのほかの産業となっている。高度経済成長が始まった1955年には，第1次産業は41.1％，第2次産業は23.4％，第3次産業は35.5％であり，農林水産業の比重が高かったことがわかる。2020年には，これがそれぞれ3.2％，23.4％，73.4％となっている。

　第2次産業の中核である製造業は，卸売業・小売業とならぶ中心的な産業である。第二次世界大戦後の日本の高度成長を支えた製造業は，鉄鋼，化学，造船，紙パルプなどの産業であったが，1980年代に日本が経済大国の仲間入りを実現するために重要な役割を果たした指導的な産業は，電機産業と自動車産業であった。このように，産業には盛衰がある。すなわち，製品と同じように産業にもライフサイクルがあるということである。同じ産業が永久に栄えるということはない，といってよい。

② 会社の年齢と経営力

　新たに誕生し発展した産業も，いつかは斜陽化し，衰退する。だが他方，衰退しつつある産業や発展している産業のなかにあっても，経営業績の優劣があるのもまた事実である。バブル崩壊後のわが国企業のケーススタディを通じて，会社の状態をわかりやすく示すものさしを提示したのが，『会社の年齢』（日経産業新聞編，日本経済新聞社，1993年）という書物である。同書は次のように述べる。「人間の年齢は毎年，1歳ずつ確実に増えていく。ところが『会社の年齢』

▷国勢調査
政治の基礎資料を得るために，一定時期に人口状況やそのほかの状態について全国一斉に行う調査。5年ごとに簡易調査，10年ごとに大規模調査が行われる。最新の大規模調査は2020（令和2）年，就業状態等基本集計結果の公表は，2022（令和4）年5月。

は経営努力によって若返ったり，年をとったりするのが特徴だ。好ましい年齢は30歳から40歳代の前半まで。日本経済を支えてきた自動車や電機業界の有力企業はだいたいこの中に含まれている」(同上,「まえがき」)，と。それから約30年が経過した現在，自動車産業や電機産業に属する企業の年齢はどうなっているのだろうか。いま改めて考えてみる必要があるように思われる。

上の引用が示唆することは，会社の年齢は，経営努力にかかっているということである。経営努力や能力，すなわち環境変化を認識しこれに適応する努力や能力次第で，企業は若返ったり，老け込んだりするということである。

同書によれば，経営の若返りを図るには，次の4つのことに注意する必要がある(同上，7〜9頁)。第1は，「従業員の新陳代謝」，すなわち従業員の平均年齢，とりわけ役員を若返らせることである。第2は，「収益源の強い事業は徹底強化」，すなわち本業重視による活性化である。第3は，「成長分野を取り込み企業変身」することである。第4は，「企業革新を続ける」ことである。

③ 経営革新

現代企業には，特に経営革新が絶えず求められている。つまり，**シュンペーター**のいう**イノベーション**が大切なのである。

シュンペーターは，生産要素の新結合(新しい活用方法の実現)をイノベーションと呼んでいる。そして，イノベーションを通じて経済的リーダーシップを発揮することが企業家の役割であると述べている。彼は，ビジネスの成功事例の分析から，以下の3つの興味深い指摘を行っている(J・A・シュンペーター／清成忠雄編訳『企業家とは何か』東洋経済新報社，121頁)。

第1の指摘。「すぐに気づくのは，すでに確立された分野や方法での事業活動では，必要とする要素の供給を確保する以上に収益を大幅に上げることはほとんどできないという点だ」。この指摘は，大幅に収益を伸ばすには成熟した産業やルーチン・ワーク(日常的に決まっている繰り返される作業)に頼るのではだめで，要素の新たな組み換え(新結合)以外にない，ということである。

第2の指摘。「さらに，ほとんどの事業会社の収益能力は，数カ月から数十年の幅はあるものの，一定期間を経ると先細りになることがわかる」。この指摘は，新結合を行うことは困難なため，ほとんどの会社がそれを行えず，衰退の運命をたどっている，という事実を示している。

第3の指摘。「そして最後に，大きな余剰利益は新しい産業や新しい方法を採り入れた産業で生まれるのが通例で，特にその分野に一番乗りした企業によって実現されるものであることも明らかとなる」。この指摘は，イノベーションが企業に大きな利益をもたらすこと，すなわち企業経営の成功の源泉であることをはっきりと示している。

つまり，社会に有用なイノベーションの探求が，現代経営に求められている。

▷**シュンペーター**
⇨ I-2「経営史の体系」，V-6「経営戦略としてのイノベーション」。

▷**イノベーション**(innovation)
刷新，革新，新機軸などと訳される。シュンペーターが重視した考えであり，生産技術の革新よりももっと広い概念である。様々な要素を新たに結びつけ(新結合)，製品や組織に大変革をおこすこと。⇨ I-2「経営史の体系」，V-6「経営戦略としてのイノベーション」，VII-2「イノベーションとは」も参照。

グローバリゼーションと現代経営

グローバリゼーションの波

▷グローバリゼーション
(globalization)
国や企業などが，政治，経済，社会，文化，生活などの各領域で全世界的に影響を与え，地球規模的な活動ができるようになること。グローバル化。⇨ [V-5]「ハイパー・コンペティション下の経営戦略」も参照。

　グローバリゼーションは現代経営のキーワードの1つである。グローバリゼーションとは，政治，経済，社会，生活などの各領域で，国や企業などが全世界的に影響を与え，地球規模的な活動ができるようになることを意味している。財やサービス，人，熟練，アイデアなどが自由に地理的境界を超えて世界中を移動するような経済を「グローバル・エコノミー」というが，現代の経済は，まさにこのような状態になっているといってよい。企業の経営環境のグローバル化は，自国だけを視野に入れて活動していたのでは，激化する競争に生き残れないような厳しい時代になっていることを示している。では，わが国企業がグローバリゼーションの波に洗われるようになった時期はいつ頃であろうか。

　1973年と1979年の2度の石油危機を乗り切った日本経済は，1980年代に飛躍的に成長した。特に1980年代後半以降，日本企業の海外進出が本格化し，また日本の経済的地位が世界に際立つものになったと同時に，国際社会での経済大国日本への風当たりが強くなった。ちょうどこのような時期，経団連副会長でソニー会長であった盛田昭夫の「『日本型経営』が危い」（『文藝春秋』1992年2月号）という論文が発表され，大きな反響を呼んだ。

　盛田は次のように述べた。「日本は世界経済のボーダレス化の流れの中に深く組み込まれており」，環境問題や資源問題をはじめとする「世界的規模の課題は，すべて日本の将来に大きなインパクトを持つものであります。／……そのような世界的にクリティカルな時に，その三極の大事な一角である日本という国が，欧米から不信の目で見られているような状況は何としても変えていかなければなりません。そのための大事な一歩として，日本企業が欧米と整合性のあるルールの上でフェアな競争をしていくことが何としても重要なのです」。

　すなわち，日本企業の競争のやり方を再考し，「欧米と整合性を持った競争ルールの確立を通じて欧米の対日不信を払拭し，グローバルな課題解決のための日米欧の緊密な協力関係を築き」「豊かな日本の創造」を目指すために，「今一度我々の企業理念を真剣に考える時なのです」と述べ，改革の提言を行ったのである。盛田論文は，日本経済を積極的に世界に一体化させる必要性に迫られていること，グローバル経済の一翼を担いうる経営行動への大転換が迫られていることの危機意識を表明したものである。

② グローバリゼーション下の企業経営

　グローバリゼーションの大波がわが国を襲った顕著な現象は，1990年代後半の巨大外資の流入や企業の経営機構改革の動きにみられる。1999年3月，日産自動車はルノー（仏）と**資本提携**し，傘下に入った。トヨタ自動車と並び経済大国日本を支えてきた大企業の，グローバル競争に直面した生き残りのための選択であった。流通業界に目を転じると，会員制卸小売りとして急成長しているコストコ（米）の出店は1999年，2002年には，世界最大の小売業のウォルマート（米）が西友に資本参加し，2005年に子会社化した（経営不振のため，2021年3月に株式の大半（85％）を売却）。2016年8月に経営不振にあえいでいた家電大手のシャープが鴻海（中国）に買収され，子会社になった。

　1980年代後半は，いわば日本の時代であったが，一転して1990年代後半は，日本企業とアメリカ企業の収益力格差が広がった。当時，収益状況が好調なアメリカ企業と対照的に，景気低迷に苦しむ低収益力の日本企業との格差（日米**ROE**比較）が広がっていることが指摘されている（『日本経済新聞』1997年1月25日付）。持株会社の解禁，ストック・オプション制度の解禁などが相ついで実施されたのは，この時期である。なかでも，企業の経営機構改革の流れが勢いを得たことが注目される。1997年5月，ソニーの経営機構改革の発表が大きな注目を集めた。改革のポイントは，取締役の人数を大幅に削減して取締役会を活性化し，意思決定を迅速にする体制をつくったということにある。グローバル競争に対処するべく，グループとしての迅速な意思決定を可能にしようとしたのである。その後，わが国の大企業も取締役会をスリム化し，経営業務の意思決定と監督機能を担う取締役会と，経営業務を実行する**執行役員**とに役割分担する体制が浸透している。

　現代は，グローバルな視野から経営を行うことが避けられない時代である，ということを決して忘れてはならない。

> ▷**資本提携**
> 提携と呼ばれる企業結合の基本形態であり，技術や販売などにおいて企業間の結びつきを強める契約関係としての業務提携と区別される，株式所有による資本参加のこと。

> ▷**ROE**（return on equity）
> 資本の出資者である株主の観点からの収益性の尺度である，自己資本純利益率（株主資本利益率）のこと。

> ▷**執行役員**
> ⇨ Ⅱ-3 「監査役会設置会社におけるコーポレート・ガバナンス改革」。

Key Person のことば

Life Wear が世界を変える（柳井　正）

　「LifeWear は，あらゆる人の生活をより豊かにするための服です。美意識のある合理性をもち，シンプルで上質，細部への工夫に満ちた，生活ニーズから考え抜かれた究極の普段着です。……／現在，世界的に企業の評価基準は，企業としての『質』を問うものに変化しています。我々は事業を拡大し，『世界 No. 1』をめざしています。……膨大な量の服を製造・販売している我々にとって，服を製造している縫製工場や素材工場で働く人々の労働環境や人権を守ること，地域社会への影響に配慮することが，より重要になってきています。また，全商品リサイクル活動，女性活躍，障がい者雇用，難民支援などの社会貢献活動も積極的に行っていきます。／我々は，世界中で社会に良い影響を与え，尊敬される企業になりたいと願っています。服を通して人々の生活をより良い方向に変える努力を，これからも続けていきます。」

　「あらゆる人のための Life Wear には，『服を変え，世界を変えていく』という強い思いが込められています。この原点を大切にして，平和な世界とより良い社会の実現のために力を尽くします。」（「トップメッセージ」2019年5月，2022年5月）

企業形態の発展過程

 企業と会社の関係

○企業

　まず，企業とは，営利・非営利を目的として，生産要素（土地，資本，労働，企業者能力，原材料など，財とサービスの生産に用いられる資源）を総合し，経済活動として製品やサービスの生産・供給などの事業を継続的に行う経済主体（経済単位）である。

○会社

　次に，会社とは，営利社団法人という企業形態をとっている企業のことである。企業形態とは，企業がその目的を最も効果的に達成するためにとる様々な様式をいう。「社団」は，一定の目的によって集結した社員（資本金の出資者；サラリーマンや OL などの従業員ではない）の集団である。「法人」は，自然人（個人）以外で，様々な法律（会社法や銀行や保険会社などの特別法）によって法人格（権利義務の主体たる資格）を認められた存在である。つまり，会社は，基本的には，営利目的をもち，複数の出資者がいて法人が事業主である企業となる。

2 企業形態の分類と発展過程

○法的形態と経済的形態

　企業形態には，設立・運営要件に関する各種法律に規定された法的形態と出資者の種類，構成，人数からとらえる経済的形態との2つがある。

　法的形態には，個人企業，合名会社，合資会社，合同会社，株式会社，**相互会社**，協同組合，**特殊法人**の一部（**特殊会社**，**公庫**，**事業団**）などがある。このうち，合名会社，合資会社，合同会社，株式会社の4つが会社法でいう会社形態であり，株式会社を除く3つが**持分会社**である。法的強制力の存在から，単に企業形態といえば法的形態を意味することが多い。

　経済的形態には，まず，企業の出資者が行政か民間かにより，公企業（第1セクター），私企業（第2セクター），両方からの出資による公私合同企業（第3セクター）の3つがある。このうち，最も多くを占める私企業には，資本結合の有無（出資者が1人か複数か）により単独企業と集団企業（共同企業）の2つがある。集団企業は，出資者の人的関係の多少（出資者の数が少数か多数か）により，少数集団企業と多数集団企業の2つがある。公企業や公私合同企業は出資

▷**相互会社**
保険業法によって設立され，顧客（保険契約者）を社員として保険業を行うことを目的とする非営利社団法人。保険契約者である社員から保険料を徴収し，社員相互の保険（相互扶助）の精神のもと保険金を支払うという意味で相互会社と呼ばれる。相互会社は，社員に対しての剰余金分配を利益配当ではなく保険料の払い戻しとして行うため，いわゆる営利社団法人としての会社とは異なり，非営利社団法人と位置づけられる。多くの生命保険会社にみられる会社形態であるが，資金調達・合併や外部評価等を考慮して株式会社に移行する会社も出てきている。

▷**特殊法人**
公共の利益となる事業や国の政策を推進するために特別法に基づいて設立される法人のうち，独立行政法人，認可法人，特別民間法人のいずれでもないものをいう。日本中央競馬会（JRA），日本放送協会（NHK）のように，事実上の企業に近い活動を行っているものもある。

▷**特殊会社**
特別法に基づいて設立される株式会社で，第3セクターをとる特殊法人の一形態である。公益性の高い事業のため国家による特別の保

者が政府または地方自治体かによって分かれる。

これら企業形態のうち主要な法的形態である個人企業や会社形態を，経済的形態との対応関係に留意してみると，資本結合が次のように拡大していく企業の歴史的発展過程となっていることがわかる（カッコ内は経済的形態）。すなわち，個人企業（単独企業）→合名会社・合同会社（第1種少数集団企業）→合資会社（第2種少数集団企業）→株式会社（多数集団企業）と。次に，主要な法的形態では，企業の所有と経営がどのようになっているのかみてみよう。

○個人企業

これは，一個人が唯一の個人事業主（オーナー経営者）として出資（所有）と経営を統一して行う企業形態である。このため，企業規模拡大は一個人の出資能力や経営能力の範囲に限定される。さらに，企業が倒産した場合，個人事業主はその全財産で負債を支払う無限責任を負うため，多大なリスクがある。

○合名会社

これは，基本的には複数の個人が全員無限責任社員として出資（所有）と経営を統一して行うオーナー経営者の集団（個人企業の集合体）のような企業形態である。複数の出資によって資本規模は拡大され，社員は自身の出資額以上の資本の支配者となれるが，意見が対立すると出資の払い戻しによる資本規模の減少を生みかねない。この危険を少しでも避けるために出資者の追加は人的関係（親兄弟や親戚などの血縁関係）を重視したものとなり，資本規模拡大には限界がある。会社法で社員1名の合名会社も新たに認められた。

○合資会社

これは，無限責任社員に加えて有限責任社員も会社に出資することで資本規模の拡大をしやすくした企業形態である。無限責任社員は会社に出資するとともにその経営権（業務執行権と代表権）をもつが，会社が倒産した場合は無限責任を問われる。一方，有限責任社員は出資するものの経営に参加せず，会社の利益を配当として受け取るだけであるが，会社が倒産した場合，会社の負債を支払う責任は出資した額だけで済み，無限責任社員に比べてはるかに軽い。こうして，合資会社では，所有と経営の分離が初期的ではあるがみられる。

○合同会社

これは，2006年の会社法施行に伴い，企業や大学・研究機関における新規事業，共同研究開発の促進などを狙って新設された企業形態である。LLC（Limited Liability Company の略）とも呼ばれる。社員は全員有限責任であり，出資比率と異なる利益分配も可能である。また，会社の内部関係の規律や設計の自由度が高く，迅速な意思決定ができる。このため，アマゾンジャパンやアップルジャパンのように後述の株式会社から移行する大企業もある。「合同」という名称だが，出資者1名でも設立できる。原則として全社員が合意のもとで会社の業務執行に当たるので所有と経営の一致といえる。

護・監督を必要とするものの，事業規模の大きさや後の完全民営化の可能性を考慮して，行政機関よりも会社形態で運営する方が妥当であると判断される場合に設立される。日本郵政，日本電信電話（NTT），日本たばこ産業（JT），高速道路各社などが代表的である。また，JAL，JR東日本，JR東海，JR西日本などのように完全民営化して普通の株式会社に移行したものもある。

▷公庫

政府系金融機関のうち，特殊会社，独立行政法人を除いた，政府の全額出資する特殊法人。現存するのは，沖縄振興開発金融公庫のみである。なお，日本政策金融公庫は，特殊会社の1つである。

▷事業団

国の経済・社会政策を実施するために政府，地方自治体が出資して設立する特殊法人などである。事業規模は比較的小さく，独立採算性も求められていない。日本私立学校振興・共済事業団が著名である。

▷持分会社

合名・合資・合同会社では出資者である社員の地位を持分と呼ぶことから，これらを総称して持分会社となった。なお，株式会社では，出資者である株主の有する権利を株式と呼ぶ。

株式会社：現代の中心的な企業形態

物的会社へと変化した株式会社

　序-4でみてきた企業形態は，いずれも社員間の人的関係が親密で，社員の人的要素（社員の個性・資質）を信用の基礎として重視する人的会社であったので，資本規模拡大という点で問題があった。この問題を優れた基本思想によって解消し，大規模な資本結合を可能にしたのが株式会社である。この思想こそ，株式発行による資本の諸変化，全株主の有限責任制，会社機関の設置である。これらによって，株式会社は，社員間の人的関係が希薄で，会社の物的要素（社員の出資した資本などの会社財産）を信用の基礎として重視する物的会社（資本会社）となり，長期的・継続的な事業運営が可能となった。

2 株式制度と資本の諸変化

○株式制度と資本の固定化

　株式会社は，株式を発行して出資を募る。出資者は株式を引き受けて株主となる。株式とは，出資資本を小さな単位に分割したものであり，会社の所有する財産に対する株主の支配権（**自益権**，**共益権**）として割り当てられる。この株式制度により，企業は個々では資金をあまりもたない一般大衆から巨額の資金を集められるようになった。株式を通じて集められた資本金は企業内部に永続的に固定され，商品の生産など現実の経営活動に使われる資本（現実資本）となる。

○株式発行による資本の諸変化

　株式は，**有価証券**の1つとして市場で売買される株券（株式証券）となる（資本の証券化）。現在の株券は原則として電子データとなっている。株主は株券を売って自己の資本金を回収し，株券は別の株主に移る（資本の動化）。株券の配当や市場価格（株価）は現実の経営や経済状況等から影響を受けるが，現実資本の増減（現実資本の運動）とは別に株式市場の需要と供給の法則にしたがい上昇・下落する。この株式時価総額の動きを現実資本の運動になぞらえて擬制資本の運動といい，これらをあわせて資本の二重化という。

▷**自益権**
株主個人が経済的利益を受け取る権利。例えば，利益配当請求権（配当金を受け取る権利），残余財産分配権（会社解散時の借金返済後に残った財産を分配して受け取る権利），株主優待券などを受け取る権利など。

▷**共益権**
会社の利益や株主全体に影響し，主に株主総会を通じて経営に参加する権利。例えば，株主総会議決権，株主提案権，解散請求権（会社の解散を裁判所に請求する権利）など。

▷**有価証券**
財産権（財産的価値のある権利）を表示・証明し，この財産権を移転・行使する際に必要な証券。証券そのものに価値があり，売買の対象となる。株券・債券・手形・小切手・貨物引換証・商品券・プリペイドカード等。有価証券のペーパーレス化（電子化）で券面（紙片）としての株券・債券は廃止されてきている。

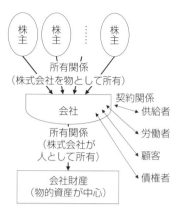

資料序-2 物であり人である株式会社

出所：岩井克人「『株主主権論』は理論的誤
謬」東大・朝日シンポ「資本主義の将
来」(2009年10月23日：東大安田講堂)
http://www.asahi.com/shimbun/
sympo/091023/speech02.html (2013
年12月14日アクセス) を大幅に加除修
正。

③ 全株主の有限責任制

○物であり人である株式会社

　岩井克人によれば，株式会社は物として人としての二面性をもつ。株主は会社を上記支配権である株式の集合体つまり「物」として所有し，会社は法人つまり「人」として会社財産を所有し貸借の契約者となる（**資料序-2**）。こうして，株主の個人財産と法人の会社財産とは明確に区別されるようになる。例えば，デパートの株主は，前記のように自益権と共益権をもっている。しかし，株主が投資先であるデパートの売り場にある洋服（会社財産の1項目である商品の1つ）を，株主であることを理由に代金を支払わずに勝手に持ち帰ったら窃盗罪で逮捕される（株主優待券を使用して購入するなら，株主の正当な権利の行使である）。株主の権利は実はかなり限られたものなのである。

○全株主の有限責任制

　このため，会社倒産の際に債権者が差押えできるのは，株主の個人財産ではなく契約者である法人の会社財産だけであり，借金の返済義務も株主ではなく法人が負う。全ての株主が負うのは出資した額の株式価値がゼロになりうる有限責任だけである。しかも，株主はいつでも株券を売却して会社との関係を断てるので，この危険も回避しうる。一方，経営に直接関与せず，配当や株価にのみ関心をもつ個人・法人や**機関投資家**などを生み出し，さらに所有と経営の分離は進行する。

○所有と経営の分離から所有と支配の分離へ

　所有と経営の分離がさらに進行すると，株式を保有しない専門経営者が経営に無関心な株主から株主総会の委任状を多く集めて，あたかも自らが大株主であるかのように次期経営者の選任（支配）を事実上行う（経営者支配）。これによって，法的所有者である株主は支配（経営者人事）権を事実上失ってしまう（所有と支配の分離）。これが本来ありえない画期的な社会現象であるため経営者革命とも呼ばれる。

○経営者革命によって生じるコーポレート・ガバナンス問題

　経営者革命下にある株式会社では，経営者支配があたかも当然かのようにみなされる。よほど大きな不祥事によって経営者に対して社会的に大きな批判が浴びせられない限り，経営者の地位は基本的に安泰である。ここに，経営者の不祥事や企業経営の迷走の温床があり，ひいては，これらを適正なものにする**コーポレート・ガバナンス**の問題が存在する。所有者支配が貫徹していればコーポレート・ガバナンス問題は論じる必要がない。経営者支配があたかも当然かのようにみなされるために，コーポレート・ガバナンス問題を論じる必要が生じるのである（**資料序-3**）。

▷機関投資家
⇨Ⅱ-1「コーポレート・ガバナンスって何？」。

▷コーポレート・ガバナンス
⇨第Ⅱ章「コーポレート・ガバナンスを知る」。

❹ 会社機関の設置

○会社機関と機関設計

株式会社がこれまでの会社形態と大きく異なるのは，会社機関の存在である。株式会社の機関とは，株主総会，取締役，取締役会，監査役，監査役会，**三委員会**，**会計監査人**，**会計参与**など会社を運営する内部組織である。また，これらの機関の選択・組み合わせを機関設計という。株式会社には必置機関があり，任意機関でも大企業の多くが設置している。会社法では，株式会社形態として，監査役会設置会社のほかに各種委員会等設置会社も新設されるようになった（ともに第Ⅱ章「コーポレート・ガバナンスを知る」を参照）が，ここでは従来からあり，なお圧倒的多数を占める監査役会設置会社の必置機関を中心に述べる。

○株主総会

全ての株式会社で必置すべき株主総会は，株主を構成員とし1株1票の多数決に基づく最高議決機関である。株主総会の主な決議事項は，定款の変更や会社の解散・合併，取締役・監査役等の選任・解任と報酬額の決定，決算書類の承認など会社の存続や株主の権利に重大な影響を及ぼすものである。日本の大企業では，総会に実際に出席する株主は少なく委任状出席が多い。決議事項にもほとんど異議なしに取締役会の決定を追認するだけで形骸化している。とりわけ，会社側が株主からの質疑応答を避けようと議事進行を故意に早めるため，株主が拍手（シャンシャン）しかできない株主総会を俗にシャンシャン総会という。

○取締役と取締役会

取締役（任期2年，1人以上）も全ての株式会社における必置機関である。取締役が2人までの場合，取締役は会社の業務を執行し対外的に会社を代表する。取締役が3人以上の場合，取締役全員で構成される取締役会が設置される。取締役会は会社の業務執行に関する意思決定を行い，代表取締役を監督する。取締役会の主な決議事項は代表取締役等の選任・解任，支店・事業部等重要な組織の新設・改廃，新株・**社債**の発行などである。

○代表取締役を頂点とする様々な経営者

代表取締役は，取締役会の決定のもとで日常の業務執行を行い，対外的に会社を代表する。代表取締役を頂点として日常の業務執行を分業する取締役，**執行役**などが経営者である。

会社法上では，取締役は，代表取締役をはじめとする会社内部の業務執行を分担する業務執行取締役，重要な財産の処分や譲り受けと多額の借財を決議できる特別取締役などに区分される。

実務上では，業務執行取締役は，会長・副会長・社長・頭取・副社長・副頭取・専務・常務などの肩書き（役職）をもっているため役付取締役ともいう。

代表取締役ではない業務執行取締役を業務担当取締役という。肩書きのない取締役は平取締役といい，平取締役のうち従業員（使用人）としての肩書きももつ取締役を使用人兼務取締役という。例えば，営業担当取締役は役付取締役であり，取締役営業部長は使用人兼務取締役である。通常，役付取締役は使用人兼務取締役よりも組織上における上位者である。そして，役付取締役の中でも，それぞれの肩書きに応じて明確な上下関係が形成されている。

このように，同じ経営者といっても個々の役割，立ち位置は様々である。経営者は組織的に役割分担することによってはじめて，企業における日常の業務を執行しうるのである。

○監査役と監査役会

監査役（任期4年，**大会社**は3人以上，それ以外の会社は1人以上）は，財務諸表の妥当性を監査する会計監査と取締役の業務執行の適法性を監査する業務監査を行う。大会社では，社内の常勤監査役と過半数の社外監査役で構成される監査役会が必置機関となる。

○専門経営者の能力を発揮できる制度

取締役と監査役をあわせて会社役員または重役と呼ぶ。取締役，監査役ほか役員はいずれも株主でなくても構わない。会社機関は，所有と経営の分離という考えを縦糸に，組織的意思決定という考えを横糸にして，株式を持たない専門経営者がその能力を発揮できる制度なのである。

▷大会社
会社法に規定された，資本金5億円以上または負債総額200億円以上の株式会社。財務諸表の開示，複数の監査役，会計監査人の設置が義務づけられる。なお，中小企業基本法に定義された中小企業に該当しない企業を大企業という。業種によって資本金，従業員数の規定が異なり，会社に限定されない。

5 株式会社こそ現代の中心的な企業形態

最後に，国税庁の令和2年度分会社標本調査結果によれば，株式会社は会社形態別法人数の構成比で，全体の92.1％（資本金10億円超で89.7％，1,000万円以下で96.3％）を占めている（https://www.nta.go.jp/publication/statistics/kokuzeicho/kaishahyohon 2020/pdf/11.pdf 2022年7月23日アクセス）。株式会社は，株主多数の大企業から株主一人の中小零細企業（一人株式会社）までカバーする，まさしく現代の中心的な企業形態なのである。

・コーポレート・ガバナンスの不要な所有者支配

所有者の支配権力が取締役会を通じて，代表取締役を中心とする業務担当役員にまで浸透・貫徹している。このため，株主による監視という意味でのコーポレート・ガバナンスを論じる必要はない。

・コーポレート・ガバナンスの必要な経営者支配

経営者の支配権力が代表取締役を頂点とする業務担当役員によって確立され，形式化した取締役会・株主総会の支配権力を侵害している。このため，株主による監視という意味でのコーポレート・ガバナンスを論じる必要がある。

資料序-3　コーポレート・ガバナンスと会社支配

出所：貞松茂『コーポレート・コントロールとコーポレート・ガバナンス』ミネルヴァ書房，2004年，61頁を筆者が加筆修正。

6 企業の社会的責任

① 企業の社会的責任とは

企業の社会的責任（Corporate Social Responsibility：CSR）とは，企業活動に利潤追求だけでなく，社会的公正や倫理，環境への配慮を取り入れ，**ステークホルダー**に対して責任ある行動を取るという考え方である。

② 企業の社会的責任のピラミッド

アメリカの経営学者キャロル（A. B. Carroll）らは，CSRの理念的モデルとして，経済的責任，法的責任，倫理的責任，社会貢献的責任を包括的・立体的にとらえたCSRのピラミッドを提示した。第1層の経済的責任とは，企業が社会の必要とする製品・サービスを適正な価格で提供し利益をあげる，という最も基本的な責任である。第2層の法的責任とは，企業が経済的責任を果たす上で社会的存在として法律や条例を遵守するという責任である。これら2つの責任は企業に最低限要求される責任である。第3層の倫理的責任とは，企業がこれら2つの責任を果たした上で，倫理に基づいて社会から期待されている活動や慣習を**企業倫理**として実践する，というより上位の責任である。第4層の社会貢献的責任とは，企業が寄付やボランティアなどの慈善活動や企業市民活動を行うフィランソロピー的責任である。これは，社会から倫理的には期待されていないが自発的に取り組むことを希望されている最上位の責任である。

③ 企業の社会的責任の具体的活動課題

CSRの具体的な活動課題は次の8つに分類される。第1にコンプライアンスである。法令の遵守はもちろん社内規則の整備と遵守，行政への贈賄・接待防止，知的財産権保護などがある。第2に環境負荷低減である。公害対策，環境配慮商品の開発，温室効果ガスの削減と排出権取引などがある。第3にコーポレート・ガバナンスである。株主・投資家への情報発信，取締役会における決定と執行の分離，監査役における監督機能強化，役員の評価・報酬の開示，**SRI**ファンド（投資信託）への選定などがある。第4に情報の開示・保護である。財務諸表とともにCSR報告書の発行・開示，ホームページによる迅速・誠実・正確な開示，個人情報の漏洩防止・適切な取り扱いなどがある。第5に商品である。適正価格で安全・安心・高品質の商品提供，アフターサービスの

充実，フェア・トレード（発展途上国の生産者と適正価格で商品取引）などがある。第 6 に雇用である。雇用の確保・維持，雇用条件の改善，従業員の能力開発・自己実現の支援，労働環境の確保，**ダイバーシティ**への対応などがある。第 7 に人権である。採用時・採用後の差別撤廃，各種ハラスメントの撲滅，海外工場における児童労働・強制労働の根絶などがある。第 8 にフィランソロピーである。寄付・ボランティア活動，メセナ（芸術・文化への支援），教育機関との連携・教育機関の設置，災害復興支援，NPO・NGO への支援，植樹・まちづくりなどの地域貢献がある。

　このように，CSR の活動課題は企業の経営活動のあり方そのものを問うものである。近年の CSR は，存在感を大きく増しつつある NPO・NGO などの他組織との協働によって **CSV** として社会的価値と経済的利益の両方を積極的に追求することもよくみられる。これは，国連で採択された **SDGs** が企業に限定せず，全ての組織の社会的責任（SR）のガイドラインとなりつつあることとも相まって，CSR がさらなる発展段階を迎えたことを雄弁に物語っている。

を同時に創出させることをいう。CSV は利益の最大化を鮮明にしている点で従来の CSR と異なっている。

▷SDGs（Sustainable Development Goals）
持続可能な開発目標（エスディージーズ）。2015年 9 月の国連総会で採択された，国連の具体的行動指針で，持続可能な世界の実現に向けた17の大きな目標（ゴール）とこれらを達成するための169の具体的な達成基準（ターゲット）から構成される。企業だけでなく，政府，経済団体，大学などの幅広い組織が2030年までに取り組む目標とされる。

Exercise

○理解できましたか？
　　1）経営の革新とはどういうことでしょうか。また，なぜそれが必要なのでしょうか。
　　2）企業の社会的責任のピラミッドとは何ですか。
○考えてみましょう！
　　1）企業を経営することの意義はどこにあるのでしょうか。
　　2）株式会社はなぜ現代の中心的な企業形態となりえたのでしょうか。

勉学へのガイダンス

○はじめて学ぶ人のための入門書
　竹林浩志編・廣瀬幹好編著『ビジネスとは何だろうか』文眞堂，2020年。
　　社会的存在としての企業とビジネスの意義について，身近な事例を取り上げ説明している。
　渡辺峻・伊藤健市・角野信夫編著『やさしく学ぶマネジメントの学説と思想［増補版］』ミネルヴァ書房，2010年。
　　経営学に大きな影響を与えた人物や，その理論を応用して企業経営に取り組んだ企業家を紹介している。
○本章をより理解したい人のための書物
　岩井克人『会社はこれからどうなるのか』平凡社，2009年。
　　わが国の株式会社の特徴を懇切，丁寧に解き明かし，明日の会社の役割とは何かを解説している。
　P・F・ドラッカー『〔新訳〕現代の経営〈上〉〈下〉』（上田惇生訳）ダイヤモンド社，1996年。
　　The Practice of Management（1954）の邦訳書。半世紀を超えて読み継がれる不朽の名著。ドラッカーの幅広い知識と深い洞察力が生み出す企業観（経済的，人間的，社会的次元からの）が凝縮されている。
○進んだ勉学を志す人のための書物
　J・C・コリンズ & J・I・ポラス『ビジョナリーカンパニー』（山岡洋一訳）日経 BP 出版センター，1995年。
　　超優良企業18社の成功の源泉が基本理念にあると解明する，世界的大ベストセラー。
　J・E・ポスト他『企業と社会（上・下巻）』（松野弘他監訳）ミネルヴァ書房，2012年。
　　アメリカで最も定評のある「企業と社会」論に関するテキストの邦訳。

（第 1 ～ 3 節　廣瀬幹好　第 4 ～ 6 節　片岡　進）

経営史を学ぶ

1 歴史を学ぶということ

　歴史とは何であろうか。一般的には「人類社会の過去における変遷・興亡の記録」，あるいはまた「ある事物が現在まで生成し変化してきた過程」として理解される。カーは，さらに進めて「歴史とは，歴史家とその事実のあいだの相互作用の絶えまないプロセスであり，現在と過去のあいだの終わりのない対話」であると述べた。歴史を学ぶということもまた，現在に生きるわれわれの，記録された過去の事実との間の，尽きることのない対話の過程であるといえるだろう。しかし，われわれは何を求めて過去と対話するのか。それはなによりも，現在の理解と未来の創造のためである。

2 経営史とは

　現代企業が直面する課題として，グローバル経営，**M&A**，**リストラクチャリング**，コンプライアンス，CSR 経営，環境経営などに注目が集まっている。しかし，これらの課題はどこまでが現代経営に固有なものであるといえるのか。なぜ，いかにしてそれが新しい課題であると認識できるのか。現代の企業経営の特徴や仕組みを理解しようとするとき，われわれはやはり過去との対話を欠かすことができないようである。

　経営史は，これまでの企業経営の歴史を体系的に記録し，分析し，現在との対話を行う学問分野である。それは，われわれの生活を特徴づけている企業経営が，何を契機に発生したのか，どのような要因で，いかなる発展段階を経て今日の姿に至ったのかを明らかにするものである。経営史の学習にあたっては，過去の企業経営に関する事柄について知ることが重要であることはいうまでもない。しかし，ただ単に事実を知っていればよいかというと，そうではない。肝心なことは，企業経営が発展する過程や仕組み，すなわち経営発展のダイナミズムを把握することであり，企業経営に関する中長期的な動態をとらえる大局観を身につけることである。

3 企業経営の進化

　具体例を挙げてみよう。アメリカのジェネラル・エレクトリック社（General Electric Company, 以下 GE）は，かの有名なトーマス・A・エジソンを創業者

▷ Ｅ・Ｈ・カー（Edward H. Carr, 1892-1982）
イギリスの外交官・国際政治学者。著書『歴史とは何か 新版』（近藤和彦訳，岩波書店，2022年）は必読。

▷M&A（Merger & Acquisition）
企業の合併と買収のこと。企業成長の１つの方法で，自社で工場を建設し流通網を整備する内部成長戦略に対し，外部成長戦略ととらえることができる。M&A は19世紀末から20世紀初頭（第 1 次合併運動），1920年代（第 2 次合併運動），1960年代（第 3 次合併運動），そして1980年代以降今日まで（第 4 次合併運動）と，いくつかの波をもって繰り返されている。

▷リストラクチャリング（restructuring）
事業の再構築のこと。企業の成長戦略の１つで，保有する事業や製品の構成を見直し再編成する。人員削減を伴うことも多く，リストラ＝馘首ととらえられがちであるがそのような理解は一面的である。リストラクチャリングの手段として M&A が用いられることが多い。

の1人にもつ巨大企業である。2018年度の**アニュアル・レポート**によると，収入は約1,250億ドル（約13兆7,500億円），純利益は約10億ドル（約1,100億円）であり，従業員はアメリカ国内に9万7,000人，世界全体で28万3,000人を有していた。

GE は，1892年にエジソン・ジェネラル・エレクトリック社ともう1つの有力電機企業トムソン＝ヒューストン社が合併し設立された企業である。合併時にすでに売上高2000万ドル，従業員1万人という大企業であったが，当時の事業は電灯システム（白熱電球，発電機，電力システム），市街電車システム，そして産業用電気機械の製造販売であった。しかし GE は，社名にもある "electric" 事業にこだわることなく，時代に合わせて大胆な多角化を行ってきた。1980年代には金融事業とサービスを中心とした事業のリストラクチャリングを行い，21世紀に入ってからは，金融事業の規模縮小とインフラストラクチャー（社会技術基盤）関連事業の拡大に舵を切った。2018年時点では風力発電，水処理技術，ガス田開発技術などの幅広いインフラストラクチャ事業，航空機関連事業，ヘルスケア事業，金融事業など7つの領域で事業を行っていた（**資料Ⅰ-1**）。しかし課題も多く，グローバル化や ICT 化の進展によって主力の電力事業では赤字決算となり，金融事業でも赤字体質から脱却できなかった。2021年には，ついに会社全体を航空機エンジン，医療機器，電力の3事業に分割すると発表したのである。

エジソン時代の電球と発電機を中心としたモノづくり企業が，なぜ，どのような発展段階を経て**コングロマリット**へと成長・転化したのか。なぜそのメリットが「コングロマリット・ディスカウント」となり，企業の解体にいたってしまったのか。長期的な視点で企業発展を法則的に把握することが，現代経営の特質を把握する1つの方法である。

▷**アニュアル・レポート**（annual report）
年次報告書のこと。企業が株主に対して業績や財務諸表，経営者のビジョン等を開示する媒体である。近年では日本企業も年次報告書を作成するようになった。経営内容を開示するものとしては，ほかに米証券取引所（SEC）に提出される Form 10-K Report，日本では有価証券報告書などがある。

▷**コングロマリット**（conglomerate）
複合企業。本業と技術的にも市場的にも関連のない複数の事業を行う企業。本来は企業合併の分類に際して，水平的合併，垂直的合併にあてはまらない合併に付与された名称。1960年代アメリカにおける第3次合併ブーム時に大幅に増加し注目されるようになった。

資料Ⅰ-1　事業領域別の売上高と利益の変化（2016-2018年）

（単位：100万ドル）

事業領域（事業）	収　入		利　益	
	2016	2018	2016	2018
インダストリアル事業	112,324	115,664	15,785	10,774
電力事業	35,835	27,300	4,187	▲808
再生エネルギー事業	9,752	9,533	631	287
航空機関連事業	26,240	30,566	5,324	6,466
オイル＆ガス関連事業	12,938	22,859	1,302	429
ヘルスケア事業	18,212	19,784	3,210	3,698
輸送機器事業	4,585	3,898	966	633
照明事業（2016年は家電含む）	4,762	1,723	165	70
金融事業	10,905	9,551	▲1,251	▲489
合　計	123,229	125,215	14,534	10,285

（注）　▲はマイナスを示す。
出所：GE 2018 Form 10-K および同社ホームページより作成。

経営史の体系

▷ハーバード大学 (Harvard University)
1636年に設立されたアメリカ最古の私立大学。ハーバード・カレッジ（リベラル・アーツ学部）の上にビジネス・スクール，ロー・スクールなどの大学院が設置され，全体としてハーバード・ユニバーシティを形成している。ビジネス・ヒストリーが育ったビジネス・スクールはチャールズ川の右岸ボストン市側にあり，企業者史は左岸ケンブリッジ市にあるアーツ・アンド・サイエンス大学院で育った。

▷W・B・ドーナム
(Wallace B. Donham, 1877-1954)
マサチューセッツ州ロックランド生まれ。ハーバード大学ロー・スクールを修了後，1901年にボストンのオールド・コロニー信託会社 (Old Colony Trust Co.) に就職し1906年に副社長となる。1919年から42年までビジネス・スクールの院長としてカリキュラムの改訂，教育方法としてのケース・メソッドの導入を行った。

▷メイシー百貨店 (R. H. Macy & Company)
ローランド・H・メイシー (Rowland Hussey Macy) によって創立され，1858年にニューヨークでアメリカ初の百貨店をオープンした。

1　経営史学の2つの源流

　経営史学はアメリカで生成・発展した学問分野である。それは，2つの全く性格の異なった源流をもっている。1つはビジネス・ヒストリー (business history) であり，もう1つは企業者史 (entrepreneurial history) である。

2　ビジネス・ヒストリー

　ビジネス・ヒストリーは本来の経営史，あるいは伝統的経営史とも呼ばれている。ビジネス・ヒストリーは，1927年にハーバード大学ビジネス・スクール（経営大学院）に経営史の講座が開設されたときに始まる。このとき，経営史講座の開設に尽力したのは，1919年に実業界から迎えられ，ビジネス・スクールの第2代院長となったドーナムであった。ドーナムは有能な経営者を養成するためには，過去における企業経営の様々な経験や方法を研究し教授する必要性があると考えた。そこで，1925年に企業経営の資料を収集するために経営史協会を設立するとともに，1927年にストラウス家（メイシー百貨店）の寄附金をもとに経営史講座を開設した。

　ビジネス・ヒストリー講座の初代教授に就任したのは，グラース (Norman S. B. Gras) であった。グラースが提唱したビジネス・ヒストリーは，企業経営の歴史を研究するものであったが，その特徴は，企業経営者あるいは管理者 (administrator) の視点に立って過去の企業経営の発展の跡を研究しようとするところにあった。その際，研究の対象となったのは，経営者や管理者が政策を決定し，指揮し，統制するという一連の活動であった。グラースは企業の経営それ自体が価値ある現象であるとし，単なる企業の歴史ではなく，企業経営ないしは管理の歴史を構築しようとしたのである。

　グラースのビジネス・ヒストリーの方法は，実用的・実学的な性格と特徴をもつものであり，経営学の一分野としてアメリカ企業の経営に役立つものとして形成された。経営史の教授方法にもその特徴は現れている。経営史はケース・メソッド（事例研究方式）によって行われた。

3　企業者史

　経営史のもう1つの源流は，企業者史である。企業者史は1948年にハーバー

ド大学アーツ・アンド・サイエンス大学院（Graduate School of Arts and Science）に設置された企業者史研究センター（Research Center in Entrepreneurial History）を中心に発達した。研究センター開設に尽力し，斯学の誕生に寄与したのは，**コール**であった。コールは1941年頃から企業者活動研究の重要性，すなわち企業者の社会的・歴史的な実態（企業者活動）を明らかにし，経済発展の過程を歴史的に解明することの必要性を提唱した。

企業者史研究の興隆と研究センターの開設には，経済学者**シュンペーター**の経済発展理論が大いに寄与した。シュンペーターは生産をいろいろな物や力を結合することであるとみなし，生産物や生産方法の変更は，これらの結合が組み替えられた新結合であると定義する。のちに新結合は革新（イノベーション）と呼び変えられるが，その内容は次の5つである。

①新しい財貨の製造。

②新しい生産方法の導入。

③新しい市場の開拓。

④原料あるいは半製品の新しい供給源の獲得。

⑤新しい組織の達成。

シュンペーターは「新しいことをなす」こと，「すでに行われていることを新しい方法でなす」ことが，資本主義経済発展の原動力であり，このような革新を遂行するものが企業者（entrepreneur）であるとしたのである。

④ 企業者史の視角

企業者と経済発展を結びつけるコールとシュンペーターの研究を引き継ぎ，企業者史は，社会的・経済的条件や文化構造要因が企業経営の主体である企業者の意思決定にどのような作用を及ぼすのか，そのことを通じて個々の企業経営の具体的あり方にどのような影響を与えるかという，企業経営の外部要因との関係を意識した経営史の方法として確立されていった。

企業者史とビジネス・ヒストリーは，ともに経営史学の2つの源流であるが，その性格は極めて異なっている。ビジネス・ヒストリーは，初めて経営あるいは管理に焦点を当てたが，分析された企業行動は管理や統制といった経営機能のみに限定され，経営者は依然として抽象化された人格に留まっていた。また，個別企業内部の問題に分析の焦点を集中させ，それが企業を取り巻く外部要因との関係性を見失わせている状況もあった。したがって，ビジネス・ヒストリーはプラグマチックな学問分野となり，魅力が減退していった。このような研究の空白を埋め，経営史家や学徒の知的欲求を満たすことができたのは，企業者史という新たな視角と方法であった。

現金販売，定価販売，対面販売など革新的な方法で近代的な小売業の出発点となる。1893年にイシドアとネイサンのストラウス兄弟（Isidor Straus, Nathan Straus）によって買収された。なお，イシドアはタイタニック号に乗り合わせ落命している。

▷ケース・メソッド（case method）
アメリカ経営学の特徴的な研究方法で，事例を材料として研究を進める方法である。過去の企業経営における経営者や管理者が，どのような場面でどのような選択をし，指揮・統制したのかを研究し，将来のビジネス・リーダーに教授するものであった。

▷ A・H・コール（Arthur Harrison Cole, 1889-1974）
マサチューセッツ州ハーバーヒル生まれ。ハーバード大学および大学院修了後1924年に経済学の助教授となる。1926年に『アメリカ毛織物工業』を出版しすぐれた経済史研究者と評価される。その後ビジネス・スクールに転じ，1933年から企業経済学の教授。企業者史研究者としての代表作は『経営と社会』（1959年）である。

▷ J・A・シュンペーター（Joseph Alois Schumpeter, 1883-1950）
オーストリア＝ハンガリー領モラヴァ（現チェコ共和国）生まれ。20世紀最大の経済学者の一人。ウィーン大学で学位を取得したのちチェルノフツィ大学，グラーツ大学，ボン大学の教授を歴任。1932年以降アメリカに帰化してハーバード大学教授となる。

3 近代企業の形成

▷ A・D・チャンドラー,
Jr. （Alfred D. Chandler,
Jr., 1918-2007）
デラウェア州生まれ。ハー
バード大学大学院修了後,
MIT およびジョンズ・ホ
プキンズ大学で教鞭をとり,
1970年にハーバード大学ビ
ジネス・スクール教授。ア
メリカ経営史学会の泰斗で,
アメリカのみならず世界的
にも著名。『経営者の時代』
は社会の注目を集め, 1977
年にアメリカ歴史学会のア
ルバート・J・ビバリッジ
賞を, 翌年には歴史部門で
ピュリッツァー賞を, さら
にコロンビア大学のバンク
ロフト賞を受賞した。

▷比較経営史
チャンドラーの言葉を借り
れば,「製造, マーケティ
ング, 調達, 財務, 経営管
理などの活動, さまざまな
企業がどのように行なって
いるかを掘り下げること」
によって一般化する経営史
の方法のことであり, それ
は「単一の企業がこれらの
活動をどう展開しているか
を研究するのに等しい価値
がある」（『組織は戦略に従
う』）。

▷鉄道
アメリカ経済史および経営
史における鉄道の意義は大
きい。国内市場のインフラ
ストラクチャーとしての意

① チャンドラーの経営史

　ビジネス・ヒストリーと企業者史というアメリカ経営史の2つの考え方を総合し, 一定の分析枠組みをもつ経営史を提示したのは, **チャンドラー, ジュニア**であった。チャンドラーは, コールの主宰する企業者史研究センターのメンバーであったこともあり, 研究の出発点でシュンペーターの影響を強く受けた。したがって, チャンドラーの理論は企業経営を分析するとき経済発展や資本主義経済の成長といったマクロ的で動態的な視点をもっており, さらに企業者の主体的機能を述べる際には企業経営を取り巻く社会的文化的背景を重視する。他方で, ビジネス・ヒストリーと同じく企業の管理活動に焦点を当て, 個別企業の事例研究を比較分析方法によって一般化しようとする（**比較経営史**）。チャンドラーが経営史や経営学のみならず幅広く社会科学諸分野に影響を及ぼしているのは, 何よりも企業というわれわれの生活には欠くことのできない制度が, いつごろ, なぜ, どのようにして発生したのかという問いに, 明確な答えを提示したからである。

② 「見えざる手」から「見える手」へ

　チャンドラーは, 20世紀において各国の経済成長を担った近代企業（modern business enterprise）が台頭するメカニズムを実証的に明らかにした。チャンドラーの定義によれば, 近代企業とは「複数の事業単位によって構成され, 階層的に組織された俸給経営者によって管理される企業」のことであり, 一企業内に製品の生産と販売の機能を統合化（内部化）した企業である（**資料Ⅰ-2**）。このような企業は, 1870年代末までのアメリカには全く存在していなかったが, その後わずか30年のうちに重要な産業を支配するようになった。

　近代企業の生成の契機となったのは, 市場と技術の変化であった。19世紀半ばまで, アメリカには全国市場がなく, 分散的な地域市場が点々としている状況であった。1850年代に**鉄道**と電信の分野で大規模な企業が登場し体系的に運営されるようになった。鉄道網が延伸して相互につながることによって, 分散していた地域市場がつなぎ合わされ, 全国市場が形成された。また, 電信網の形成は, 全国津々浦々の需要に関する情報を迅速に適時的に本社に集約し, 生産計画や販売計画を立てやすくした。効率の良い輸送と通信手段というインフ

資料 I-2　近代企業の経営組織
(1892年の GE 社の職能部制組織)

```
                        ┌──────────────┐
                        │    社長       │
                        │  President    │
                        └──────────────┘
   ┌──────┬──────┬──────┬──────┬──────┬──────┐
```

| 製造・エンジニアリング部 Manufacturing and Electrical Department | 販売部 Selling Department | 経理部 Accounting Department | 財務部 Treasury Department | 法務部 Law Department | 秘書 Secretary |

出所：GE, *Professional Management in General Electric*, Book One, 1953, Fig. 1より筆者作成。

ラストラクチャーの完成が，大量流通と大量生産が成立する条件となった。

　近代企業は，主に2つの経路で成長した。1つは，既存の製造企業が全国的な販売組織をつくりあげ（前方統合），つづいて購買ならびに原材料資源の獲得に乗り出す（後方統合）というものである。このような経路で成長した企業は，たばこ，マッチ，製粉，缶詰，石けん，写真フィルムのような，生産部面において新しい連続工程機械が採用された産業に属していた。もう1つは，同一産業内の既存の製造企業が合併し，つづいて前方統合，後方統合を行う経路である。この方法で成長した企業が属していた分野は，精肉，醸造業など腐敗しやすい製品を扱う産業と，ミシン，農業機械，事務機械，電気機械など既存の販売業者では提供できないような専門的な流通およびマーケティングサービスを必要とする分野の企業であった。

　近代企業の出現以前において，アメリカの経済は家族経営などの小経営が担っており，それぞれの企業は単一の職能，すなわち製造企業なら製造のみ，販売企業なら販売のみを行っていた。これら職能間の調整や資源配分は，**アダム・スミス**のいう神の見えざる手（invisible hand）によって行われていた。チャンドラーは，「近代企業の経営管理という visible hand（見える手）」が見えざる手に取って代わった過程を実証したのである。

③ 専門経営者の登場

　近代企業は，規模の巨大さと管理的調整の複雑さのため，創業者とその家族，あるいは少数の共同出資者で管理運営していくことは不可能であった。これまでの小経営においては，企業の所有者＝経営者であったが，近代企業で管理者となったのは，新しいプロフェッショナルである専門経営者であった。専門経営者は，会社の戦略的意思決定に携わる**トップ・マネジメント**，日常的な管理業務に携わるミドル・マネジメントやローワー・マネジメントといったように，階層的に組織された。彼らプロフェッショナルこそ，実務経験に加え，ビジネス・スクールにおいて教育を受けた者たちであった。

義のほかに，レール需要を喚起しアメリカ鉄鋼業を発展させたこと，ヨーロッパからの鉄道証券投資を扱うニューヨーク証券取引所が開設され（1850年）マンハッタンが金融中心地として発達したこと，そして近代企業のひな形としての管理組織が鉄道企業によって創出され，化学産業や電機産業などにおける近代企業形成の見本とされたことが挙げられる。

▷**アダム・スミス**（Adam Smith, 1723-1790）
スコットランド生まれ。イギリス古典派経済学体系の創立者。主著『国富論』（1776年）において，自由競争市場では神の見えざる手によって社会の資源配分が調整され社会全体の利益が達成されるとした。

▷**トップ・マネジメント**（top management）
直接的な生産，販売，労務，財務等個々の職能管理の見地からではなく，これらをすべて有機的に包摂しつつ企業全体の観点から経営政策，資本投下，利益計画，予算統制など戦略的意思決定を行う経営者。資本の論理に従い利潤最大化と企業のたえざる成長を追求する。

組織は戦略に従う

▷スタンダード石油社
（Standard Oil）

ジョン・D・ロックフェラー（John Davison Rockefeller, 1839-1937）が1863年に設立したエクセルシア精油社に始まる。ロックフェラーは精油部門で規模の経済性を活かすため最大規模の製造所を建設するとともに同業者を合併し（水平統合），さらに販売部門，原油生産部門へと進出した（垂直統合）。事業を管理するために，最初はスタンダード・オイル同盟（利益共同体），次いで1882年には信託形式によるスタンダード・オイル・トラスト社（1892年に解散命令），1899年には持株会社スタンダード・オイル・オブ・ニュージャージー社を設立する。しかし1911年にシャーマン反トラスト法による解散命令を受けて解散する。現在まで続く後継会社にはエクソン・モービル社（エッソ石油），シェブロンなどがある。

▷デュポン社　（E. I. du Pont de Nemours & Company）

1802年にエルテール・イレネー・デュポン（Éleuthère Irénée du Pont de Nemours, 1771-1834）がデラウェア州ウィルミントンのブランディワイン川沿いに黒色火薬製造を目的に創立。

1　大企業の成長

　19世紀末から20世紀初頭にかけてアメリカで誕生した近代企業は，今日のグローバル企業の直接的な祖先である。実際に，合併などを繰返しつつもGEやスタンダード石油社，デュポン社などは世紀転換期に設立されて以来，一貫して世界のリーディング・カンパニーとして経営を行ってきた。なぜ近代企業は20世紀の100年間にかくも成長を継続することができたのか。経営戦略と組織との対応関係から大企業の成長の法則を明らかにし，「組織は戦略に従う」という命題を打ち立てたのが，チャンドラーであった。

2　集権的職能部制組織

　1880年代に近代企業として成長を始めた企業がとった戦略は，垂直統合戦略であった。垂直統合には，前節でみたように，製造企業が自らの販売組織を内部化し活動領域をマーケティング分野に広げていく前方統合と，購買部門を自社内部に設置し原料や資源の確保を目指す後方統合を含んでいる。前方統合は，従来の流通機構（問屋や外部の代理店）では扱えないようなメカニズムが複雑な新製品（収穫用農業機械，ミシン，タイプライター，金銭登録機など）や，新技術を応用した電機産業，連続生産工程機械を導入した紙巻きたばこ，あるいは加工肉や醸造産業において多く行われた。後方統合の事例としては，石油精製事業を営むスタンダード石油社の採掘事業への進出やカーネギー製鋼社の鉱山事業への進出などがある。

　垂直統合戦略による成長を行う上で適合的な管理組織は，集権的職能部制組織であった。この組織構造では，トップ・マネジメントのもとに製造，販売，購買などの職能別管理部門が統括されている。具体例として再びGEを取り上げてみよう（前頁，資料Ⅰ-2）。1892年のGEの設立は，すでに垂直統合戦略によって販売組織を内部化していたエジソン・ジェネラル・エレクトリック社とトムソン＝ヒューストン社の合併であった。初代社長となったC・A・コフィン（Charles A. Coffin）は，2つの会社の組織を単一の集権的機構に集約した。製品生産はニュージャージー州のハリソン工場（電球類），ニューヨーク州スケネクタディ本社工場（大型発電機，モーター，タービンなど），マサチューセッツ州リン工場（アーク灯，小型モーター，メーターなど）の3工場に集約し，製造部

とエンジニアリング部が監督した。販売組織はトムソン＝ヒューストン社の販売組織を中核とし，全米の両社の地域支店を統合し全国的な販売網を整備した。

③ 分権的事業部制組織

　集権的職能部制組織を採用した近代企業は急速に企業規模を拡大させ，1920年代になると垂直統合戦略とは異なる新しい成長戦略をとりはじめた。多角化戦略である。多角化とは，単一製品の製造販売を行っていた企業が，新たな品目を製品系列に加えることによって事業の拡大を図る戦略である。この戦略は企業を取り巻く環境の変化に対応したものである。例えばデュポン社は第一次世界大戦終結によって黒色火薬事業の縮小が見込まれるなか，経営資源をどのように活用するか選択を迫られ，火薬のほかに化学薬品，ペイント・ワニス，パイロキシリン（プラスチックの原料），人工皮革の各事業へと多角化した。

　ところが多角化戦略を推進し事業を拡大すると，それまでの集権的職能部制組織では効率的でないことが次第に明らかになってきた。デュポン社では，多角化し事業を拡大したにもかかわらず，主要事業で赤字や業績不振に陥った。とくにペイント・ワニス事業では，ライバル企業が黒字であるのに対してデュポン社だけが赤字であった。社内に設置された小委員会が不振の原因を調査したところ組織が問題であるという結論に達し，1921年9月に製品を基礎にした組織へと変更された。デュポン社が世界に先駆けて導入した分権的事業部制組織は，総合本社が複数の事業部を対象に調整，業績評価，計画を行い，経営資源を割り当てる（戦略的意思決定）とともに，各事業部の幹部が事業部の財務と市場での成果（利益）に責任を負い，製造や販売といった現業にかかわる意思決定（戦術的意思決定）を行う組織であった（**資料Ⅰ-3**）。1920年代以降，アメリカの大企業は次第に経営組織を事業部制へと転換した。第二次世界大戦後は，アメリカ企業のみならず日本やドイツなどの企業が，事業部制組織を整備し，大企業としての成長を遂げていった。

同族経営を続けてきたが，1902年から経営改革をすすめ1904年には集権的職能部制組織が整う。第一次世界大戦後から本格的に多角化を推進し，1938年には世界初の合成繊維ナイロンの合成に成功する（カローザスが発明）。2010年現在，90カ国に事業展開し全世界で従業員6万人，総収入315億ドルである。

▷カーネギー製鋼社（Carnegie Steel Company）
スコットランド生まれのアンドリュー・カーネギー（Andrew Carnegie, 1835-1919）は1863年にクローマン・フィップス製鉄会社，1864年にサイクロップス製鉄会社，1865年にユニオン製鉄会社，1870年にクローマン・カーネギー社，1873年にはカーネギー・マッキャンドルズ社（ベッセマー法による鋼製造）などを設立。1881年にこれらを統合してカーネギー・ブラザーズ社をつくり，1892年にカーネギー製鋼社へと再編。1901年にカーネギーは製鋼事業をモルガンに売却し，フェデラル・スチール社と合併してUSスチール社となる。現在はUSX社。

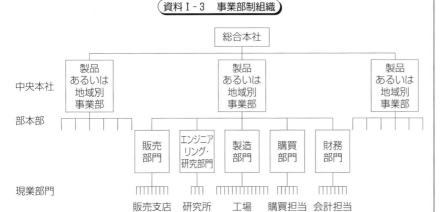

資料Ⅰ-3　事業部制組織

出所：チャンドラー『組織は戦略に従う』（有賀裕子訳）ダイヤモンド社，2004年，5頁。

5　国際比較経営史

1　大企業形成の国際比較

　アメリカでは大規模な生産設備への投資，全国的・国際的なマーケティングや流通網への投資，マネジメント（管理組織）への投資という三叉投資が行われ，大量生産と大量流通を結合し俸給経営者がそれらを管理する近代企業が成立した。アメリカ以外の国における近代企業の形成と成長はどのような様相であろうか。アメリカと同じ産業分野で経営者革命が起き，大企業が支配する体制となったであろうか。アメリカとイギリス，ドイツ，日本を比較してみよう。

　ところで，近代企業について国際比較を行うのは，近代企業の成立と発展の法則をさらに一般化するためである。近代企業はどのような条件で発生するのか。それは国の地理的な大きさ，人口，国内市場，国外市場とアクセス，輸送・通信革命の時期と影響，流通と生産の変化，金融，教育，法律とどのような関係にあるのか。20世紀の基本的な経済制度であった近代企業の比較分析を通して，各資本主義国の特徴も把握できるであろう。

2　アメリカとイギリス，ドイツ

○アメリカ

　近代企業は加工食品，化学，石油，金属，非電気機械，電気機械，輸送機械といった，19世紀末から20世紀初めにかけて技術革新が進んだ産業において誕生した。近代企業は国内外で市場シェアと利益を求めて競争したが，単なる価格競争を行うのではなく，製品，製法，マーケティング，購買，投資関係を改善することによる成長市場への迅速な参入，衰退市場からの投資引き上げの巧拙による企業成長をめぐる競争が全面的に行われた。このようなアメリカの特徴は「競争的経営者資本主義」と呼ぶことができる。

○イギリス

　アメリカとは対照的に，近代企業は少数しか誕生しなかった。また，誕生しても成長は緩慢で漸進的であった。イギリスでは創業者や同族が経営を支配する個人的経営（非階層組織的な経営管理）が継続し，生産と流通への投資が少なかった。イギリスは電気機械や自動車など新産業における投資や，専門経営者の採用，経営管理組織への投資があまり行われず，これらの産業分野においては後発産業国となった。他方で，商標付きの包装製品（紙巻きたばこ，チョコレ

ート, ビスケット, ビール, ウィスキーなど）は生産技術が単純で製品に固有の流通ネットワークを整備する必要がないため, 個人的に経営されるイギリス企業でも国際競争力をもつことができた。このようなイギリスの特徴は「個人資本主義」と特徴づけられる。

○ドイツ

ドイツはアメリカの経験に近い。ドイツでは新産業の多くで生産設備, 流通網, マネジメントへの投資が行われ, その規模はアメリカと同じ程度でありイギリスよりも遥かに大規模であった。ただ, アメリカの近代企業は生産材と消費材の両部門において成立したが, ドイツでは生産材の生産と流通に集中する傾向があった。また, ドイツの主要企業は競争を行うよりも国内外で市場シェアを維持するため相互に協定を締結することを好んだ。アメリカでは1890年の**シャーマン反トラスト法**で**カルテル**が禁止されたのに対し, ドイツでは裁判所がこれを支持したためである。したがって, ドイツの資本主義は「協調的経営者資本主義」と呼ぶことができる。

3 日本における近代企業の形成

日本では日清戦争（1894〜1895年）, 日露戦争（1904〜1905年）後に企業勃興がみられ, その後第一次世界大戦（1914〜1918年）を契機とするブームで工業化が進展し, この期間に近代企業が形成された。日本における特徴として, 近代企業が当初, 繊維, 食品（ビール, 製糖, 製粉）, 製紙, セメントなど軽工業分野と鉱山業を中心に形成されたことが挙げられる（**資料 I - 4**）。1920年代になると第一次世界大戦ブームの反動で不況の時代となったが, そのなかで合併や企業合同が進展し大企業による生産集中が進み大企業体制が成立した。また, 第一次世界大戦時におけるドイツからの輸入途絶によって産業発展の機会を得た化学, 機械, 電気機械や金属産業において近代企業が形成された。マネジメントにおいては高等教育機関で教育を受けた専門経営者が経営を行うようになったが, 専門経営者が取締役の過半数をしめている会社はほんの一部にすぎず, 経営者企業の日本における全面的な出現は, 第二次世界大戦後の**戦後改革**を待たなければならなかった。

資料 I - 4 純利益でみた上位50社の産業別分布（1929年, 日本）

業　種		企業数	業　種		企業数
軽工業	ビール	1	鉱山業	鉱山業	3
	砂糖	3	公益事業	鉄道	6
	綿糸	4		電力	10
	毛織物	1		ガス	2
	紙	3	第三次産業	持株会社	1
	セメント	1		金融	11
重化学工業	化学肥料	1		外国貿易	1
	石油	1		海運	1

出所：経営史学会『日本経営史の基礎知識』有斐閣ブックス, 2004年, 5頁より筆者作成。

▷**シャーマン反トラスト法**
（Sharman Antitrust Act）
1890年7月2日制定。不当な取引制限と独占を禁止している。この法律により, スタンダード・オイル・オブ・ニュージャージー社（1911年）やアメリカン・タバコ社（同年）などが解体された。1914年にはクレイトン法（Clayton Act）により内容が強化され, 差別価格設定禁止, 競争関係にある事業会社の取締役兼務の禁止, 拘束的約款付き取引の禁止, 持株を通した策謀の禁止等を定める。

▷**カルテル**（cartel）
同じ産業に属する独立した企業が明示的な協約によって価格設定, 生産割当, 市場分割など相互の競争を制限し市場を独占的に統制して利潤を得ようとする組織。国内カルテル, 国際カルテルなど多種。

▷**戦後改革**
第二次世界大戦後アメリカ占領下において実施された一連の改革のこと。1945年11月の財閥解体指令による財閥本社兼任役員の退任, 47年1月の公職追放令による主要財界人の追放, 48年の財閥同族支配力排除法によって旧経営者が排除された。専門経営者のトップ・マネジメントへの登用は戦前から進行していたが, 旧経営者に代わり工場長, 支店長, 部長クラスの内部昇進型の専門経営者がトップ・マネジメントにつくことにより一気に進んだ。

国際関係経営史

1　近代企業の国際展開

　1880年代にアメリカにおいて出現した近代企業は，垂直統合戦略により国内で販売組織を設立すると同時に外国でも販売組織をつくりあげた。外国で販売組織をつくりあげた企業はさらに，海外工場を設立して外国で垂直統合を行った。このようにして，近代企業は生まれながらにグローバルな経営戦略を行う，**多国籍企業**となったのである。多国籍企業は，国境をまたいで人的資源，資本，財貨，管理方法，技術，マーケティング技法などを移転させ，その企業の母国のみならず多数の国に影響を与え続け，経済社会のグローバル化を推し進めた中心的な制度であった。国際関係経営史は，ある国の企業経営の発展過程，ひいては資本主義の特徴が，国内的な条件によって規定されるだけではなく，国際関係によっても規定されるという側面を明らかにしようとする経営史学の1つの新しい取組みである。

2　第1次グローバル化の時代

　一般的に多国籍企業の形成と発展は1960年代以降の特徴であると考えられているが，先にも述べたように，海外事業の拡張は19世紀末の近代企業の主要な経営戦略であった。最も早く多国籍展開を行ったのは，**シンガー社**であった。シンガー社は1850年のI・M・シンガーによる裁縫用ミシンの発明を出発点とするが，1867年にはイギリスのグラスゴーに**ノックダウン生産**工場を設置した。1872年になると現地で部品生産を始め，1882年にはスコットランドにミシンの大規模工場を建設した。さらに1883年にはカナダとオーストラリアにもミシン工場を建設した。本国よりも低い製造コスト，輸送費や保管費といった経費の節減，また関税の回避などが現地生産の推進要因となった。

　この頃の企業のグローバル化はどの程度のものであったのだろうか。推計によると，1913年の世界全体の生産高に占める**対外直接投資**の比率は9％であった。この頃をピークとするグローバル化の進展は，第1次グローバル化といわれる。しかし1914年に始まる第一次世界大戦，1930年代の世界恐慌，引き続く第二次世界大戦，戦後の為替管理による資本移動の規制により，対外直接投資の比率は低下する。そして9％という比率まで直接投資が復活したのは1990年代になってからであった。

▷**多国籍企業**（multinational enterprise）
2カ国以上に所在する事業活動あるいは営利を生みだす資産を運営する企業のこと。様々な定義がある（投資対象国の数が5カ国とか6カ国とか）が，近年では包括的に国際事業活動を行う企業はグローバル企業と呼ばれている。

▷**シンガー社**（Singer Manufacturing Company）
1851年にアイザック・M・シンガーによって設立されたI. M. Singer & Co. に始まる。国内外でミシンの特許を取得するとともに，営業所経由の販売と割賦販売システムを全米に張りめぐらせた。海外販売網の整備も並行して行われ，1861年にはロンドンに販売本部を設置した。1880年代までにシンガー社は世界規模の販売網と製造工場を配置した。

▷**ノックダウン生産**（knock down）
他国で生産した部品を輸入して，現地で完成品に組み立て販売する方式。すべての部品を輸入して組み立てる完全ノックダウン生産と，主要部品のみを輸入しその他の部品は現地で生産する場合がある。

3 日本における外資系企業

　多国籍企業は，日本を１つの有力な海外市場ととらえ，最初は製品輸出を行い，その後間を置かずに直接投資を行った。また日本企業も外国のすすんだ生産技術，近代的な経営管理手法やノウハウを導入するため，多国籍企業と資本・技術提携を行った。

　資料Ⅰ-5は戦前の日本における主要な外資系企業の一部を示している。石油産業や自動車産業では，米英企業が100％出資する支社や子会社を設置し事業を行った。電機産業においては，米独の企業が日本の企業に資本を出資するとともに技術とノウハウ，特許権を提供し事業を進めた。これに対し東京電気，芝浦製作所（後に両社は合併して東芝となる），富士電機製造，三菱電機はアメリカやドイツからの電機技術を導入して習得するとともに，独自技術の確立に向けた技術開発活動を行い，急速に技術力や経営能力を高めていった。戦後，日本のリーディング産業となる電機企業の多くは，アメリカをはじめとする多国籍企業との国際関係のなかで成長したのである。

　第二次世界大戦によって日米企業間の関係は一時的に断絶したが，戦後すぐに復活した。しかし，日本企業が次第に技術力を高め経営を多角化し国際展開していくにつれて企業間の国際関係は変化していった。東芝はかつて「日本のGEを目指す」としてGEと深い関係を築いたが，高度成長期以降は次第に独立性を高めていった。そして2006年，東芝はライバルである三菱電機のかつての提携企業であった**ウェスチングハウス社**を54億ドルで買収し，自社の原子力事業を世界規模で拡大しようとした。ウェスチングハウス社は，永らくGEのライバルであった企業である。今日のグローバル経済のもとで，これまでの国際関係が新しいグローバルな関係へと組みかえられつつあるといえよう。

▷**対外直接投資**（Foreign Direct Investment, FDI）
多国籍企業は外国に対して投資活動を行うが，それには間接投資と海外直接投資が含まれる。間接投資は海外資産のマネジメントに対して支配権を行使しない海外有価証券の取得を意味する。対外直接投資は，マネジメント支配を伴った海外有価証券の取得のこと。既存企業を買収するかあるいは新規に事業活動を開始することによって海外資産を取得する。

▷**ウェスチングハウス社**（Westinghouse Electric & Manufacturing Company）
1886年にジョージ・ウェスチングハウスによって設立された電機企業。エジソンとの間の直交論争（直流と交流の経済性をめぐる論争）は有名で，ナイアガラ瀑布発電所への入札では交流技術をもつウェスチングハウス社が勝利した。

資料Ⅰ-5　戦前日本における主要外資系企業

日本社名	進出年	外国企業	国籍	外資比率(%)
（石油産業）				
ニューヨーク・スタンダード日本支社	1893	Standard Oil of New York	米	100
ライジングサン	1900	Samuel Samuel & Co.（ロイヤル・ダッチ・シェル系）	英	100
（ゴム産業）				
日本ダンロップ	1909	Dunlop of Far East	英	100
横浜ゴム製造	1917	B. F. Goodrich	米	50
（電機産業）				
日本電気	1899	Western Electric	米	54
東京電気	1905	General Electric	米	55
シーメンス・シュッケルト日本支社	1905	Siemens-Schuckertwelke	独	100
芝浦製作所	1909	General Electric	米	24
富士電機製造	1923	Siemens-Schuckertwelke, Siemens und Halske	独	20
三菱電機	1923	Westinghouse Electric & Manufacturing	米	10
（自動車産業）				
日本フォード	1925	Ford Motors	米	100
日本ジェネラル・モーターズ	1927	General Motors	米	100

出所：宇田川勝「戦前日本の企業経営と外資系企業（上）」『経営志林』第24巻第１号，1987年４月，第２表をもとに筆者作成。

21世紀の経営史分析

 1　近代企業の展開

　20世紀は大企業の時代であった。経営史学は近代企業の成立と発展，経営戦略と組織という観点から今日までの企業経営の進化を分析してきたが，これまでの研究方法は21世紀の企業分析にも有効であろうか。

　2018年の時点において，世界経済は引き続き大企業によって牽引されている側面が強い。ロックフェラーのスタンダード・オイル・オブ・ニュージャージー社の流れをくむエクソン・モービル社はグローバルな経営活動から約2400億ドル（2018年）の収入を得ており，小売業のウォルマートにいたっては，約5000億ドルの収入を得ている。これら大企業の売上高は一国の経済規模よりも大きいのである。他方で，グローバル企業の経営組織は，チャンドラーが示したような階層的に組織される傾向には必ずしもない。1980年代のアメリカ企業において肥大した階層組織が原因で管理者が官僚化し利益が減少したため，大企業は脱階層化，経営組織の**フラット化**を推し進めた。また，大きいことが効率的であるという考え方が見直され，競争力のある中核事業に経営資源を集中させ，非中核事業については**アウトソーシング**するといった戦略がとられることが一般的になってきている。

2　近代企業と資本市場

　これまでみてきたチャンドラーによる近代企業分析には金融に関する分析が不足している。チャンドラー理論における専門経営者の台頭の前提は，株式所有の分散であった。しかし1930年代から**年金基金**や投資信託などが拡大し，株式がそのようなファンドに集中するようになった。これら巨額の資金は何次にもわたり繰り返し行われた企業買収や合併運動に対して供給され，大企業体制の展開に重大な影響を果たしてきた。近年では株式保有構造が変化して**機関投資家**の持株比率が高くなり（1990年の株式市場の保有構造は個人51％，機関投資家42％），機関投資家が社外取締役を派遣することで専門経営者の意思決定に大きな影響を与えるようになってきている。企業経営の目的が資本市場や証券市場に規定されて株主価値の向上におかれるようになってきていることが象徴的である。20世紀から21世紀への金融自由化の流れのなかで，大企業体制の運動法則を捉え直す必要があるだろう。

▷**フラット化**（flat orga-nization）

経営組織における管理階層の数を減らすこと。結果としてフラットな組織ができ，トップと現場とのコミュニケーションの短縮化が期待できる。

▷**アウトソーシング**（out-sourcing）

外部委託または外注のこと。必要な資源，部品，サービスなどを自ら生産せずに外部企業から調達すること。今日ではグローバルな規模で展開されている。

▷**年金基金**（pension fund）

年金計画のために積み立てられた基金。カリフォルニア州公務員退職年金基金（カルパース CalPERS）が有名で積極的な投資活動を行う。「もの言う株主」として投資先企業の経営に介入することでも有名。⇨Ⅱ-5「株主総会と株式所有構造の変容」も参照。

▷**機関投資家**（institutional investor）

⇨Ⅱ-1「コーポレート・ガバナンスって何？」。

Exercise

❍理解できましたか？

1）近代企業の特徴とそれが誕生した経済的・社会的諸条件についてまとめましょう。

2）経営戦略と組織はどのような関係があるのでしょうか。

❍考えてみましょう！

1）企業経営のグローバル化とリストラクチャリング，アウトソーシング，階層組織のフラット化とはどのような関係があるでしょうか。

2）GEや東芝のように多角的経営を行ってきた企業は「コングロマリット・ディスカウント」が避けられず業績を悪化させました。なぜ以前はメリットだと考えられていたものがデメリットになったのでしょうか。

勉学へのガイダンス

❍はじめて学ぶ人のための入門書

安部悦生・壽永欣三郎・山口一臣・宇田理・高橋清美・宮田憲一『ケースブック　アメリカ経営史［新版］』有斐閣ブックス，2020年。

鉄道，産業，金融，流通，サービス，ITなど幅広い分野における企業経営の事例をコンパクトにまとめ，経営管理，戦略と組織，企業家の側面から分析する。ダイナミックな経営活動がアメリカ経済や国際経済にどのような影響を与えてきたかを感得することができるすぐれた入門書。

A・D・チャンドラー・ジュニア『組織は戦略に従う』（有賀裕子訳）ダイヤモンド社，2004（『経営戦略と組織：米国企業の事業部制成立史』（三菱経済研究所訳）実業之日本社，1967年の改訳）。

アメリカ大企業における事業部制導入をデュポン社，ジェネラル・モーターズ社（GM），スタンダード・オイル・オブ・ニュージャージー社，シアーズ・ローバック社の4社の比較研究から描き出した書。新訳のタイトルとなっている「組織は戦略に従う」という命題は有名。

❍本章をより理解したい人のための書物

A・D・チャンドラー・ジュニア『経営者の時代──アメリカ産業における近代企業の成立（上・下）』（鳥羽欽一郎・小林袈裟治訳）東洋経済新報社，1979年。

ピュリッツァー賞を受賞したチャンドラーの代表作。アメリカにおける生産と流通の過程における経営者革命，すなわち階層的に組織された専門経営者によって生産と流通が調整されるようになる過程を明らかにしている。原著のタイトルは *The Visible Hand*（見える手）である。

A・D・チャンドラー・ジュニア『スケール・アンド・スコープ──経営力発展の国際比較』（安部悦生・川辺信雄・工藤章・西牟田祐二・日高千景・山口一臣訳）有斐閣，1993年。

近代産業企業について分析を深めるチャンドラーの研究の集大成。アメリカのみならずイギリス，ドイツにおける経営者資本主義の成立と発展を明らかにし，3国の共通性と相違点を分析する国際比較経営史の書。

❍進んだ勉学を志す人のための書物

橘川武郎・黒澤隆文・西村成弘編著『グローバル経営史──国境を越える産業ダイナミズム』名古屋大学出版会，2016年。

グローバル化を産業史の視点から把握する試み。産業を競争力の分析の単位，競争が行われる場であると考えると，産業ごとにその特徴，動態，時間の流れ方，そしてグローバル化の進み方が異なっている。11の産業を取り上げ，どのような動態を持っているのか，どのようにグローバル化が進んでいるのかを検討している。

西村成弘『国際特許管理の日本的展開──GEと東芝の提携による生成と発展』有斐閣，2016年。

20世紀前半のアメリカ企業（GE）と日本企業（東京電気，芝浦製作所，東芝）の間で展開された特許管理を，国際関係経営史の視点から解明している。多国籍企業の海外進出における特許を伴った技術移転とその管理は，日米企業の経営発展のみならず，技術と知識のグローバル化にどう影響したのだろうか。

（西村成弘）

コーポレート・ガバナンスって何？

1 コーポレート・ガバナンスとは

○現代社会と企業を取り巻く諸問題

　近年，現代社会を支えてきた多くの企業において，様々な不祥事（非合法的取引，欠陥商品の販売，工場排出物による環境汚染など）が頻繁に発生し，株主，従業員，債権者，消費者，地域社会，地球環境等に甚大な被害を与えてきた。アメリカではエンロン社，ワールドコム社における巨額の粉飾決算，日本ではカネボウ，オリンパスにおける巨額の粉飾決算，大王製紙における当時の会長による巨額の不正借り入れ事件，**雪印食品牛肉偽装事件**，**三菱自動車工業リコール隠し事件**など枚挙にいとまがない。このように迷走する企業経営を誰がどのようにチェック（監視したり支配したり）すれば適正なものとすることができるのか。この問題について様々な角度から論じるのがコーポレート・ガバナンスなのである。

○企業経営における正当性とコーポレート・ガバナンス

　ここで重要なのは，適正な企業経営とはどのようなものなのか，激変する環境下で企業が経済主体として社会的存在意義を認められ存続しうるためにはどうあらねばならないか，という点である。これは，企業経営にはどのような条件が求められているかという問題であり，企業経営における正当性の問題にほかならない。さしあたり，この正当性の条件として，次の3つを挙げることができる。すなわち，①経済性（最小の費用によって最大の収益をもたらすこと）と収益性（資本収益性，売上収益性などの，資本に対する利益の割合を高めること），②適法性（コンプライアンス：法令や社会規範を遵守するなど，所定の規則に従って形式的に正しい手続きを踏んで行動すること）と倫理性（社会道徳や善悪の基準をわきまえて行動すること），③透明性（企業の方向性や目標の設定，意思決定等に関して企業内外に向けて情報開示すること）と社会性（多様な価値観をもつ人々との関係をオープンなものにすること）である（片岡進「トップ・マネジメントの正当性と行動規範」植竹晃久・仲田正機編著『現代企業の所有・支配・管理』ミネルヴァ書房，1999年，153-182頁参照）。コーポレート・ガバナンスは，企業経営においてこれらの条件を高い水準にかつバランスよく満たすことを目指している。

▷雪印食品牛肉偽装事件
2001年10月に，日本で起きた補助金詐取事件。2002年から2004年まで頻発した一連の牛肉偽装事件のきっかけとなった事件である。雪印食品は，国のBSE（狂牛病）にかかった国内産牛肉買い取り事業を悪用して，安く仕入れた国外産牛肉を国内産牛肉と偽り国に高く買い取らせて，農林水産省から費用を不正取得した。
しかし，2002年1月，取引先の冷蔵会社・西宮冷蔵からの告発で不正が発覚し，最終的には雪印食品は会社清算（解散）となった。
▷三菱自動車工業リコール隠し事件
2000年7月に発覚した，三菱自動車工業の乗用車部門とトラック・バス部門（現在の三菱ふそうトラック・バス）による大規模なリコール隠し事件。その後の横浜母子死傷事故，山口運転手死亡事故もあって，同社製車両の構造上欠陥が再度明らかとなり，再調査の結果，さらなるリコール隠しが2004年に発覚した。この事件は，同社が，設計・製造上の欠陥の判明した車両すべてを国土交通省に届け出て無料で回収，修理することで莫大な費用のかかる「リコール」ではなく，ユ

② コーポレート・ガバナンスをめぐる様々な人々

○コーポレート・ガバナンスと会社支配

　だが，資本主義社会のもとで企業が生存するためには，先の条件のうち，「経済性と収益性」を特に優先し利潤追求をしているというのが現実である。また，一連の不祥事はそのバランスがうまく取れていないという証拠でもある。バランスを取るためには，企業経営に対する監視を怠らないことが肝要である。監視の具体的内容として，企業をめぐる様々な人々との利害調整，適切な経営者の任免，強大な経営者権力の牽制がある。

　特に適切な経営者の任免は，企業経営の浮沈を握る最も重要な事項とされ，会社支配の中心問題とされてきた。会社は成長するに従って，より多くの資金とより多くの有能な人材を必要とする。これが株式分散化を背景とした株主支配力の低下と経営能力の高度化を背景とした経営者支配力の増大を招いた。経営者は，会社の法律的な所有者である株主から経営ならびに支配（取締役会のメンバーを自由に構成すること）の権限を委ねられて，株主をはじめとする様々な人々からの干渉を防ぎ，会社における事実上の独裁者となった。のちに**機関投資家**に株式所有が集中するようになってからも，経営者支配に変化はなかった。経営者は，**モラル・ハザード**をしばしばみせ，様々な人々に対する利害調整をおざなりにするようなこともあった。

　コーポレート・ガバナンスは会社支配の問題を経営者支配としてとらえ，これを前提とする。その上で，企業をめぐる様々な人々が経営者支配に対して経済的・法律的・会計的・倫理的チェックをどのように行うのかということを問題とするのである。この意味においてコーポレート・ガバナンスは会社支配の延長線上に位置づけることができる。

○コーポレート・ガバナンスとステークホルダー

　そこで次に問題となるのが企業をめぐる様々な人々とはどのような人々であるのかということである。これらの人々は**ステークホルダー**と呼ばれる。会社をめぐる様々な不祥事が頻発し，それに呼応して**企業の社会的責任**や企業倫理（公正かつ適正な経営を行うための企業内活動）が問われるなか，ステークホルダーの範囲は広くとらえられつつある。企業にヒト・モノ・カネ・情報の各種経営資源を提供するか否かによって，第1次的ステークホルダー（株主，債権者，従業員，顧客，取引業者）と第2次的ステークホルダー（一般大衆，政府，地域社会住民，消費者団体，環境保護団体，メディアなど）とに二分する見解もある。そして，このようなステークホルダーの利害を経営が主体的に識別し調整していくことをステークホルダー・マネジメントという。つまり，ステークホルダーによる企業経営チェックであるコーポレート・ガバナンスは，経営者によるステークホルダー・マネジメントと表裏一体の対応関係にある。

ーザーから修理依頼のあった車両に対してのみ国土交通省に届け出もせず回収，修理することで費用を大幅に削減できる「ヤミ改修」を日常的に行っていたため発生した。同社は，会長，社長を含め多くの逮捕者を出しただけでなく，国土交通省や警察庁から車両入札の指名停止，多くの自治体から車両購入禁止等の厳しい制裁措置を受けた。

▷機関投資家
顧客である企業から預かっている資金を元手に株式投資・売買を行って，利益の最大化をはかる株主であり，投資先企業個々の支配には基本的に大きな関心を示さない。機関投資家には，一般の企業（法人）以外の，年金基金，財団，大学基金，生命保険，損害保険，信託銀行が含まれるが，近年，欧米の年金基金など外国人機関投資家が存在感を増しつつある。⇨ I-7 「21世紀の経営史分析」も参照。

▷モラル・ハザード
(Moral Hazard)
会社機関を仲介として企業経営に関する委任契約等を株主との間に結んだ経営者が，その契約を破棄するかのように，強大すぎる権力を発揮し，私利私欲の追求，法律違反，企業人としての倫理観欠如等の行動をとること。

▷ステークホルダー
⇨ 序-6 「企業の社会的責任」。

▷企業の社会的責任
⇨ 序-6 「企業の社会的責任」。

コーポレート・ガバナンスの体系

▷会社機関

会社内部にあって特定の活動を担う，会社法で定められた小組織。従来の監査役会設置会社では，株主総会・取締役会・代表取締役・監査役会をいい，指名委員会等設置会社では，株主総会・3種（指名・報酬・監査）委員会を内部に設置した取締役会・執行役をいう。

▷国際会計基準

各国の会計基準の国際的な統一化を目指して，各国の職業会計士団体で構成される国際会計基準委員会によって設定される会計基準のグローバル・スタンダード。日本の企業会計は，1999年の会計ビッグバン（会計革命）以降，連結決算，資産の時価評価，税効果会計，年金債務の財務諸表での開示という4つの新会計基準を導入することとなったが，これは国際会計基準への適合を図ったものである。

▷サーベンス・オクスレー法（Sarbanes-Oxley Act of 2002）

企業改革法とも呼ばれる。エンロン社をはじめとする一連の企業不祥事を重視したアメリカ議会によって，アメリカの証券市場や会計制度に対する不信を早期に払拭すべく，2002年7月に施行された。同法は，11の

① コーポレート・ガバナンスの学問領域別分類

コーポレート・ガバナンスは，学問領域的には，法学，経済学，会計学，経営学の4つに分類される。

法学では，会社法からみた**会社機関**と経営者の法的責任や権限という視点から論じられる。特に，2001～02年の商法改正（各種経営体制の導入，株主代表訴訟手続の合理化，取締役の責任軽減，監査役の機能強化）との関連で違法行為を防止しコーポレート・ガバナンスの実効性を確保する問題が多く論じられる。

経済学では，資本市場による経営者の規律づけという視点から論じられる。特に，株式市場における株主行動（業績と株価の低迷している企業の株式を売買して，経営者交代を促し業績回復と株価上昇を図る）との関連で株価を上昇させコーポレート・ガバナンスの実効性を確保する問題が多く論じられる。

会計学では，**国際会計基準**の導入や会計監査のあり方，財務情報のディスクロージャー（情報開示）という視点から論じられる。特に，1999年以降の会計制度改革（国際会計基準を意識した，日本の会計基準の改革）との関連で不正会計を防止しコーポレート・ガバナンスの実効性を確保する問題が多く論じられる。

そして，経営学では，経営者権力の正当性やその社会的制御という視点から論じられる。このため，株式所有構造，会社機関の運営，経営者の意思決定プロセス，企業目的，企業倫理，企業の社会的責任，ステークホルダー・マネジメント等のより多様な立場から経営者を監視してコーポレート・ガバナンスの実効性を確保するという問題が論じられる。

本章では，経営学領域を中心としつつも，これに関連した法学・経済学領域も交えながら総合的に論じていきたい。

② コーポレート・ガバナンスの地域別分類

また，先進国におけるコーポレート・ガバナンスは，地域によるステークホルダーの優先順位の違いから，主としてアメリカ型，ドイツ型，日本型の3つに分類される。

○アメリカ型コーポレート・ガバナンス

アメリカ型コーポレート・ガバナンスは，企業を株主の私有財産と位置づけ，株主の利益を優先的に指向する1元的ガバナンスである。トップ・マネジメン

ト組織は，主に監視を行う社外取締役と主に業務執行を行う社内取締役が合議の上で最高意思決定する取締役会の1層制となっている。従来，取締役会議長とCEO（Chief Executive Officer：最高経営責任者）を兼任する同一人物が，最高意思決定，監視，業務執行のトップ・マネジメント機能すべてを行っていた。だが，近年，機関投資家主導のコーポレート・ガバナンス改革により，取締役会議長とCEOの分離，社外取締役比率の向上等が実現している。2002年の**サーベンス・オクスレー法**制定により，改革は一層進展しつつある。

◯ドイツ型コーポレート・ガバナンス

ドイツ型コーポレート・ガバナンスは，企業をステークホルダーの社会制度と位置づけ，特に株主と従業員双方の利益均衡を指向する2元的ガバナンスである。トップ・マネジメント組織は，株主と従業員双方の代表が最高意思決定と監視を行う監査役会，業務執行を行う取締役会の2層制となっている。このため，他国と比較しても監視と執行の分離が最も厳格にみられる。監査役会は，ドイツ伝統の**共同決定**により資本家代表監査役と従業員代表監査役が半数ずつを占める。資本家代表監査役は全員社外監査役であり，従業員代表監査役は労働組合代表者も一部含んでいる。ドイツの取締役会議長はアメリカのCEO，日本の代表取締役社長とほぼ同じで，全般的経営の最高責任者である。

◯日本型コーポレート・ガバナンス

日本型コーポレート・ガバナンスは，企業をステークホルダーの社会制度と位置づけ，特に従業員の利益を中心に全ステークホルダーの利益を指向する多元的ガバナンスである。トップ・マネジメント組織は，最高意思決定と監視を行う取締役会，業務執行の責任者である代表取締役，取締役会の監査を行う監査役で構成されているが，監査役はドイツのような権限をもたず，取締役会が最高意思決定を行う1層制となっている。ただし，取締役会の決定を受けて全般的経営を担う常務会や経営委員会が，会社法上の任意機関でありながら代表取締役，業務担当取締役ら取締役会の上位議席者で構成されているため，最高意思決定，監視，業務執行のトップ・マネジメント機能すべてを事実上行う。このことが日本型コーポレート・ガバナンスの特徴であり，その後のコーポレート・ガバナンス改革における監視強化を招く要因ともなった（以上の分類は，吉森賢『日米欧の企業経営』放送大学教育振興会，2001年，37-39頁参照）。

もっとも，現在では，この分類も必ずしも固定的とはいえなくなっている。というのは，資本市場のグローバル化に伴い，コーポレート・ガバナンスがグローバル・スタンダードの構築を目指す方向にあるからである。**OECD コーポレート・ガバナンス原則**の制定は，この方向に沿った1つのあり方ともいえよう。ただし，本章では，主に日本企業を取り上げる関係上，変容しつつある日本型コーポレート・ガバナンスを中心に論じることにする。

▷ 条項で構成されているが，企業経営者への罰則強化，監査法人への監視強化，取締役会の独立性強化，内部告発者保護の制度化，等の重要項目をもつ。

▷ **共同決定（Mitbestimmung）**
従業員（労働者）の経営参加の1つ。従業員が資本家とともに公式な会社機関の正式メンバーとして企業の意思決定の権限と責任をもつことから，労資共同決定とも呼ばれる。共同決定を法律で規定・実施している点でドイツが先進的である。1951年の石炭・鉄鋼産業共同決定法，1952年の経営組織法，1976年の共同決定法があり，いずれも監査役会に従業員代表監査役を選出する点で共通している。

▷ **OECD コーポレート・ガバナンス原則（OECD Principles of Corporate Governance）**
経済協力開発機構（OECD）が，1999年，政府間組織の主導によって作成したコーポレート・ガバナンスに関する原則。各国政府や民間企業等がベンチマーク（規範としての基準）として利用することを想定しているが，拘束力はない。2004年には，社会情勢の変化を受けて「コーポレート・ガバナンス原則改訂版」が発表された。各国の機関投資家によって設立されたICGN（インターナショナル・コーポレート・ガバナンス・ネットワーク）は，OECD原則を世界中の企業や投資家が受け入れるべき最低基準としつつ，これを拡充したグローバル・コーポレート・ガバナンス原則を採択した。

監査役会設置会社における
コーポレート・ガバナンス改革

 監査役会設置会社における取締役会改革

○監査役会設置会社とは

　従来，日本企業では，会社機関において次のようなコーポレート・ガバナンス体制がとられていた。すなわち，株主総会が取締役会の業務執行決定を監督し，取締役会が代表取締役ならびに業務担当取締役による業務執行を監督し，監査役が取締役会を会計監査・業務監査する，株主総会・取締役会・代表取締役・監査役会を設置する監査役会設置会社体制である。

○取締役会の形骸化と改革の必要性

　だが，会社機関のなかでも取締役会については，①社内昇進型取締役が多数を占め社外取締役が少数であり，②代表取締役・業務担当取締役を監督する立場の取締役会メンバーが日常業務では逆に代表取締役・業務担当取締役の部下として命令を受ける立場の管理者に配置されてきたこと（企業経営における決定と執行の未分離），③取締役の人数自体が欧米諸国と比較しても多すぎるなどの理由から，その形骸化と改革の必要性が指摘されてきた。

○執行役員制度の導入

　このような状況に対して，取締役会改革の先鞭をつけた企業の１つにソニーがある。1997年６月，ソニーは取締役の人数を４分の１近くに削減し，社外取締役の人数を増やし，取締役会をソニー本体およびグループ企業の経営方針・重要諸事項の決定と業務執行に対する監督機能に専念する機関へと明確に位置づけた。これに伴い，取締役会を退任した社内昇進型取締役の多くが，個々の事業執行に専念する**執行役員**として就任した。なお，代表取締役ら７人も執行役員を兼務することになった。その後，2016年には上場企業の約70％が執行役員制度を導入するまでに普及した。だが，近年，執行役員数の増加から意思決定の迅速化がはかれず，制度見直しの動きもみられる。

2 コーポレート・ガバナンス改革に関するコード提示

○コーポレート・ガバナンス・コードの提示

　コーポレート・ガバナンス・コード（Corporate Governance Code）とは，上場企業がコーポレート・ガバナンスについて遵守するべき行動規範のことである。1992年のイギリスを皮切りに主要国の多くで制定されている。日本では金

▷執行役員
取締役会によって選任され，業務執行を行う責任者。専務・常務等の呼称をもつ者もいるものの，会社法上は使用人つまり従業員扱いとなり，取締役とはならない。これに対し，指名委員会等設置会社にのみ存在する執行役は，取締役会によって選任され，取締役会の決定に基づいて業務執行を行う会社法上の会社機関の１つ。執行役は取締役も兼任でき，執行役のうち１人は従来の監査役会設置会社における代表取締役に相当する代表執行役となる。

融庁と東京証券取引所が日本版コーポレート・ガバナンス・コードを策定し，2015年6月から上場企業に適用した。その基本原則は，①株主の権利・平等性の確保，②株主以外のステークホルダーとの適切な協働，③適切な情報開示と透明性の確保，④取締役会等の責務，⑤株主との対話の5つである。東京証券取引所の上場企業に対して，独立社外取締役を2人以上，グローバル企業では少なくとも3分の1以上選任することが必要とされ，そのための取組み方針の開示を求める。この意味でコーポレート・ガバナンスの強化が図れるのである。また，同コードには，日本企業に対して，利益の蓄積ではなく，M&Aや新規投資で会社の持続的な成長と中長期的な企業価値の向上を促すねらいがある。

○スチュワードシップ・コードの提示

スチュワードシップは他人から預かった資産を，責任をもって管理運用する受託者責任を意味する。スチュワードシップ・コード（Stewardship Code）とは，生命保険会社，年金基金などの資産運用受託者（機関投資家）が，投資先企業にどのような姿勢を示すべきかを定めた行動規範である。機関投資家による投資先企業への監視や対話が不十分であったため，2008年の金融危機を招いたとの反省があり，2010年にイギリスで制定された。日本では2014年2月に金融庁の有識者検討会で「責任ある機関投資家」の諸原則《日本版スチュワードシップ・コード》が策定・公表された。その原則を要約すれば，①受託者責任を果たすための明確な方針の策定と公表，②管理すべき利益相反に関する明確な方針の策定と公表，③投資先企業の持続的成長に向けて，当該企業の状況の的確な把握，④投資先企業との建設的な対話による認識の共有と問題の改善，⑤議決権行使とその結果の公表に関する明確な方針，議決権行使の方針は投資先企業の持続的成長，⑥顧客・受益者に対する受託者責任遂行状況の定期報告，⑦投資先企業の持続的成長のために，受託者も組織力強化が必要，の7つである。つまり，同コードで機関投資家に期待される行動は，投資先である日本企業に対して，的確な把握と建設的な対話によって持続的成長を促しつつ，中長期的収益を拡大することである。この意味でコーポレート・ガバナンスの強化にも関連している。

○2つのコードの特徴と関係

2つのコードには共通する特徴がある。それは，国家権力による強制力は有しない**ソフトロー**，大原則の下で自律的な行動を求める**プリンシプルベース・アプローチ**，コードに従うか従わない場合は理由の説明を求める**コンプライ・オア・エクスプレイン**の3つである。そして，両コードの関係についていえば，コーポレート・ガバナンスに対して，株主側からアプローチする行動規範がスチュワードシップ・コードであり，企業組織側，経営者側からアプローチする行動規範がコーポレート・ガバナンス・コードである。両コードは，コーポレート・ガバナンスの実効性を向上させる車の両輪とされる。

▷**ソフトロー（Soft Law）**
国家権力による強制力を持たないものの法令や規則に準ずる規範をソフトローといい，国家権力による強制力をもつ法律などのハードロー（Hard Law）と対比される。違反すると，社会的，経済的，道義的な不利益をもたらすとされる。

▷**プリンシプルベース・アプローチ（Principle-based Approach）**
会社や機関投資家に対して，大まかで抽象的な原則の下でその趣旨を正確に理解して自律的な行動を求める原則主義をプリンシプルベース・アプローチという。他方，細かく具体的な処理方法まで記載された規則を厳格に守る他律的な行動を求める細則主義をルールベース・アプローチ（Rule-based Approach）という。

▷**コンプライ・オア・エクスプレイン（Comply or Explain）**
上場企業や機関投資家には，その模範的なあり方を定めるコードの各原則等に従う（comply）か，従わないのであればその理由を株主や顧客に説明する（explain）責任がある。両コードとも，法的強制力のないソフトローであるため，すべての原則を一律に遵守する必要はなく，理由を説明することで各々の事情に従って遵守する原則を取捨選択してもかまわない。なお，遵守・説明いずれの行動も怠った場合，公表措置，上場契約違約金の支払い等の制裁の対象となる。

各種委員会設置会社導入による取締役会改革

1 指名委員会等設置会社の導入

　2015年5月施行の改正会社法により，前述の監査役会設置会社に加えて，従来の委員会設置会社を改称した指名委員会等設置会社が導入された。

　指名委員会等設置会社は，取締役会の内部に，取締役の選任・解任議案を決定する指名委員会，取締役および執行役の報酬を決定する報酬委員会，取締役および執行役の職務執行を監査する監査委員会を設置する会社である。これらの委員会は3人以上の取締役で構成され，社外取締役が過半数を占める。一方で，現行の代表取締役は代表執行役と改称され，新たな会社機関として業務執行を担当する代表責任者となり，従来の監査役・監査役会は廃止された（**資料Ⅱ-1**）。その目的は決定・監督と執行の分離を強化することにある。

2 指名委員会等設置会社の現状と問題点

○指名委員会等設置会社の現状

　指名委員会等設置会社の現状は必ずしも企業において歓迎されているとはいえない。それは，指名委員会等設置会社の導入比率の少なさからもうかがえる。**日本取締役協会**によれば，2022年4月12日現在，東京証券取引所**プライム市場**上場1,839社中，指名委員会等設置会社は69社とわずか3.8％に過ぎない。さらに重要なのは，新生銀行，サンスターをはじめ，指名委員会等設置会社にいったん移行しながら，従来の監査役会設置会社に再移行した会社もみられるという事実である（https://www.jacd.jp/news/opinion/480d79777619a29604dd48252ade7d0649d611d7.pdf, 2022年7月24日アクセス）。

○指名委員会等設置会社の問題点

　この指名委員会等設置会社の現状に対しては，日本の指名委員会等設置会社における制度上の問題点を指摘する声がある。その1つとして，監督・決定から分離されて業務執行に集中できているはずの執行役が，実は，監督を行う取締役の兼任も認められているため，執行役の権限の強化を促進しているに過ぎないという批判がある。もう1つは，社外取締役の独立性に対する批判である。執行役を監督するうえで重要な役割を果たす各種委員会メンバーの過半数が，社外取締役といっても親会社・取引先等の関係者であり，独立社外取締役（特定の利害関係をもたず，監督において独自の判断を期待される社外取締役）とはいえ

▷**日本取締役協会**
2001年に設立され，経営者，研究者，社外取締役，機関投資家など，経営にかかわる専門家が日本企業の成長を目的に集まる社団法人。コーポレート・ガバナンスの普及・啓蒙活動のなかで，取締役会の運営と社外取締役の役割におけるベスト・プラクティスを蓄積してきている。

▷**プライム市場**
東京証券取引所（東証）のプライム市場（旧第一部に相当し，世界経済をリードする企業を対象とする市場）のこと。上場とは，有価証券（株式・債券など）や先物取引の対象となる商品（貴金属，石油，農産物など）を市場（しじょう：証券取引所や商品取引所）で売買可能にすることである。日本最大の証券取引所である東証において，プライム市場の上場基準が，スタンダード市場，グロース市場と比べて遙かに厳しいため，東証プライム市場上場は一流大企業の証とされる。

資料Ⅱ-1　監査役会設置会社，指名委員会等設置会社，監査等委員会設置会社

（注）　♟ 代表取締役または代表執行役。　♟ 社外取締役または社外監査役。
　　　　3つの委員会の委員の任期は，取締役会が指名するので1年となる。これは，取締役の任期が1年であることによる。なお，執行役員は省略している。
出所：浜辺陽一郎他『これならわかるコーポレート・ガバナンス』学習研究社，2003年，25頁，27頁及び松田千恵子『これならわかる コーポレートガバナンスの教科書』日経BP社，2015年，35頁，37頁，38頁をもとに筆者作成。

ないとされた。だが，2021年8月，東証上場企業において，独立社外取締役が，全取締役の3分の1以上を占める上場会社の比率は市場第一部では72.8%となっており，大きく改善している。

③ 監査等委員会設置会社の導入

　2015年5月施行の改正会社法により，上記の指名委員会等設置会社とともに監査等委員会設置会社が導入された。これは，監査役の代わりに，取締役会の内部に取締役の職務執行を監査する監査等委員会を設置する会社である。この委員会は3人以上の取締役で構成され，社外取締役が過半数を占める。監査役会設置会社と指名委員会等設置会社のハイブリッド的な第三の形態といえる。この監査等委員会設置会社に移行する企業は急増しつつあり，2019年7月までに1,000社超と上場企業の3割弱に達しており，2021年には上場企業のうち社外取締役が2人以上いる企業が97%弱を占める要因ともなっている。

5　株主総会と株式所有構造の変容

1　株主総会の機能化

日程の分散による株主総会の機能化

日本の上場企業の株主総会は，以前はその大半が6月下旬の同一日に開催され，多くの株主が出席しづらい状況となっていた。しかも，総会屋と呼ばれる特殊株主，議長提案に「異議なし」と連呼する従業員株主，株主の質問を無視する経営者など，株主総会では実質的審議がなされず形骸化していた。だが，集中日開催の株主総会は，東証上場企業を例にとっても1995年の96.2％から年々減少傾向をみせ2022年には25.7％となった。

株主提案権の行使による株主総会の機能化

さらに，大株主であれ少数株主であれ**株主提案権**の行使によって，株主総会は以前に比べればある程度機能するようになった。大株主では，2002年5月開催の婦人既成服大手企業・東京スタイルの株主総会で，筆頭株主の投資顧問会社・M&Aコンサルティングが大幅な配当増額，自社株買いの増枠，社外取締役の起用等の内容を含む株主提案を行い，内外の機関投資家の支持も取りつけて会社や**法人株主**側と日本では異例の本格的なプロキシーファイト（委任状争奪戦）を繰り広げた。少数株主では，2007年6月開催のソニーの株主総会で，**株主オンブズマン**が役員報酬の個別開示を内容とした株主提案を行い，海外の機関投資家の支持を取りつけて株主総会で44％の賛成票を集めた。

2　日本の株式所有構造とその変容

法人株主による株式相互持合

日本の株式所有構造は，従来，同一企業グループ内の系列金融機関や系列事業法人で株式相互持合関係を形成するものが多かった。株式相互持合関係は，戦後からバブル期に至るまで，①企業買収に対する経営の安定化や長期・安定的な取引関係強化等の日本企業の国際競争力確保，②本業で得た利益を元に株式を購入・転売する等の本業とは無関係な事業により含み益を創出する財テク，の2つの目的のもと形成・強化され続けた。この結果として，都市銀行を頂点とする6大企業グループ（三井，三菱，住友，芙蓉，第一勧銀，三和），事業法人を頂点とする独立企業グループ（パナソニック，トヨタなど）を中心として，各グループ内での株式相互持合が日本の株式所有構造の特徴となった（**資料Ⅱ-2**）。

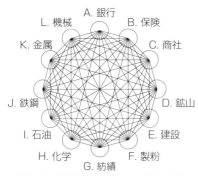

資料Ⅱ-2 株式相互持合の構図

A. 銀行
B. 保険
C. 商社
D. 鉱山
E. 建設
F. 製粉
G. 紡績
H. 化学
I. 石油
J. 鉄鋼
K. 金属
L. 機械

（注）株式相互持合により，企業・経営者間に相互信認が生じる反面，相互のチェックが甘くなる。

出所：高橋昭三編『経営財務の基礎理論』同文舘，1984年，293頁に加筆修正。

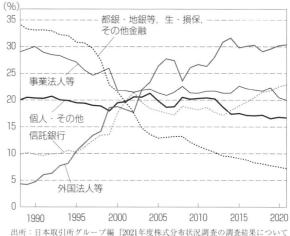

資料Ⅱ-3 主要投資部門別株式保有比率の推移

都銀・地銀等，生・損保，その他金融

事業法人等

個人・その他

信託銀行

外国法人等

出所：日本取引所グループ編『2021年度株式分布状況調査の調査結果について〈要約版〉』2022年7月7日，5頁に加除修正。

この構造下で，グループ各企業は，法人株主として株式相互所有に基づく相互支配により自らサイレント・パートナー（物言わぬ安定株主）化を図り，経営者の相互信認ひいては経営者の自社支配を強化することができた。これによって，上記目的は一定程度達成されたものの，後にクローニー資本主義（経営者の一族・知人・友人が一体となり会社の利権をむさぼる仲間内資本主義）の現れとして，欧米を中心に日本企業のこの閉ざされたコーポレート・ガバナンスが後進的であると批判されその解消が根強く求められるようになった。

○機関投資家の持株増大

バブル崩壊以降，日本の株式所有構造は大きく変容してきた。法人株主は，いずれも不良債権処理の一環，リスク資産の圧縮等のため，株式の売却を加速せざるを得なかった。この結果，法人株主間の株式相互持合が解消されるようになり，代わりに発言力のある様々な機関投資家，特に**カルパース**など海外の機関投資家の持株が増大していった（**資料Ⅱ-3**）。いわば，コーポレート・ガバナンスにおいて主体的役割を担うストックホルダー（株主）が法人株主から機関投資家へと交代しており，社会に開かれたコーポレート・ガバナンスに向けて徐々に前進しつつある。

○株式相互持合の局地的強化

だが，株式相互持合の解消，機関投資家の持株増大を基調としつつ見逃せない局地的変化も生じている。2005年以降，強い国際競争力をもつ巨大事業会社が，他社からの敵対的買収を阻止するために，戦略的提携の一環として国境を越えて株式相互持合の強化を図っている。鉄鋼日本最大手・新日本製鐵（現・日本製鉄）が，鉄鋼世界最大手のアルセロール・ミッタル社から敵対的買収を阻止するために，同じく買収の標的となった鉄鋼韓国最大手のポスコ社と株式相互持合の強化を通じて互いの主要株主となったのはその好例である。

および教員などの専門家で組織されている。活動内容は，株主総会の改革，企業献金問題の追及，障がい者雇用の実現など企業の社会的責任を意識した幅広いものとなっており，具体的な活動手法として株主提案，株主代表訴訟を多用する。特に，株主提案については，雪印乳業における「雪印乳業と株主オンブズマンの協定書」締結，ソニーにおける女性取締役の就任，など少なからぬ活動成果を上げている。2019年解散。

▷カルパース（CalPERS）
カリフォルニア州公務員退職年金基金（The California Public Employees' Retirement System）の略称である。機関投資家としてのカルパースは，その巨額な資産（2020年現在約46兆円），積極的運用姿勢だけでなく，多数の日本企業も含めて全世界の投資先企業に議決権行使を通じて経営改革を求める「もの言う株主」の代表格でもあることから，世界最強の公的年金基金の1つとされている。

株主の行動変化：株主による積極的発言

株主代表訴訟の活発化

　株主代表訴訟とは，取締役や監査役が違法行為・反社会的行為によって会社に損害を与えた場合には，当該会社の株主が会社に代わって取締役に損害賠償を求める訴訟である。日本の株主代表訴訟は，訴訟手数料が非常に高額（損害賠償請求額に応じて手数料も違っていた。例えば，請求額 1 億円の場合は41万7,600円，商法改正のきっかけとなった1992年の日興證券事件の請求額470億7,500万円の場合は 2 億3,538万円）なこともあって長年にわたってほとんど利用されてこなかったが，1993年10月の商法改正によって，原告が支払う訴訟手数料が一律8,200円（2003年には 1 万3,000円に変更）に引き下げられたこともあって急増した。例えば，2000年 9 月，大阪地裁において，大和銀行（現・りそな銀行）ニューヨーク支店巨額損失に関する株主代表訴訟で，11人の取締役に総額約800億円の損害賠償金を支払うよう命じる判決が出された。最終的には，2 億5,000万円の支払いで和解が成立したが，違法行為・反社会的行為の抑止力が高まったという見解と賠償責任が過酷であるという見解とに二分されるなど，大きな反響を呼んだ。

2 社会的責任投資の活発化

　株主が投資先を選定する基準が変化しつつある。その最も顕著な現れが**社会的責任投資**の登場である。個人株主，機関投資家が**トリプル・ボトムライン**の視点に立って企業の社会的責任を適切に遂行している企業に投資するのである。

　社会的責任投資は，①ソーシャル・スクリーン，②株主行動，③ソーシャル・インベストメント／ファイナンスと大きく三分される。①は，さらに，たばこ，酒，武器などの社会的批判の多い事業にかかわる企業を投資先から排除するネガティブ・スクリーン，社会や環境に対する配慮を重視して社会的責任を果たしている企業に対して積極的に投資するポジティブ・スクリーンに二分される。②は，さらに，少数株主が議決権を行使して株主総会において企業に社会的責任を求める株主提案を行うことによって問題の所在を認識させる対決型株主行動，大株主である機関投資家が企業との積極的な提案・議論を継続的に行うことによって企業価値の向上をねらって企業経営の改善を図ろうと企業に影響を与えようとする対話型株主行動に二分される。③は，さらに，荒廃・

▷**社会的責任投資**（Socially Responsible Investment）
略称は SRI。収益性，成長性といった財務的側面だけでなく，企業の社会性や倫理性の側面も投資スクリーン（判断基準）として重視する投資行動である。現在は，ESG（Environment, Social, Governance）投資という。⇨序-6「企業の社会的責任」も参照。
▷**トリプル・ボトムライン**（Triple Bottom Line）
略称は TBL。ボトムラインとは，決算書の最終行，つまり，収益・損失の最終結果を意味する。トリプル・ボトムラインとは，持続可能な発展を目指す企業は経済，環境，社会のバランスのとれた経営を重視するという考え方。

資料Ⅱ-4　SRIの1例「あすのはね」の提示する4つの企業評価基準

消費者対応
品質や安全への対応，顧客とのコミュニケーション，顧客満足度の把握など

環境
環境問題に対する企業の姿勢，環境配慮の方針，環境管理体制，環境リスクの把握と削減努力，環境コミュニケーションなど

雇用
基本的人権への配慮，多様な価値観の受け入れ，自己実現の機会など

経営理念，企業倫理，地域との共生，市民活動への支援，NGOとのリレーションシップなど

市民社会貢献

出所：谷本寛治編著『SRI 社会的責任投資入門』日本経済新聞社，2003年，196頁。

衰退した地域の経済的開発の支援を目的に行う地域開発投資（コミュニティ投資），自然エネルギーの開発や**フェア・トレード**，発展途上国における貧困層の経済的自立支援等のソーシャル・ビジネス（環境，貧困，少子高齢化，子育て支援等の社会的課題の解決を目的として行う持続可能な事業）に取り組む企業に対して行う社会開発投資，行政が社会や環境への影響を考慮して行う公共投資，入札参加企業を審査する際に評価基準の1つとして社会的責任への取組みを組み込んで行う公共事業等の，社会的に責任ある公共投資／開発投資に三分される（谷本寛治編著『SRI 社会的責任投資入門』日本経済新聞社，2003年，6-9頁参照）。

　アメリカのSRI推進団体ソーシャル・インベストメント・フォーラムは，社会的責任投資の範囲を①②に加え③のうち地域開発投資までとしている。なお，①～③は相互に関連しており必ずしも分離して実施されるわけではない。日本では，日興アセットマネジメントの「エコ・ファンド」，朝日ライフアセットマネジメントの「あすのはね」などが先駆的である（**資料Ⅱ-4**）。

③ 機関投資家が発言する理由

　エキジット・アンド・ヴォイスの考え方を用いて説明すれば，機関投資家は，従来，投資対象先企業個々の経営に不満がある場合には，同企業の株式を売却して市場から退出することで意思表示を行ってきた。ところが，機関投資家が株式保有額を増大させていくと，機関投資家による株式売却は市場全体での株価下落ひいてはその機関投資家の保有する残りの株価下落という損失を引き起こしてしまう。このため退出よりも発言の方が，具体的には**リレーションシップ・インベストメント**によって企業経営に積極的に関与する方が合理的となり，この意味で機関投資家はサイレント・パートナーであることを放棄した。

▷**フェア・トレード（Fair trade）**
先進国の企業や消費者が発展途上国の原料や製品を適正価格で継続的に購入することによって，立場の弱い発展途上国の生産者や労働者の生活改善と自立を促す運動。⇨ 序-6「企業の社会的責任」，Ⅹ-2「価値創造の仕組みをつくる時代へ」も参照。

▷**エキジット・アンド・ヴォイス（Exit and Voice）**
ハーシュマン（A. O. Hirschman）の提示した組織の機能回復に関する概念。いかなる組織でも衰退や堕落は不可避であるが，これを組織本来の姿に戻すために組織メンバーのとる行動が退出（Exit）と発言（Voice）である。退出とは，顧客の商品・サービス不買，株主の保有株式売却，従業員の退職・他企業への移籍等である。発言とは，顧客の製品・サービスに対する改善要望・クレーム，株主の議決権・提案権行使や白紙委任状獲得，従業員の内部告発等である。従来，米英の機関投資家は，発言よりも退出を選好する，ニューヨークのウォールストリート・ルール，ロンドンのシティ・ルールに従っていた。

▷**リレーションシップ・インベストメント（Relationship Investment）**
機関投資家の新たな投資活動。機関投資家が，投資先企業との交渉に際して，長期的・継続的視点に立った経営改善要求を提出するなどの関係強化を図ることによって株式運用成果を高めようとするもの。

株主中心型コーポレート・ガバナンスの問題点

▷**エージェンシー理論**
(Agency Theory)
ジェンセンとメックリング
（M. C. Jensen and W. H.
Meckling）の提唱した組
織の経済学に関する理論の
1つ。プリンシパル（本人，
依頼人）が自分の業務執行
権限をエージェント（他人，
代理人）に委託する契約関
係を結べば，エージェンシ
ー関係は成立する。また，
エージェントがプリンシパ
ルの期待通りに行動せず，
組織資源が非効率的に利
用・分配される問題をエー
ジェンシー問題という。エ
ージェンシー理論では，こ
の問題を解決するために，
プリンシパルのエージェン
トに対する有効な報酬・監
視システムを整備・実行す
ることが論点となる。
▷**ストック・オプション**
(Stock Option)
自社株購入権ともいい，一
定期間内に権利行使価格で
自社のストック（株式）購
入をオプション（選択権付
き）で認めた権利。ストッ
ク・オプション制度は，取
締役・従業員の株価を上昇
させようとする経営努力
・勤労意欲を高め，株主へ
のインカムゲイン（配当）
やキャピタルゲイン（株価
上昇による値上がり益，譲
渡益）の増大をも約束する
効果をもつとされる。
⇨ ⅩⅠ-6 「ベンチャーの組
織運営」も参照。

　ここでは，株主中心型コーポレート・ガバナンスの問題点と今後に向けた提言について若干触れることで，本章の締めくくりとしたい。

1　株主中心型コーポレート・ガバナンスの問題点

○経営者の利己的行動に対する株主の予測失敗
　エージェンシー理論の適用される株主中心型コーポレート・ガバナンスは，本来，株主が，**ストック・オプション**等の経営者の利益追求意識を高める手法によって株主と経営者との利害を一致させ，企業の長期的存続と長期的利益を追求する意図をもっていた。

　だが，実際には，この意図通りに機能しなかった。多くの経営者は，粉飾決算するなど違法行為を働いてまでも高株価を維持する一方で，違法行為が発覚して株価が暴落する直前までインサイダー情報を不正に駆使してストック・オプションを行使し株価を高値で売却することで莫大な短期的利益をあげた。エンロン社やワールドコム社は経営者の利己的行動に対する株主の予測失敗によって経営破綻した企業の典型例であった。

○多くのステークホルダーの不利益
　企業の短期的利益追求の結果，犠牲となったのが多くのステークホルダーであった。例えば，従業員の多くは経営合理化に伴う成果主義の徹底と大規模なレイオフ（一時解雇）によって企業へのロイヤルティ（忠誠心）と仕事へのモチベーション（動機づけ，やる気）を失っていった。取引業者は主要得意先である企業から苛烈な低コスト等過大な要求を突きつけられて，その多くがこれを達成できずに廃業を余儀なくさせられるかM&Aによって規模の経済を追求してようやく達成するかの二者択一を迫られた。消費者は経営合理化に伴いモチベーションを失った従業員が製造した欠陥商品を購入させられた。

　これらは，ステークホルダー不在のまま最終的には「経済性と収益性」の向上を重視せざるを得ないという株主中心型コーポレート・ガバナンスの構造的欠陥によって多くのステークホルダーが不利益を被る事実を如実に示している。

2　株主中心型コーポレート・ガバナンスへの若干の提言

　会社機関，株主は，この構造的欠陥を是正するために各種コードの遵守，企業倫理の制度化，社会的責任投資など様々な取組みを行っている。だが，彼ら

が「企業は株主とその代理人である経営者の利益を最優先するべきである」という偏狭な法的所有者意識を抱いて株主中心型コーポレート・ガバナンスを遂行する限り，経営者は企業の社会的責任を表面的に遂行しているにすぎない。

　今後，会社機関，株主に本質的な意味での企業の社会的責任の遂行を求めるのであれば，次のようなコーポレート・ガバナンス構造を新たにつくり直す方針転換こそ必要となろう。すなわち，①彼らが率先してこの偏狭な法的所有者意識から「企業は経営者のステークホルダー・マネジメントによって長期的利益還元を行う一種の社会的公器である」という広範な経済的・社会的所有者意識への意識転換を図り，②その他のステークホルダーとともにこの新たな意識を強く共有しつつ，③「経済性と収益性」，「適法性と倫理性」，「透明性と社会性」を高水準かつバランスよく追求できるステークホルダー協調型コーポレート・ガバナンス構造である。

Exercise

〇理解できましたか？
　1）コーポレート・ガバナンスとはどのようなことをいうのでしょうか。
　2）コーポレート・ガバナンスをめぐる様々な人々にはどのようなものがありますか。
〇考えてみましょう！
　1）各種委員会設置会社の導入や，その現状と問題点について説明してみましょう。
　2）社会的責任投資にはどのようなものがありますか。

勉学へのガイダンス

〇はじめて学ぶ人のための入門書
　松田千恵子『これならわかる　コーポレートガバナンスの教科書』日経BP社，2015年。
　　図を多用しながら，ビジネスパーソンも学生も，コーポレート・ガバナンスを実践的にわかりやすく理解することができる。
　浜辺陽一郎・田中康之・出馬幹也『これならわかるコーポレート・ガバナンス』学習研究社，2003年。
　　弁護士・公認会計士がコーポレート・ガバナンスについて，図を多用しながら平易に解説したムック。
〇本章をより理解したい人のための書物
　加護野忠男・砂川伸幸・吉村典久『コーポレート・ガバナンスの経営学』有斐閣，2010年。
　　経営学的視点からコーポレート・ガバナンス改革の問題を分析し，日本企業の統治制度のあるべき姿を提示する。
　花崎正晴『コーポレート・ガバナンス』岩波新書，2014年。
　　コーポレートファイナンスの視点に基づく実証分析から，株主資本主義の誤りとステークホルダー資本主義の可能性を説く。
〇進んだ勉学を志す人のための書物
　植竹晃久・仲田正機編著『現代企業の所有・支配・管理』ミネルヴァ書房，1999年。
　　現代企業の所有・ガバナンス・管理の基礎構造を理論的・実証的に徹底分析したテキストも兼ねた研究書。
　A・A・バーリー，G・C・ミーンズ『現代株式会社と私有財産』（森　杲訳）北海道大学出版会，2014年。
　　コーポレート・ガバナンス論の源流となった記念碑的大著。

（片岡　進）

企業と社会

1　企業の目的

　我々は資本主義という経済システムのなかで生きている。そして，資本主義の中心を担う存在は企業である。企業はビジネスを行い，社会に貢献する存在である。

　ドラッカーは，企業の目的について著書『現代の経営〔上〕』のなかで「企業の目的は，それぞれの企業の外にある。事実，企業は社会の機関であり，その目的は社会にある。企業の目的として有効な定義は一つしかない。すなわち，顧客の創造である。」と述べている。つまり，ドラッカーは企業の目的は金儲けではなく，「**顧客の創造**」であると主張している。

2　調整メカニズム

　企業が「顧客の創造」を行う場が市場である。市場は売り手と買い手が欲望やニーズを実現しようとする場であり，市場は活動する人々を動機づけ，経済を発展・成長させる。

　市場には，製品・サービスの配分を調整する自己調整機能がある。例えば，多くの人が求める製品・サービスは市場において不足し，企業はその状況をビジネスチャンスと捉え，増産や価格アップを行う。これにより，需要と供給のバランスが行われる。一方，人気がない製品・サービスの場合，買い手がいないため，企業は減産や価格を下げる。これにより，需要と供給のバランスが行われる。

　「経済学の父」と呼ばれるアダム・スミスはこの現象を「見えざる手」という言葉で表現した。「見えざる手」は市場の調整メカニズムを意味する。誰かが市場全体をコントロールしているわけではないが，人々の欲望やニーズを集めた結果，多くの製品・サービスの価格・量が適正な価格・量に収束していく。

　ただ，現実的には，適正な価格が長期間において一定であることは滅多にない。この理由は，供給側のコストは常に増減しており，買い手の所得も常に増減しているためである。

3　社会の発展

　1776年発刊の『**国富論**』において，アダム・スミスは貧困に苦しむ人々を減

▷P・F・ドラッカー（Peter F. Drucker, 1909-2005）
20世紀から21世紀にかけ，経済界に大きな影響を与えた経営思想家。マネジメントの概念と手法を発展させた。

▷顧客の創造
ドラッカーはビジネスにおいては顧客の価値判断が最も大切であると指摘した。その一方で，ドラッカーは「利益は企業がその役割を果たしていくために必要なコストであり条件である」とも述べている。

▷『国富論』
経済学の出発点と位置づけられている書籍。「見えざる手」というあまりにも有名な言葉が本書では一度だけ登場する。

らす必要があると主張した。そのため，スミスは政府による不必要な市場の規制を撤廃し，市場における競争を促すことにより，国の経済成長を高めることを求めた。

「国を豊かにする原動力は個人の利己心に基づく欲求行動である」とスミスは考えた。人には何かを得たいという欲求がある。そのため，人は勤勉に働き，自己研鑽を行う。結果として，製品・サービスの質は向上し，より良い生活必需品やサービスが生産され，より多くの人に届く。それにより経済が発展・成長し，より良い社会が形成される。

人々は「社会の発展に貢献したい」という善意で活動するわけではなく，自身のために努力するわけだが，知らず知らずのうちに，人々は社会の繁栄を実現していく。その結果，貧困に苦しむ人々の数は減少する。スミスは，これを実現するために国は豊かで強くなる必要があると説いた。

④ 分 業

スミスは，豊かさを増進する一般原理は分業にあると指摘した。スミスは『国富論』の中でピンの生産を例に，一つの工場で労働者たちがすべての工程を一人で行うよりも，工程ごとに分かれ，それぞれ専門的な業務を行う方が，工場全体の生産性は高くなることを指摘した。

社会でも，人々がさまざまな企業で，さまざまな仕事に従事し，それぞれが専門的な役割を果たす方が，社会全体の生産性は高くなる。スミスが重視した分業の効果は，社会全体の生産性が向上する効果だけではなく，増加した生産物やサービスが社会の下層の貧しい人々にまで広がり，結果として社会全体に幸福が広がる効果である。

また，スミスはこの『国富論』以外にもう一冊の著書を発刊している。1759年発刊の『道徳感情論』である。スミスは，この時，グラスゴー大学で道徳哲学を教えていた。スミスはこの『道徳感情論』において様々な人々の感情が相互作用することにより，人々が平和で安全な生活を営む社会秩序が形成されると指摘している。

▷『道徳感情論』
アダム・スミスが人生で初めて発刊した書籍。「見えざる手」という言葉が本書にも一度だけ登場する。

~~~~~~ *Key Person* のことば ~~~~~~

ドラッカーと企業経営

ドラッカーは，企業経営における人の重要性を強く指摘している。ドラッカーには多くの著作物があるが，例えば『現代の経営〔上〕』（上田惇生訳，ダイヤモンド社，2006年）のみに限定しても以下のような記載がある。「企業は人が創造し，人がマネジメントするということである」「企業の仕事ぶりとは人の仕事ぶりである」「経営管理者は，最も高価な資源である」「いかなる組織といえども，そのトップマネジメントを超えて優れたものとはなりえない」などである。また，ドラッカーの著書を読むことが難しいと感じる初学者には，岩崎夏海『もし高校野球の女子マネージャーがドラッカーの「マネジメント」を読んだら』（ダイヤモンド社，2009年）がお勧めかもしれない。本書の内容は映画化もされており，ストーリーとしても楽しむことができる。ドラッカーの思想に触れてほしい。

市場とマネジメント

1　3つの「C」

　市場には「C」を頭文字とする3つのプレイヤーが存在する。Customer（顧客），Competitor（競争相手），Company（自社）である。

　Customer（顧客）はビジネスを行なううえで最も重要な存在である。Customer がいるからこそ，企業や人々は商売を行うことができる。誰も買わない製品・サービスを提供している企業が継続的にビジネスを行うことはできない。Customer がいるからこそ，売上が上がる。

　Competitor（競争相手）は，企業にとり市場に新たな製品・サービスを導入し，価格攻勢を仕掛けてくるライバルである。企業が Competitor よりも魅力的な製品・サービスを持続的に顧客に提供し続けることは容易なことではない。一方で，この熾烈な競争が企業を育てる一面もある。

　最後は Company（自社）である。現代は組織の時代である。組織の規模は巨大化している。数万人の従業員を抱える企業も珍しくない。中には百万人以上の従業員を抱える企業さえある。一方で，組織を構成する人々はそれぞれ強い欲求を有している。それは組織に大きな力をもたらす原動力となる一方で，時にそれは負の影響をもたらす。

　組織は時と場合に応じ，人々を**マネジメント**する必要がある。

▷マネジメント
働く人々とその仕事を指揮し統制することを意味する。また，そのような仕事に責任を負っている経営者や管理職のことも指す。

2　組織の時代

　現代は組織の時代である。人々をいかに上手にマネジメントするかがその組織の命運を分ける。

　ドラッカーは，著書『現代の経営〔上〕』において「マネジメントとは，事業に命を吹き込むダイナミックな存在である。そのリーダーシップなくしては，

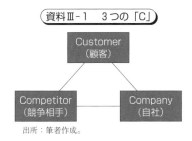

資料Ⅲ-1　3つの「C」

出所：筆者作成。

生産資源は資源にとどまり，生産はなされない。彼らの能力と仕事ぶりが，事業の成功さらには事業の存続さえ左右する。マネジメントこそ，企業がもちうる唯一の意味ある強みである。」と述べている。

③ 科学的管理法

人々は過去から時をかけ，このマネジメントという活動を前進させてきた。その一人が「経営学の祖」と呼ばれる**テイラー**である。

テイラーは，1856年にアメリカのペンシルバニア州フィラデルフィア近郊にある裕福な家庭で生まれた。ハーバード大学法学部に合格したが，視力の問題により大学には入学せず，機械工見習いとしてそのキャリアをスタートさせた。

テイラーが活躍した当時のアメリカは資本家と労働者の間に対立問題を抱えていた。資本家は，労働者をより働かせたいと考えた一方で，労働者は多く働いても収入は増えないと考え，怠けた方が得だと考えていた。これは**怠業**と呼ばれ，労働者が意図的に生産制限を行うことを意味した。テイラーはこれを大きな問題だと考え，労働者の作業能率を向上させるため複数の施策を生み出し，科学的管理法として以下のように成立させていく。

例えば，職場の一流の労働者を選抜し，その労働者の動作を細やかな作業に分け，無駄な動作を省いた標準的作業量を設定した。また，ストップウォッチを使い，秒単位で労働者の効率的動作を観察し，合理的な動作を模索する時間動作研究を行った。

さらに，その時間動作研究を専門に行う計画部を作り，そこに優秀な人材を集めた。そして，計画部から渡される作業指図表の通りに労働者が働くことを求めた。さらに，各職能に専門化された職長を設ける職能的職長制度が必要だと考えた。

また，一流労働者が1日にこなすべき作業量を課業（タスク）と名づけ，課業管理の仕組みを整えた。テイラーはこうした課業管理の諸制度と労働者の賃金を関係づけ，労働者が作業量をこなせばこなす程，高い賃金が得られる差率出来高賃金の仕組みを作った。

これらの試みは多くの人から非難され，その道のりは苦難の連続であったが，世界に大きな影響を及ぼした。

▷F・W・テイラー（Frederick W. Taylor, 1856-1915）1901年までエンジニアとして勤務した後に退職。その後，科学的管理法の研究と普及拡大に尽力。1911年に『科学的管理法』を発刊。世界に大きな影響を及ぼした。⇨ Ⅶ-1 「モノづくりと生産システム」も参照。
▷怠業
労働者が他の人々との関係により集団で意図的に行う怠業は「組織的怠業」と呼ばれ，人間の自然的な本能ならびに性向による怠業は「自然的怠業」と呼ばれた。テイラーは「組織的怠業」を特に問題だと考えた。

資料Ⅲ-2 科学的管理法を支える概念

科学的管理法

| 標準的作業量 | 時間動作研究 | 計画部 | 作業指図表 | 職能的職長制度 | 課　業 | 差率出来高賃金 |

組織とマネジメント

1　経済人モデル

　テイラーが考案した科学的管理法は，マネジメントの進展に大きく寄与した。テイラーの科学的管理法は労働者が仕事をやればやるほど，高い賃金が得られる仕組みであり，このような人の捉え方は経済人モデルと呼ばれる。経済人モデルでは「人は経済的な利得を常に求める存在」と捉えられている。

　一方，人は人間関係の中にある仲間意識や連帯感を求めながら働く存在でもある。人は利得だけで物事をすべて決めているわけではない。

2　社会人モデル

　組織における人間関係に着目した初期の研究がホーソン実験である。この実験には多くの人が長期間に渡り関わったが，その中でも特に有名な研究者が途中からホーソン実験に参加したハーバード大学の**メイヨー**と**レスリスバーガー**である。

　ホーソン実験は実験がはじまった1924年当初，人間関係に着目した研究ではなかった。労働者が作業する際の照明の明るさと作業能率の関係を明らかにすることが主目的であった。

　しかし，照明の明るさを変化させても労働者の作業能率とその関係は明らかにならなかった。そのため，照明以外の物理的作業条件の何が作業能率に影響を与えているのかを明らかにするため，さまざまな物理的作業条件を変えた研究が行われる。その結果，物理的作業条件以外の何らかの要因が作業能率に大きく関わっていることが予見された。

　そして，次第に労働者の精神的態度や感情にその原因を求めていく。メイヨーとレスリスバーガーが積極的に関わり，1928年から開始したインタビュー調査を通じ，所属する社会的集団の作用により作業能率が大きく影響を受けることが明らかとなった。

　こうした一連のホーソン実験の結果から，テイラーが考えていた経済人モデルという人間観から，所属組織における社会的関係性から作業能率を説明しようとする社会人モデルと呼ばれる人間観が経営学では注目されるようになっていった。

▷**G・E・メイヨー**（George E. Mayo, 1880-1949）
「人間関係論の父」と称されるオーストラリア出身の心理学者。ハーバード・ビジネス・スクールに1926年に着任した後，1928年からホーソン実験に参加した。

▷**F・J・レスリスバーガー**（Fritz J. Roethlisberger, 1898-1974）
人間関係論を展開し普及させた研究者。ハーバード・ビジネス・スクールのメイヨーのもとで1927年から研究を行う。ホーソン実験でも活躍した。⇨ Ⅵ-1「人的資源管理とは」も参照。

資料Ⅲ-3　人間観の変化

経済人モデル　➡　社会人モデル

出所：筆者作成。

3　協働と組織

　この人間観の転換と時を同じくし，時代は個人の時代から組織の時代へと歩みを進めていた。このタイミングで登場したのが**バーナード**である。

　バーナードは，当時最大の営利組織であったアメリカ電話電信会社（AT&T）で勤務していた。彼はいわゆる研究者ではなく，経営者としてその生涯をまっとうした人である。生涯の著書も2冊のみである。しかし，その1冊である『経営者の役割』は経営学に大きな影響を及ぼした。

　バーナードは，自らの経験から過去から人間が行ってきた協働と組織に関する理論を体系化した。バーナードは協働を「複数の人間が何らかの目的に向かい，責任を持って協力し合っている状態のこと」と定義し，組織を「2人以上の人々による，意識的に調整された諸活動ないし諸力のシステム」と定義した。

　バーナードは組織における管理者の意思決定を「組織の本質的過程」と捉えた。つまり，意思決定こそが管理者職能の本質であるとバーナードは考えた。

　ある種の組織的意思決定の責任がそれぞれの組織における管理者には割当てられる。組織における管理者の役割の特徴は，彼らが組織的意思決定過程の専門化を表していることだとバーナードは指摘した。

4　意思決定

　バーナードの意思決定論をもとに，それを大きく理論展開したのが，**サイモン**である。サイモンは，人々が行う意思決定の「限定された合理性」に着目し，研究を行った。

　人は意思決定過程で完全な知識を持っておらず，人の情報処理能力は限られている。つまり，人の能力は，人が直面している現実世界の複雑さに比べれば，あまりにも乏しい。結果として，人は最適解ではないそれぞれの人が満足できるレベルの意思決定を行う。サイモンは，これらの考えから「人は合理性において制約された存在」だと指摘した。

　サイモンは人の思考や意思決定に関する幅広い研究を彼の人生を通じ行った。そして，その功績により，1978年にノーベル経済学賞を受賞している。これはサイモンの研究成果が社会で高く評価されていることを示している。

▷**C・I・バーナード**（Chester I. Barnard, 1886-1961）「近代組織論の創始者」と呼ばれる経営者。アメリカ電話電信会社（AT&T）に勤務。ニュージャージー・ベル電話会社社長も経験。自身の経験を踏まえ新しい知識体系を構築した。⇨Ⅳ-1「組織とは何か」も参照。

▷**H・A・サイモン**（Herbert A. Simon, 1916-2001）組織内部の意思決定プロセスにおける先駆的な研究を行なった研究者。1947年発刊の『経営行動』はサイモンの代表作。研究領域はコンピュータ・サイエンスなど幅広く多才。⇨Ⅻ-1「測定のない経営は危険である」，ⅩⅣ-2「ビジネスにおける情報システム」も参照。

4 変化とマネジメント

1 時間の経過と変化

　企業を取り巻く環境は常に変化する。企業経営は，その変化する環境の中で意思決定を連続的に行っていく動的なものである。

　例えば，自動車産業の動的な経営分析を行った先駆的な研究としてアバナシーとアターバックの研究がある。アバナシーとアターバックはイノベーションを**製品イノベーション**と**工程イノベーション**に分けた。そして，それらのイノベーションの数が時間の経過と共に変化する3つの過程を示した。

　第1が流動的段階である。新製品が創出された初期段階であり，流動的段階では，多くの製品イノベーションが生じる。

　第2が過渡的段階である。この過渡的段階では，次々に起こる製品イノベーションに対応するため，生産工程は生産的に非効率だが柔軟性があり，変化に対応できる工程となる。

　第3が特定的段階である。製品イノベーションの数が減少し，工程イノベーションの数が増加する段階である。特定的段階では生産工程は流動的なものから，生産的には効率的だが，柔軟性に乏しい固定的なものとなる。

　この過程を指摘したモデルは提唱者の名前から「アバナシー・アターバック・モデル（A-U モデル）」と呼ばれている。

2 環境の創造

　企業経営は環境に対応するだけではなく，自らの意思決定により，その方向性を決定することもできる。時には環境さえも創造することができる。

　例えば，企業は「企業独自の生存領域」である**ドメイン**を自ら設定することができる。ドメインの設定は，企業経営において非常に重要であり，企業の活動領域を決定するだけではなく，その企業の競合企業をも決定する。

3 強みと弱み

　企業が競合企業との競争を行う中で重要な視点

▷**製品イノベーション**
製品そのものについてのイノベーションのこと。

▷**工程イノベーション**
生産工程についてのイノベーションのこと。⇨第Ⅶ章「モノのつくり方を知る」も参照。

▷**ドメイン**
一般的には，領土や範囲，領域などを意味する言葉。経営学においては「企業が活動する領域」を指す。⇨ⅩⅠ-4「新事業創造とマネジメント」も参照。

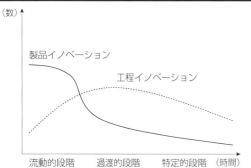

資料Ⅲ-4　アバナシー・アターバック・モデル（A-U モデル）

（数）

製品イノベーション

工程イノベーション

流動的段階　　過渡的段階　　特定的段階　（時間）

出所：Abernathy, W. J. and J. M. Utterback（1978）Patterns of Industrial Innovation, *Technology Review*, Vol. 80, pp. 40-47をもとに筆者作成。

が競争優位である。競争優位とは「他者との競争を有利に進め，標準を上回る経済的な利益を得ること」である。

　競争優位を高めるために大切な能力がコア・ケイパビリティである。この能力は「企業内部の個別資源間・活動間の補完性を高める企業独自の技術的・社会的システム，プロセス，ルーティンの集合」と定義される。コア・ケイパビリティを高めるほど競争優位は一般的には高まる。しかし，時にコア・ケイパビリティが企業の競争優位を阻害する場合がある。

　企業を取り巻く条件が同じであれば，コア・ケイパビリティを生み出す相互依存的なシステムにより企業は競争優位を維持できる。しかし，環境が変化したにも関わらず，そのシステムがルーティン・ワークとして硬直化すると，コア・ケイパビリティは時として，企業の競争優位を阻害する**コア・リジディティ（硬直性）**となる。

　コア・リジディティは，コア・ケイパビリティが変異したものであるが，コア・ケイパビリティを生み出した活動と同じ活動により蓄積される。つまり，コア・リジディティは，コア・ケイパビリティとコインの裏表のような関係となる。

④ 対応能力

　ティースは，このような状況に陥らない能力としてダイナミック・ケイパビリティの必要性を指摘している。この能力は「技術・市場変化に反応するために，その資産ベースの形成・再形成・配置・再配置を実現していく（模倣困難な）能力」のことである。

　ダイナミック・ケイパビリティは，市場や環境の変化にしなやかに対応するように，これまで組織に形成されてきた既存の資源を再利用，再構成することにより，持続的な競争優位を確立することを可能にするとティースは指摘している。

　また，ティースはダイナミック・ケイパビリティはさらに以下の3つの能力に区別されうるとも指摘している。

　①感知（Sensing）：環境変化に伴う脅威を感知する能力。

　②補捉（Seizing）：見出せる機会を捉え，既存の資源，ルーティン，知識を様々な形で応用し，再利用する能力。

　③変容（Transforming）：持続的競争優位を確立するための組織内外の既存の資源や組織を体系的に再編成し，変容する能力。

　一方で，このダイナミック・ケイパビリティは発展過程の概念でもあり，更なる研究の進展が望まれている概念でもある。

▷**コア・リジディティ（硬直性）**
過去の成功を生み出し競争優位の源泉となったコア・ケイパビリティが柔軟性を失い，環境変化に適応できず，逆に弱みとなる現象。

▷**D・J・ティース**（David J. Teece, 1948-）
「ダイナミック・ケイパビリティ論の創始者」と呼ばれるニュージーランド生まれの研究者。カリフォルニア大学バークレー校にて教鞭をとる。研究者としてだけではなく，経営コンサルタントとしても活動。

5　イノベーションとマネジメント

1　破壊と創造

　持続的な競争優位の確立は多くの企業が望むことである。これに対し，**クリステンセン**は「偉大な企業はすべてを正しく行うが故に失敗する」イノベーションのジレンマと呼ばれる現象を提唱した。

　クリステンセンは，イノベーションのジレンマを示すため，イノベーションを2つに分類した。1つが持続的イノベーションであり，1つが破壊的イノベーションである。

　持続的イノベーションは「現在の市場で求められている機能を向上させるイノベーション」である。一方，破壊的イノベーションは「現在の市場から求められている別の機能を向上させる既存の概念を覆すイノベーション」である。

　一般的に企業は経験を積むと自社なりの「勝ち方」を構築し，それと関連する**組織能力**，組織構造，企業文化を形成していく。そして，企業はその中で一般的に持続的イノベーションに注力し，その価格と利益率を高める努力をすることが知られている。企業はすでに存在する評価の枠組みや物差しに従い，製品・サービスを開発しようとする。なぜなら，その方が意思決定を行いやすいためである。また，その方が企業努力も行いやすい。

　しかし，破壊的イノベーションはその評価の枠組みや物差しの変更を企業に求める。さらに企業と既存の顧客の関係も分断する。その企業の経営状況が悪い場合ならば，その変更を企業は受け入れ，対策を練ることができるかもしれないが，その企業の経営状況が良好の場合，その変更は容易ではない。企業の内部と外部から多くの反対意見がでることが容易に想像できるためである。

　一方，**顧客の求める水準**を超えてしまう**オーバーシュート**という現象が発生することがある。企業にとり顧客の求める水準を超えてしまうオーバーシュー

▷C・M・クリステンセン
(Clayton M. Christensen,
1952-2020)
イノベーション研究の第一人者。彼の人生哲学を示した『イノベーション・オブ・ライフ ハーバード・ビジネススクールを巣立つ君たちへ』翔泳社，2012年は良い本。

▷組織能力
企業が有する資源とそれを活用する能力やプロセスのことを指す。

▷顧客の求める水準
顧客の求める水準は，製品・サービスに対する顧客ごとの思い入れやこだわりの程度により異なる。

▷オーバーシュート
2つのタイプがある。1つは機能の数値に対するオーバーシュート。これは顧客が「これ以上の性能（画素数など）は必要ない」と感じる状態を指す。もう1つは機能の広がりに対するオーバーシュート。これは顧客が「これ以上，他の機能は必要ない」と感じる状態を指す。

資料Ⅲ-5　持続的イノベーションと破壊的イノベーション

	持続的イノベーション	破壊的イノベーション
対象市場	現在の市場	現在とは異なる市場
既存の概念を覆す発想・価値基準	な し	あ り
既存主要機能	向 上	低 下
価 格	以前より高価格か同等	低価格

出所：クレイトン・クリステンセン『イノベーションのジレンマ 増補改訂版』（玉田俊平太監訳）翔泳社，2001年をもとに筆者作成。

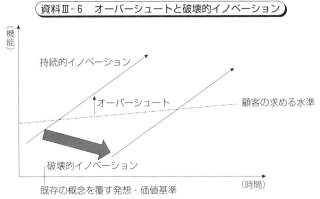

資料Ⅲ-6 オーバーシュートと破壊的イノベーション

出所：クレイトン・クリステンセン『イノベーションのジレンマ 増補改訂版』（玉田俊平太監訳）翔泳社，2001年をもとに筆者作成。

トは避けたいものだが，「偉大な企業はすべてを正しく行うが故に，この状況を避けることは難しい」とクリステンセンは指摘する。この理由は，優れた企業ほどすでに大きな優良顧客を持ち，その顧客の要望に丁寧に対応するためである。

② 優良企業と新興企業

実績ある優良企業は本来ならばオーバーシュートが発生したさい，既存の概念を覆す破壊的イノベーションに積極的に取り組むことが求められる。しかし，多くの場合，それを実現することは難しい。

この理由は，破壊的イノベーションに積極的に取り組むことは，その企業の製品・サービスの価格を下げ，企業が得られる利益額も減少させることを意味するためである。さらに，その市場は立ち上がったばかりの小さな市場であることが多く，優良企業にとり大きな売上高は期待できない。そのため，経営者が破壊的イノベーションに対し，即座に前のめりに取り組むことは難しい。

これに対し，まだ大きな顧客を持たない新興企業は破壊的イノベーションに積極的に取り組むことができる。すでに大きな顧客を有する優良企業にとっては立ち上がったばかりの小さな取るに足りない市場であっても，その新興企業にとっては十分な市場である。

最初の間は優良企業も新しい小さな市場をその新興企業に奪われるだけだが，時間が経過すると，結果として多くの優良企業はその市場での優位な地位を新興企業に奪われ，最終的にはその新興企業はかつての優良企業を淘汰する。

このイノベーションのジレンマが生じるメカニズムは，業界のトップ企業が顧客の声に耳を傾け，新技術に投資をしても，技術や市場構造の破壊的変化に直面したさい，市場のリーダーシップを失う現象を的確に示している。

価値づくりとマネジメント

1 製品価値

　企業がイノベーションのジレンマに陥る主要因となるオーバーシュートの発生を回避できるのではないかと注目されている概念がある。その概念は意味的価値である。

　意味的価値は「機能を超えて顧客が主観的に意味づける価値」のことである。この価値は，顧客の深層的な好みや顧客が置かれている特別な状況（コンテクスト）から創出されるため，多義性が高く，オーバーシュートが発生しにくいと考えられている。

　この意味的価値に対する概念として，機能的価値という概念がある。機能的価値は「客観的な評価基準の定まった技術や機能を中心とした価値」である。

　製品価値は，意味的価値と機能的価値の双方の価値により構成される。多くの製品について考えるさい，機能だけで製品価値が決まるものはない。例えば，身近なもの（衣類，眼鏡，時計，靴など）でも，機能のみで製品価値がすべて決定するものは見当たらない。このように，機能のみで製品価値が決定する場合は極めて少ないにもかかわらず，一般的に企業内において製品価値について議論する場合，機能を中心に議論されることが多い。製品価値について考えるさいは，意味的価値と機能的価値の双方について考える必要がある。

2 圧　力

　意味的価値と機能的価値は共に大切な価値だが，創出がより難しいのは意味的価値である。それは意味的価値の創出を抑える４つの圧力が存在するためである。

　１つ目の圧力は，組織内部の意思決定プロセス，それ自体から生まれる圧力である。評価基準の定まっていない意味的価値を創出する活動は，客観的な評価基準の定まった技術や機能からなる機能的価値を創出する活動よりも不確実

資料Ⅲ-7　製品価値

意味的価値
機能的価値　→製品価値

出所：筆者作成。

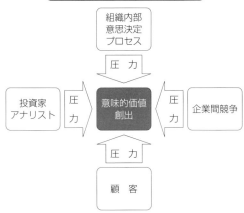

資料Ⅲ-8 意味的価値創出と圧力

出所：筆者作成。

でリスクの高い活動となる。企業が資源配分の意思決定をするさい，それがなぜ必要なのか，それからどのくらいの成果が期待できるのかを予測する必要がある。その価値が高ければ，組織における資源投入の意思決定は容易となるが，それが低ければその意思決定は困難となる。必然として，不確実でリスクの高い活動である意味的価値の創出に対しては，その意思決定を阻止する圧力が生じる。

　2つ目の圧力は企業間競争により生じる圧力である。企業は一般的に機会よりも脅威に強く反応する。企業にとり競合企業に先行されることは深刻な脅威として映る。つまり，競合企業の**ベンチマーク**をすればするほど，企業は競合企業への対応手段が明確な機能的価値の向上に資源を振り分ける。結果として，評価基準の定まっていない意味的価値の創出には，その意思決定を阻止する圧力が生じる。

　3つ目の圧力は顧客の圧力である。企業は顧客のニーズを知ろうと様々なマーケティングの努力をする。しかし，顧客がニーズについて何らかの「声」を発する場合，顧客は指摘しやすい課題についてコメントすることが多い。企業が行う「顧客の声を聞く」行為は，結果として一般的に企業の目を意味的価値ではなく機能的価値へと向かわせる。

　4つ目の圧力は投資家やアナリストの圧力である。外部の存在である投資家やアナリストは組織内部以上に理解しやすい内容の説明を求める。競合企業に対する比較優位を説明することができれば，少なくとも投資家やアナリストとしては期待する成果との因果関係が理解しやすくなるためである。結果として，投資家やアナリスト，そして，企業の目は意味的価値ではなく，評価基準の定まった機能的価値へと向かう。

▷ベンチマーク
他社との比較により企業の状況を改善する活動のこと。自社と事業内容や規模が近い優れた他社と比較することが一般的。

7 共創とマネジメント

▷共創（コ・クリエーション）
企業や人が，顧客，他社，投資家，地域社会など様々なステークホルダー（利害関係者）と協力し，価値を創出していくこと。

1 企業と市場

　価値を創出するプロセスは複数のプレイヤーが対話や学習を繰り返しながら，製品・サービスの価値を共に創造する**共創（コ・クリエーション）**プロセスでもある。

　製品・サービスの価値は企業と市場間における相互学習により構築され，決定されていく。

　新たな製品・サービスを企業が市場に導入する前に，顧客はその製品・サービスが自身にとって価値あるものかどうかを判断することはできない。また，企業側もそれらの顧客がどのような要求や願いを有しているのかを，市場導入前に正確に把握することはできない。

　企業は製品・サービスを作り，売り，顧客に使ってもらうことにより，その製品・サービスの特性が顧客の嗜好を満足させうるか，その情報をはじめて得ることができる。

2 企業と競合企業

　一般的に競争には市場シェアを奪い合う競争という意味合いが強い。特に市場が成熟，もしくは衰退している局面の場合，企業による競争が激化する。過熱した競争の結果，市場の衰退は加速する。

　これに対し，市場を拡大させる競争も存在する。製品・サービスの価値を市場全体に拡大させようとする場合である。

　例えば，競合企業が競って同質的な特性を有する製品・サービスを市場に投入することにより，顧客における製品・サービスの購買選択にバラエティを与えることができる。その結果，需要が喚起され，取引数が増大し，市場は拡大する。

　競合企業は，市場を拡大させるために時に協調する。そして別の局面では拡大された市場のシェアを確保するために激しい競争を行う。つまり，競争の本質は，競争と協調の相互作用である。競合企業は価値を喪失させる競争相手としてだけでなく，価値を共に創造する共創相手でもある。

　また，企業は競合企業以外の企業と提携することにより，共創を行うことも当然できる。企業と企業の間には，価値の共創の可能性が溢れている。

③ 地域社会と株主

　企業は地域社会とも多くのつながりを有している。地域社会と良い関係を構築できれば，多くの地域の人々がその企業で働き，価値の創出に協力してくれる。これも価値の共創である。

　また，他にも企業は株主とも価値を共創することができる。企業は株主との対話から企業が進むべき新たな方向性を見出すこともできる。株主も価値の共創相手である。

　企業はさまざまなステークホルダー（利害関係者）と関係をつくり，価値の共創を行っている。

Exercise

○理解できましたか？

　1）テイラーが提唱した「科学的管理法」が現代の企業経営に与えた意義について考えてみましょう。

　2）製品価値を意味的価値と機能的価値に分類し考える意義について考えてみましょう。

○考えてみましょう！

　1）どのようなマネジメントの仕組みがあれば，あなたは組織の中で力を発揮できると思いますか。考えてみましょう。

　2）オーバーシュートが発生している市場について調べ，その要因について考えてみましょう。

勉学へのガイダンス

○はじめて学ぶ人のための入門書

　上野恭裕・馬場大治編『ベーシックプラス　経営管理論』中央経済社，2016年。

　　経営学が発展してきた流れについて学ぶことができる。

　竹林浩志編・廣瀬幹好編著『ビジネスとは何だろうか』文眞堂，2020年。

　　ビジネス，企業の役割，企業の存在意義について学ぶことができる。

○本章をより理解したい人のための書物

　P・F・ドラッカー『ドラッカー名著集② 現代の経営〔上〕〔下〕』（上田惇生訳）ダイヤモンド社，2006年。

　　不朽の名作。ドラッカーが示したマネジメントの体系について学ぶことができる。

　フレデリック W. テイラー『[新訳] 科学的管理法──マネジメントの原点』（有賀裕子訳）ダイヤモンド社，2009年。

　　テイラーが紡ぎ出したマネジメントの原点について学ぶことができる。

○進んだ勉学を志す人のための書物

　クレイトン・クリステンセン『イノベーションのジレンマ　増補改訂版』（玉田俊平太監訳）翔泳社，2001年。

　　世界が夢中になった優良企業だからこそ失敗するメカニズムについて学ぶことができる。

　陰山孔貴『脱コモディティ化を実現する価値づくり──競合企業による共創メカニズム』中央経済社，2019年。

　　企業間競争により価値が市場全体に広がるプロセスについて定量的・視覚的に学ぶことができる。

（陰山孔貴）

組織とは何か

1 組織の定義

　組織（organization）とは，複数の人々が集まり，何らかの共通目的をもって，コミュニケーションをとりながら，調整を図り，共通の目的の達成に向けて協働する営みのことである。組織には，2つの側面があるといえる。1つは「営み」のプロセスのことであり，組織化（organizing）ともいわれる側面である。もう1つは「営み」の結果のことであり，組織体（organized）ともいわれる。組織とは，これら2つの側面の総合だということができる。

　ほとんどの企業は，複数の人々が所属し共通目的の達成に向けて協働しているので，組織だといえる。しかし，組織は必ずしも企業とは限らない。官庁，NPO，労働組合，宗教団体，政党，クラブ・サークル，生徒会などは企業ではないが組織である。ほとんどの学校や病院も企業ではないが組織である。

2 組織の種類

　組織は，様々な視点から分類できる。例えば，設立主体の性質から，政府組織か民間組織かに分けられる。さらに民間組織は，目的が利益の獲得であるか否かによって，営利組織と**非営利組織**に分けることができる。営利組織の代表といえるのが株式会社などの企業である。他方，非営利組織には，公益社団法人，公益財団法人，学校法人，医療法人，宗教法人，NPO法人（特定非営利活動法人）などが含まれる。

　企業との位置関係によっても，組織の分類はできる。まず，企業全体を1つ

▷**組織**
最もよく知られている組織の定義は，C・I・バーナードによる「2人以上の人々による，意識的に調整された諸活動ないし諸力のシステム」というものである。この「意識的な調整」にしても，本文の説明にある「コミュニケーション」にしても，「目的達成に向けての協働」にしても，組織を構成する人々の主体的な，組織への貢献意欲が不可欠である。⇨ Ⅲ-3 「組織とマネジメント」，Ⅳ-3 「インセンティブとモチベーション」も参照。

▷**非営利組織**
「非営利」とは，組織の構成員ないし関係者（例えば出資者）に収益を分配せず，主たる事業活動に充てることを意味しており，商業活動など収益を得る行為を制限するものではない。広義の非営利組織には，本文に示したように，様々な法人等が含まれるが，狭義では，特にNPO法人のことだけを指す。

資料Ⅳ-1　組織と企業の関係

組織 ┤ 企業（複数の人々が所属するもの）
　　　　学校（学校法人）
　　　　病院（医療法人）
　　　　官庁
　　　　NPO
　　　　労働組合
　　　　宗教団体
　　　　政党
　　　　クラブ・サークル
　　　　生徒会
　　　　　　　　　　　など

出所：筆者作成。

資料Ⅳ-2　多重の組織からなる企業

出所：筆者作成。

の組織としてみた企業組織がある。次に，企業の一部門からなる部門組織である。部門組織には，事業部，部，課ないしグループ，係ないしチームなど，大小の規模があり，多重の入れ子構造となっている。また，事業領域の拡大や企業の合併や買収（M&A）の普及によって，近年は持株会社制をとる企業も多い。そこでは，持株会社（ホールディング・カンパニー）がグループ企業の株を多数保有することで支配し，グループ全体としての経営をはかる。この場合は，各グループ企業は，企業グループという組織の中の組織に位置づけられることになる。さらに，個々の企業の外側には，同業の企業から構成される**業界団体**や，異業種も含めての企業の連絡組織である**経済団体**という組織もある。このように，企業は多数の組織が重なり合った組織でもある。

3　組織の意義と役割

　組織の意義は，個人の能力の限界を克服し，1人の力ではできない大きな目的を成し遂げることである。個人の生命には限界があるため，それを超えて目的を追い続けることもできる。また，分業と協働によって，人数の足し算以上の成果を生み出す可能性がある。実現できることの幅も広くなる。さらに，企業などの組織には，価値のある製品やサービスを供給すること，従業員に生活の糧となる報酬を払うこと，従業員に社会における居場所を与えることなどの大事な役割もある。

　このように，組織は複数の人々が集まることで，社会や個人にとって大きな意義があり，重要な役割を果たすのであるが，他方で価値観も利害も考え方も異なる人々の協働を可能にするには，組織のマネジメントと呼ばれる取り組みが必要となる。その中核には，分業と調整の仕組みや人々の組織への貢献意欲を高める工夫，人々の相互作用への介入，組織文化の構築がある。この章では，これらについての基礎を学ぶ。

▷**業界団体**

業界団体とは，同業種の企業などが集まって構成する，業界内の調整や業界外への利益代表を担う非営利組織である。日本鉄鋼連盟，日本製薬工業協会，日本電機工業会，日本自動車工業会，全国銀行協会，電気事業連合会，日本民間放送連盟などがその例である。

▷**経済団体**

日本の経済団体としては，最大の日本経済団体連合会のほかに，全国規模の日本商工会議所，経済同友会や，関西経済連合会や中部経済連合会などの地域の経済団体が存在する。大企業は，複数の経済団体に所属していることが多い。

組織構造と環境適応

▷経営資源
経営資源とは，経営活動に必要とされる資源のことだが，経営活動から獲得される資源でもある。一般的には，資金，労働力，設備や原材料，技術やノウハウなどが経営活動に必要とされ，経営活動からは，収益やノウハウや顧客情報や信用などが獲得される。技術やノウハウ，顧客情報，信用，ブランドなどの本質的な特性は情報であるため，これらをまとめて情報的経営資源と呼ぶこともある。

▷制度
制度とは，一定時間，一定の範囲において社会関係や社会的行為の特定のパターンやルールを保持する仕組みのことをいう。具体的には，法や規則，規制，規格，規範，慣行，慣習などである。例えば，原材料や製品の取引は，商法や民法などの法律や，安全など様々な規制，業界の取引慣行等に制約されている。

▷分業
分業には，2つのコスト削減効果があるとされる。1つは，専門化することにより作業の効率が良くなることである。習熟や新たな作業法の考案がその基盤にある。もう1つは，仕事の単純化によって不熟練労働者に担わせることによるコスト削減効果である。不熟練労働者は熟練労働者よりも

1 組織と環境

　組織は，単独では存在できない。製品やサービスを提供する企業などの組織は，その仕事を担う人々を雇わなければならない，材料や設備や場所を確保しなければならない，そのための資金も調達しなければならない，製品やサービスを生産するのに必要な情報も得なければならないということで，周りから，ヒト，モノ，カネ，情報などの**経営資源**を集める必要がある。また，その活動を続けるには，これらの経営資源を組み合わせて，製品やサービスを生産し，それを市場で売ることで新たなカネを得たり，その経験から新たな情報を得たりしていかなければならない。

　このように，組織が様々な経営資源を調達したり，生み出した製品やサービスを販売したりする市場をはじめ組織を取り巻く社会的諸要因のことを，組織の環境という。組織の環境は，人々の関係から生み出された**制度**的な環境であり，自然環境とは区別されて，経営環境とも呼ばれる。組織の環境には，経営資源を調達する場としての市場（労働市場や原材料市場，資本市場など）とそこにいる求職者，供給業者，投資家などの主体，製品やサービスの販売の場としての商品市場とそこにいる主体である顧客，事業活動に必要な秩序をもたらす法律や政治とそれをもとに行動する主体である政府機関や自治体，組織が物理的・社会的に存在する場としての地域とそこに住む人々などから構成される。なお，組織の環境を構成するものの中で，供給業者，投資家，顧客，政府機関や自治体，住民団体などの主体は，それら自体もまた組織である。したがって，立場を変えて，それらの組織からみれば自組織もまた環境要因の1つだということになる。他方，市場のルール，経済の状況，法律，政治，技術水準，社会的動向，国民文化など，環境の構成要素には組織でないものも含まれる。

2 組織構造

　組織は環境との経営資源のやり取りをすることで存続する。しかし，組織の環境は多様である。また，組織が大きな目的を達成しようとすれば，必要な仕事量も増加し，必要となる人の数も増える。多くの人間で多様，複雑，大量の仕事をしなければならない状況において重要になるのは，分業と調整である。

　分業とは，組織の多様，複雑，大量の仕事を，組織の各メンバーのレベルで

は，専門化し単純化し処理可能な量にできるように，分担することである。そうすることで習熟も進み効率も良くなる。ただし，分担した以上は，それぞれをうまく全体としてまとめなければ，仕事が完結しない。そのための活動が，調整である。分業と調整はセットで機能する。

組織の調整については，誰がどの範囲の調整を担当するかを決めることが必要となる。大きな組織になれば，調整をすべて1人で行うのは無理となる。そのため，対応可能な範囲でまとめて調整を担うリーダーを決め，そのリーダーたちを対応可能な範囲でまとめて調整を図るリーダーを置き，さらにその上のリーダーがまとめ……と階層を構成し，最終的には企業でいえば社長が，各階層のリーダーを介して間接的に組織全体の調整を図れるようにする。これを部門化という。企業が前述のように多重の組織となるのは，その結果である。各部門のリーダーには，自分の部門の調整の責任が与えられるとともに，それを実行するための**権限**も与えられる。その権限の範囲内であれば，上位のリーダーに伺いを立てずに自分で裁量できる。責任と権限とはセットで機能する。

このような分業と調整の体系および責任と権限の体系を組織構造という。こうした**組織構造**は，組織図や職務分掌規程などの文書によって，ある程度は可視化できる。しかし，組織構造の全てを可視化できるわけではない。組織には，外からはみえにくい，あるいは外には隠そうとする関係がある。例えば，非公式の派閥やグループなどである。これらは，ときに公式の組織構造を補完することもあれば弱体化することもある。通常，組織構造といえば，公式の組織構造のことを指すが，非公式の組織構造があることも知っておく必要がある。

さらに，組織で分業が行われると，それぞれの仕事に応じてメンバーの意識面，思考様式面に相違が生じる。それを分化という。分化は組織内の対立の原因ともなるため，組織としての一体感を維持するための統合の仕組みや働きかけが必要となる。統合とは，分化した組織に1つの全体としての結合を生み出すためのプロセスであり，例えば，ルールの明文化，協議，橋渡し組織の設置などが具体的な仕組みや活動である。分化と統合も組織構造の一面である。

③ 組織構造（組織形態）の例

組織構造として有名なものに，機能別組織（職能別組織）と事業部制組織がある。前者は主要機能ごとに部門化された組織であり，後者は製品や地域などで**事業部**という自己充足的な単位で部門化された組織である（**資料Ⅳ-3**）。

機能別組織は，専門化の利益を得やすかったり，極めて集権的であるため組織全体としての統制を取りやすかったりする反面，製品や地域などで異なる環境への適応が困難であり，トップマネジメントの意思決定負担が増加しやすく，処理能力を超えると意思決定の遅れが目立つようになるという問題がある。また，業績不振の場合に開発と営業など異なる部門間で責任のなすりつけ合いが

数が多く調達が容易で低賃金であるからだ。さらに，機械化にとっても仕事の単純化は有利である。

▷**権限**
権限とは，公式に他者に対して命令や指示を行使できる影響力や，公式に意思決定をすることが認められている職務範囲のことである。権限を組織階層の上部に集中させることを集権化，逆に組織階層の下部に分散して委譲することを分権化と呼ぶ。集権化が進むほど，組織全体を見渡した意思決定をしやすくなるが，意思決定が遅くなる，現場の情報が上部に届くまでに歪む，階層下部が参画意識をもてなくなるなどのデメリットも増す。

▷**組織構造**
組織構造の可視的な姿を組織形態と称して区別する場合がある。組織形態は環境との関係で変わる組織の形を指す。機能別組織や事業部制組織，マトリックス組織などは，組織形態の種類だといえる。ただし，この章では，組織形態を組織構造に含めて論じる。

▷**事業部**
事業部とは企業の中で特定の事業，特定の顧客層，特定の地域を担当する企業組織内の部門である。事業部は，商品開発，製造，販売などの機能を一通りもち合わせている自律的な部門である。つまり，自己充足的な組織である。事業部制組織とは，経営者が各事業に関する権限を大幅に各事業部長に委譲する分権的な組織である。⇨Ⅰ-4「組織は戦略に従う」も参照。

資料Ⅳ-3　機能別組織と事業部制組織（模式図）

機能別組織

事業部制組織

出所：筆者作成。

生じ部門ごとの業績評価も困難である。機能総合的な意思決定がトップに限られるため，次世代の経営者の育成が難しいという問題もある。

　これに対して，事業部制組織は，製品や地域など異なる環境ごとに部門化され，自律的に動けるため，環境適応もしやすく，事業にとって的確で迅速な意思決定が事業部長によって行われる。事業部の業績は，事業部ごとの財務データとして示されるため業績評価もしやすい。また，事業部長は，担当事業について総合的な経営を経験するため，全社トップの後継者候補となりうる。さらに，各事業部長が事業部固有の意思決定をするので全社トップの負担が減り，全社戦略に専念できる。このように，事業部制組織は，複数事業を手掛ける大企業にはメリットが多い。ただし，専門化の利益が薄れたり，事業機会を奪い合いが生じたり，**短期業績**偏重志向に陥ったり，既存事業の枠へのこだわりから環境変化への適応が遅れたりなどのデメリットもある。

　このように機能別組織も事業部制組織も，長所と短所を有する。そこで，それぞれの長所である専門性の利益と異なる環境への適応を両方活かそうと考えられた組織構造として，マトリックス組織がある。マトリックス組織は，縦に機能別部門を残したまま，事業ごとに横断的な組織を重ねる組織である。しかし，マトリックス組織においては，機能軸と事業軸の両方からの命令があるために混乱したり，両者間の対立が生じた場合の調整の困難があったりする。こ

▷**短期業績**
典型的には四半期（3ヵ月ごと）の財務業績を指すことが多い。異なる事業を担う事業部の業績は，利益や投資効率などの財務指標で数値化され，それが事業部の資源分配や事業部長の評価につながる。当然のなりゆきとして，四半期のような短期でそれらの数値が測定されるならば，事業部の予算確保や事業部長の出世のために，長期よりも短期の成果が重視される。短期の結果を出さなければ，長期の機会そのものが与えられなくなる可能性が高いからである。

資料Ⅳ-4　マトリックス組織（模式図）

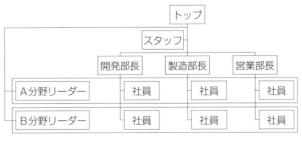

出所：筆者作成。

資料Ⅳ-5 組織のコンティンジェンシー理論（模式図）

環境要因

組織業績

適合

組織構造

出所：筆者作成。

のように，唯一最善の組織構造を見出すことは叶わないのが現実である。

❹ 組織のコンティンジェンシー理論

　唯一最善の組織構造はないとしても，こういう環境にはこういう組織構造が合っているということはあるかもしれない。このように，環境要因（業務特性，技術など）が異なれば有効な組織構造は異なると主張するのが，組織のコンティンジェンシー理論である（**資料Ⅳ-5**）。

　例えば，**機械的組織と有機的組織**という区別がある。機械的組織というのは，官僚制組織とも呼ばれる特徴をもった組織であり，高度に分業し，権限を明確に示し，上意下達の情報伝達が主となるピラミッド型の階層的組織構造を有する。これに対して，有機的組織は，知識面での専門化がなされるものの，職務権限の分配は柔軟であり，情報伝達も異なる職務の間であっても上司を介さずダイレクトになされるなど，ネットワーク型の組織である。

　機械的組織と有機的組織については，どちらの組織が優れているのではなく，経営環境が安定的な状況では機械的組織が適しており，環境が不安定な状況では有機的組織が適しているといわれる。**技術特性と組織構造**との関係について，量産型の組立産業では機械的組織が適しており，連続プロセス生産を行う化学産業では有機的組織が適しているなどと，扱っている技術の特性によって適している組織構造が異なるという学説もある。これらの組織のコンティンジェンシー理論においては，どのような状況において，どのような組織が適合しているか，つまり，売上や利益など業績が良いのは，どのような環境と，どのような組織との組合せなのかについて，実証的に明らかにしようとしている。

　このように組織のコンティンジェンシー理論は，唯一最善の組織はないとしつつ，環境と組織との関係について具体的に示唆した点で意義が大きい。他方で，組織構造のあり方について，環境や技術の状況で決めてしまうことは，経営者の戦略的意思決定の可能性を過小評価することにつながる。経営者は，組織を環境に合わせるばかりでなく，事業を変えて環境を選んだり，積極的な働きかけで環境を変えたりもできる。例えば，任天堂は家庭用ゲーム機という事業分野を作り出し，ヤマト運輸は宅配便という事業分野を作り出した。

▷機械的組織／有機的組織
T・バーンズとG・M・ストーカーによって提唱された対照的な組織のタイプである。機械的組織は，本文に述べたほかに，トップへの集権，組織への忠誠，組織内の知識の重視などの特徴がある。これに対して，有機的組織のほかの特徴として，水平的な相互作用や調整，高い専門家意識，専門知識の重視などが示される。

▷技術特性と組織構造
J・ウッドワードは，技術的複雑性と組織構造との関係が，組織業績とどのようにかかわるかを調査した。彼女は，技術的複雑性の程度が低い小バッチ・個別生産，中程度の大バッチ・大量生産，高い連続プロセス生産に分けると，両端である小バッチ・個別生産，連続プロセス生産では有機的組織の方が，中間の大バッチ・大量生産では機械的組織の方が，業績が高い傾向にあるとした。

3　インセンティブとモチベーション

1　モチベーション

　モチベーションとは，組織の目的の達成に向けて，組織のメンバーがどの程度の水準の努力を払うかを決めるプロセスを説明する概念である。平たくいえば，組織のメンバーが組織に貢献しようとする意欲やその動機，あるいは組織で与えられた仕事を果たそうとする意欲やその動機のことである。そして，モチベーションの問題とは，組織に参加している人々が仕事を果たそうとする意欲は，なにゆえ生じるのか。どうすれば高められるのかというものである。

2　誘因と貢献

　近代的な組織論においては，**オープン・システム**である組織は，その利害関係者から継続的な資源の交換によって存続すると考えられている。その継続的な資源交換を可能にするのが，誘因と貢献とのバランスである。誘因とは組織が**利害関係者**に提供する資源のことであり，貢献とは利害関係者が組織に提供する資源のことである。利害関係者は，誘因が貢献よりも大きいと判断すれば組織への参加や支持，その継続を選択する可能性が大きくなるが，誘因が貢献よりも小さいと判断すると不参加や不支持，離脱を選択する可能性が大きくなる。

　従業員は，組織の利害関係者の一種である。上述の考えによれば，組織から得られる誘因が自分に求められる仕事に見合うかそれ以上だと思えば，組織への参加や参加の継続を選び，その状況を維持するために積極的に貢献を果たすだろうが，見合わないと思えば，組織への不参加や離脱を選ぶか，貢献を誘因に見合う程度に下げる，つまり，手抜きをしたりサボったりするようになる。この誘因と貢献との関係は，モチベーションの問題に大いにかかわる。

3　インセンティブ・システム

　誘因と貢献の理論によれば，従業員のモチベーションを高めるためには，企業の組織から従業員に提供される資源が，従業員の求めている種類のもので，求めている量がなければならない。従業員が，それを得るためには，組織の仕事に積極的に貢献しようと思えなければならないからである。モチベーションを高めるために，組織がメンバーに与えるものを**インセンティブ**という。イン

▷**オープン・システム**
組織と環境との関係において，オープン・システムとしての組織は，常に外部環境と相互作用し，資源の交換をすることで存続できる。したがって，環境の変化は，組織の存続に強く影響し，組織も何らかの環境適応を図るか，環境を自ら変えなければならない。これに対して，外部環境からの影響を受けることなく自己完結的に生き延びられる組織は，クローズド・システムである。コンティンジェンシー理論など近代的な組織論においては，現実に即してオープン・システムとしての組織を想定して議論することが多い。
▷**利害関係者**
ステークホルダーともいう。
⇨序-6「企業の社会的責任」も参照。
ここでは，具体的に従業員，経営者，株主，顧客，債権者，原材料供給業者，提携企業，規制当局，地域住民などを想定してもらいたい。
▷**インセンティブ**
インセンティブには，外発的モチベーションに働きかけるものと，内発的モチベーションに働きかけるものがある。外発的モチベーションとは，金銭的報酬など組織から与えられるインセンティブで高まるモチベーションである。内発的モチベーションとは，仕事その

センティブとして基本的なものは金銭であるが，それだけではない。地位や名誉，雇用の保証，福利厚生，職場の人間関係，仕事の面白さ，自律性，評価，達成感などもインセンティブになる。従業員には，インセンティブはこれらの組み合わせとして組織から提供される。こうした多様なインセンティブの体系をインセンティブ・システムという。インセンティブとモチベーションの関係は，大まかには誘因と貢献の関係に対応するが，以下のとおりより複雑である。

④ モチベーションの内容理論とプロセス理論

　モチベーションを高めるうえで，モチベーションを発生させる要因に注目し，どのようなインセンティブがあるかの議論を，モチベーションの内容理論と呼ぶ。これに対して，モチベーションが発生する心理的なメカニズムに注目し，どのようにインセンティブはモチベーションにつながるかについての議論を，モチベーションのプロセス理論と呼ぶ。

　内容理論の例としては，A・H・マズローの欲求段階説というものがある。マズローは，人間の欲求は，最も低次な生理的欲求（食欲や睡眠欲など），安全欲求（安全や経済的安定への欲求），愛情欲求（良好な人間関係などへの欲求），尊厳欲求（社会的名声や自律感などへの欲求），最も高次の自己実現欲求（自己能力の最大限の発現への欲求）という階層を成すとした。そして，低次の欲求から優先的に満たすように人間は行動し，その次元の欲求が満たされたと認識すると，一段階高次の欲求を満たすための行動に動機づけられるとした（ただし自己実現欲求は満たされることがない）。これに対して，**ERG 理論**という説は，人間には生存欲求，関係欲求，成長欲求があるが，これらは階層的ではなく相互補完的であり，複数の欲求が同時に求められることもあるとした。

　内容理論には，**動機づけ＝衛生理論**というものもある。それによれば，会社の方針や経営，監督，作業条件，人間関係，給与などは与えられないと不満を感じるが，それだけではモチベーションは高まらない衛生要因であり，仕事の達成や承認，仕事の性質，責任，昇進などは与えられると満足が高まり，モチベーションも高まる動機づけ要因であるとされる。

　モチベーションのプロセス理論は，単にインセンティブを与えればモチベーションが高まるというようには考えない。例えば，その一種である公平理論では，努力や能力と報酬との関係についての同僚との比較を通じてモチベーションが形成されるとする。つまり，同程度の努力や能力を示す同僚と比べて自分の報酬が少ないと感じると，不公平感からモチベーションが下がる。また，期待理論という別のプロセス理論では，従業員の主観的な期待値が高いほどモチベーションが高まると考える。努力は成果に結びつきそうか，その成果は報酬に結びつきそうか，その報酬とは魅力のあるものなのかを直観的に計算することで従業員はモチベーションを上げたり下げたりするという考えに基づく。

ものにメンバー本人が感じる面白さであって，報酬的なインセンティブによって引き起こされるものではなく，自律性の付与や適切な評価などのインセンティブによって状況が整えられることによって高まる。

▷ **ERG 理論**
C・T・アルダファーは，人間の欲求を，生存（Existence）欲求，関係欲求（Relatedness）欲求，成長（Growth）欲求に分けた。ERG 理論は，それぞれの頭文字から名づけられた。また，D・C・マクレランドは，組織における人々の欲求を，困難で価値ある仕事を達成したいという達成欲求，同僚などと友好的な関係を築きたいという親和欲求，他人に影響力を行使して支配したいという権力欲求に分け，人によって各欲求の強さは異なると論じた。

▷ **動機づけ＝衛生理論**
F・ハーズバーグは，組織のメンバーに満足をもたらす要因と不満足をもたらす要因を調べ，両者に違いがあることを見出した。前者と見なされるのが動機づけ要因，後者と見なされるのが衛生要因である。具体的には本文に示した。

組織における人々の相互作用

 意思決定

　組織の目的を達成するためには，組織のメンバーは各々，何をするのか，どのようにするのか，誰にさせるのか，あるいは誰に従うのか，いつするのかなど，多くのことを決めなければならない。決める必要があるのは，複数の代替案があるからである。一定の目的を達成するために2つ以上の代替案から1つの代替案を選択するプロセスのことを意思決定という。

　組織における現実の意思決定は，完全に**合理的**だとはいえない。すべての代替案とその結果が予めわかっていて最善の代替案を選択できるという最適化原理と呼ばれる状況は，現実的ではない。実際には，代替案は思いつくものに限られ，その代替案を選んだ結果が何を引き起こすかは完全にはわからない。また，その評価基準もメンバー間で異なることも多く，序列づけも容易ではない。そこで実際には，いずれかの代替案を選んで進み，それで問題がなければそのまま進み，問題が発生したら新たな代替案を探索するという方法がとられる。

　このように，すべての代替案を同時に考慮するのではなく，逐次的に代替案を取り上げて，ある一定の水準を満たすものがあれば，それを選択するという前提を満足化原理という。現行の代替案が満足のいく結果をもたらさない場合，これまでに蓄積された代替案のレパートリーからの探索がなされる。そこでも，満足な代替案が見つからなければ，まったく新規の代替案が探索される。何も見つからなければ，満足の水準を下げることもある。

▷合理的
合理的とは，一般的には，道理や理屈にかなっているさまをいう。合理的な意思決定とは，すべての代替案を挙げ，各選択肢のあらゆる費用と便益とを客観的指標で明示し，客観的評価基準に基づいて序列をつけて，最高評価の代替案を選ぶということである。これを前提とするのが最適化原理である。しかし，H・A・サイモンらが示したように，現実の人間の認知能力には限界があり，すべての代替案を知ることはできないし，あらゆる費用や便益について予め知ることもできない。真に客観的な指標も客観的評価基準も存在しない。結局のところ，人々は，認知できる範囲内で，より満足だと思われる代替案を探ったり選んだりを繰り返して行動している。それを前提とするのが満足化原理である。⇨Ⅲ-3「組織とマネジメント」も参照。

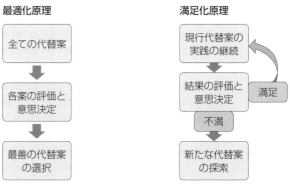

資料Ⅳ-6　最適化原理と満足化原理（模式図）

出所：筆者作成。

現実の組織の意思決定は，このように試行錯誤に満ちており，真に最善の策が何かはわからないままに進められる。さらに，ときには，問題に対して解が探索されるのではなく，解の方が先にあって問題が後から明らかになったときに両者が結びついて意思決定がなされることもある（**ゴミ箱モデル**）。

なお，組織のメンバーにとっては，何をするにもその都度，代替案を探索・評価・決定をするのは手間がかかりすぎる。そこで，繰り返される同様の問題には，どう意思決定すべきか，あるいはどう対処すべきかの手順をパターン化して設定しておく手がある。それを，組織のルーティンと呼ぶ。それには，習慣として文書化されないものもあるが，明確性や一貫性を確保するために，社内規定やマニュアルとして文書化されることもある。ただし，ルーティンは組織のメンバーに受け容れられる必要があり，そのためには，ルーティンを示す側の権威，受ける側の抱く組織との一体感，双方のコミュニケーション，ルーティンの有効性などが条件となる。また，既存のルーティンが問題解決にうまく機能しなくなると，ルーティンの見直しや探索が始まる。

❷ 集団力学

集団や組織は個人の単なる集合ではない。その1つの理由は，集団になると個人の行動が変わるからである。例えば，1人だと悪いことをしない者が，集団になると悪事に加担することがある。また，1人だと怠けがちな者が，集団では勤勉になることもある。このように，集団内で個人の相互作用が積み重なる結果，独特のダイナミクスを生みだすことを集団力学という。

そのダイナミクスの例としては，1人より集団でする方がモチベーションも高まり努力も持続するという社会的促進作用，集団からのプレッシャーに従って努力量を調整するという社会的圧力，制裁を恐れてチャレンジを避ける社会的抑制，他人を当てにして手抜きをする社会的手抜きなどがある。また，自分の信念や意見を変えて集団に合わせる同調行動，集団で議論することで両極端な意見に分裂する集団分極化，過度に高いストレスのもと，閉鎖的な状況に置かれた集団が，通常ではしない不合理で危険な意思決定をしてしまう**集団浅慮**なども集団力学の例である。

集団浅慮を避けるためには，異議の表明を許容する雰囲気づくりや，リーダーが早期に意見を述べることを控えること，あえて反対意見を述べる役を作ること，開放的な環境づくりをすること，外部意見を積極的に取り入れることなどが効果的だとされる。

❸ コンフリクトとパワー

立場，価値観，ものの見方・考え方，抱いている欲求などに違いがある人々からなる組織においては，しばしば，メンバー間においてコンフリクトが発生

▷ゴミ箱モデル
現実の組織では，サイモンがいうように限定的とはいえ，その範囲内では合理的に体系的に意思決定がなされているのか？　そうとは限らず，より曖昧な状況で意思決定がなされることもあるとして，J・G・マーチ，M・D・コーエン，J・P・オルセンが提唱したのがゴミ箱モデルである。それによれば，あたかもゴミ箱のように選択機会があって，そこに問題や解，意思決定者の決定に向けたエネルギーがいわばゴミのように投げ入れられ，その中の問題と解とが偶然に結びつくなどして，意思決定が行われるとされる。このモデルによれば，意思決定のプロセスは偶然に満ちている。

▷集団浅慮
グループシンクともいう。ある状況のもとで集団的な意思決定がなされるとき，理解しがたい愚かな選択がなされてしまうこと。スペースシャトル「チャレンジャー号」発射決定の事例が有名。集団のまとまりが強く，自分たちの集団について過度の自信を有しており，外部から孤立した状況で，迅速で満場一致の決定を目指すときに起こりがちな現象である。これが起こると，少数意見は抑制され，多様な選択肢についての情報収集や評価も妨げられる結果，適切ではない代替案が安易に選ばれてしまう。

組織の効率（efficiency）とは，能率とも呼ばれるが，組織が資源や時間を無駄なく使えていることを指す。つまり，組織における資源の有効利用の程度を表す指標である。コンフリクトが発生すると，相当の資源がアウトプットの産出にではなくコンフリクトの対応に費やされてしまうため，短期の効率は下がる。組織の効率に対して，組織の有効性（effectiveness）とは，組織の目標達成度を表す指標である。いくら組織の効率が高くても，有効性が低いと，求める目標の達成ができず利害関係者の離脱を招き，組織は存続できなくなる。他方で，組織の有効性は高くても，組織の効率が低すぎれば，組織はやがて資源調達に行き詰まり存続できなくなる。

▷パワー（権力）

組織におけるパワーとは，あるメンバーが自分の意思を他のメンバーに対して行使できる影響力を指す。つまり，メンバーAの働きかけがなければメンバーBはそれを行わないであろうことを，AがBに行わせることができる場合，AはBに対してパワーをもつという。パワーの概念は集団や組織の間にも拡張できる。つまり，自組織が相手組織の意思決定や行動に対して自組織の意思を反映できる場合，自組織は相手組織に対してパワーを有する。

▷仕組み

構造やシステム，制度を包含する一般的な概念であって，ある程度の安定性をもった社会的な関係のことで

する。コンフリクトとは，ある特定のメンバーが，自分の利害と相手の利害とが対立しており，相手の利益追求によって自分が何らかの損害を被ると認識する状況である。コンフリクトは，個人間のみならず，所属メンバーが利害を共有している集団や組織の間でも起こりうる。

コンフリクトは，当事者がその対応に多くの時間や労力を費やすため，少なくとも短期的には**組織の効率**を落とす。それが解決せず，泥沼化すると組織の崩壊を招く可能性すらある。しかし，コンフリクトは悪いことばかりではない。「雨降って地固まる」ということわざがあるが，コンフリクトは，組織に適度な刺激を与え，メンバーの思考を活性化し，組織の意思決定内容の水準を高めることもある。解決したのちには，組織の一体感や結束力が増す場合もある。さらに，矛盾を解決しようとする探索プロセスからイノベーションをもたらし，長期的には組織の効率を高め，組織の発展を促す可能性もある。

コンフリクトのマネジメントには，いろいろな方法が考えられる。例えば，自分の利益を活かすか，相手の利益を活かすかという状況において，相手の利益を犠牲にして自分の利益を通す「支配」，その逆の「服従」，両方が痛み分けする「妥協」のほかに，問題の先送りなどで利害衝突を避ける道を探る「回避」，両方の利益を活かすことのできる道を探る「統合」がある。ここでの統合とは，両者のオープンな情報交換を通じて協調しWin-Winと呼ばれる状況を見出すことで，最も望ましいといえるが，現実には，イノベーティブな発想や行動の変革によって全体の利得を増やすことが必要であり，最も困難かもしれない。

組織間のコンフリクトに際して，相手からの支配を避け，自らの利益を確保するためには，自組織の**パワー**（**権力**）を強める必要がある。パワーは，相手の受容を必要としない点で権限とは異なる。パワーがなければ，自組織はコンフリクト関係にある相手の言いなりになり，利益を奪われてしまう。組織間関係においてパワーを強めるには，資源のやり取りにおいて，自分の相手への依存を減らし，相手の自分への依存を増すべきだという資源依存理論の考え方がある。資源依存理論によれば，依存している資源が，自分にとって特に重要なものであったり，相手が配分や使用方法を自由に決められるものであったり，相手に供給のコントロールが集中しているものであったりすると，相手組織への依存度が高くなる。そうならないように行動することが，相手組織に対する自組織のパワーを強め，自組織の利益を確保する道だということになる。

④ リーダーシップ

組織のメンバーの行動は，組織構造やインセンティブ・システム，組織のルーティン，集団からのプレッシャー，資源の依存構造などの**仕組み**によって，影響を受けることを，ここまでの説明で理解できたであろうか。

しかし，組織は仕組だけでは動かない。そもそも，組織の仕組みは人々によって作り出されたものである。また，人々が誰かによって作られた仕組に従うとは限らない。さらに，仕組みは，いろいろに解釈したり利用したりすることができる。例えば，治安に関わる法律は，人々を犯罪から守ることもできるが，権力者に反対する人々を排斥することもできる。結局のところ，仕組みをどう使うかは人々の意思決定や行動に掛かっている。ただし，人々はそれぞれ自ら考え行動を起こすというより，自分たちのリーダーは誰かを見定めて，その考えや指示にしたがって集団として行動することの方が多い。

人々について行こうと思わせ，彼らを統率する属人的影響力を**リーダーシップ**と呼ぶ。ただし，属人的とはいっても，リーダーシップは，1人だけでは成り立たない。あくまでも，相手に従おうという意思が**フォロワー**に生じなければ機能しない。特定の人に対して，他の人々が従おうという意思を抱くという意味で，属人的だというのである。また，リーダーシップはすべてのリーダーが保有しているわけではない。リーダーシップをもっていないリーダーもいる。逆に公式にリーダーでなくても，リーダーシップを行使することはできる。

リーダーシップは，組織の中において，皆をまとめて何かを成し遂げようとする主体性の現れだとみなすことができる。成し遂げようとする何かは，組織から与えられた目標の達成かもしれないし，自分が率いる集団のまとまりの維持かもしれないし，その両方かもしれないし，組織の変革かもしれない。いずれにしても，それを成し遂げるためには，人々について行こうと思わせる能力，進むべき方向を見出す能力，そして障害を乗り越えるための能力と，それらを示す行動が必要となる。これらの能力は生来の資質であってリーダーシップを努力で身につけるのは難しいと考える資質論と，リーダーシップは行動によって現れるものだから誰でも身につけられると考える行動論とがある。

どのようなリーダーの行動が業績向上に結びつくかについても，長く研究されてきた。その中には，最適のリーダーシップは，リーダーや集団の状況によって異なるという考えもある。例えば，リーダーとメンバーとの信頼関係やタスク構造，リーダーのパワーによって，仕事重視か人間関係重視か適したリーダーシップのタイプが違ってくるということである。こうした考えをリーダーシップのコンティンジェンシー理論という。ただ，状況に合わせてころころ態度を変えるリーダーを，フォロワーは心から信頼できるであろうか。リーダーの人格における一貫性も大事である。そのため，複数のリーダーが補完的にタイプの異なるリーダーシップを発揮する場合もある。

あり，しばしば人と対置される。この場合の人とは，何かを成し遂げよう，周りに働きかけようという主体性をもった存在であり，他の人々との相互作用を通じて仕組みを作り出す。他方で，人々は，様々な仕組みの中で生まれ，それらに制約されてもいる。こうした考え方を理論的に論じた例として，A・ギデンズの構造化理論がある。

▷リーダーシップ
リーダーシップは，学術的には「目標の設定や達成に向けて集団に影響を及ぼすプロセスないし能力」と定義される。

▷リーダー／フォロワー
リーダーは率いる人，フォロワーは従う人であるが，いずれも主体性をもった人である。したがって，フォロワーには従わないという意思決定もありうる。あるいは，従ったふりだけをして実は従わない面従腹背といわれる態度をとることもある。企業におけるリーダーは，多くの場合，経営者など階層上位の存在から任命され，評価や人事に関わる公式の権限を与えられることで，フォロワーである部下を従えようとする。しかし，部下にしてみれば，心から従おうという意思をもてるかどうかは，リーダーの判断力や行動力，人柄にもよる。

5 組織文化

▷パラダイム

パラダイムとは，もともと
T・クーンが提唱した，特
定分野の科学者の共同体が
一定期間共有する研究の問
い方や答え方のモデルを与
えるものである。それを援
用した，組織文化を構成す
るパラダイムとは，組織メ
ンバーが共有するものの見
方，考え方のことである。
例えば，現地・現物・現実
に即して判断することを重
要視する三現主義は，長ら
くトヨタなどの日本企業で
のパラダイムであった。し
かし，近年は，原理・原則
も重要だということで新た
に加えられ五ゲン主義と呼
ばれるものへの変化も見ら
れる。

　組織として人々が継続的に協働していると，組織メンバーに共有される見方
や考え方が生じてくる。これを組織文化という。組織文化は，組織において何
が優先されるべきかに関わる価値観，状況に関する認識や思考のパターンであ
る**パラダイム**という抽象的次元の要素と，いかに行動すべきかを示唆する行動
規範，従業員の身なりや言葉遣い，職場のレイアウトや装飾，組織で語り継が
れる物語などの文物からなる具体的次元の要素から成り立つ（**資料Ⅳ-7**）。

　組織文化の機能としては，組織メンバーに判断と行動の基準を与え，それを
通じての柔軟なコントロールを可能にすることがある。組織文化は，問題に直
面したとき，上司の明確な指示が得られない場合や，ルールやマニュアルに対
処法の記載がない状況でも，組織から期待される意思決定や行動の実施を可能
にする。組織文化には，ほかにモチベーションの源泉となること，コミュニケー
ションの基盤となることなどの機能もある。他方で強すぎる組織文化は，認
識や思考様式の画一化を意味するために，新しい発想や行動を排除する方向に
働き，イノベーションに対して，組織的抵抗力となって現れることもある。

　組織文化は，トップが掲げる経営理念やその言動，組織メンバーが日常に経
験する業務の特性，組織構造や管理プロセスからの影響，上司や同僚の言動，
既存の文物からの影響などにより形成され，そうした経験の共有や教育などに
よって維持・強化される。それを変えるには，外部からのリーダーの招致や過
去の文物の破棄などが求められることが多い。

資料Ⅳ-7　組織文化の体系（模式図）

出所：伊丹・加護野『ゼミナール経営学入門（第3版）』353頁（図13-
　　　1）をもとに筆者作成。

Exercise

○理解できましたか？

　1）組織と企業との違いは何ですか。

　2）人々の意思決定や行動を組織目的に適合するように仕向けるには，どのような方法がありましたか。

○考えてみましょう！

　1）クラブやアルバイト先など身近な組織やそこでの出来事を観察して，この章に書いてあることと関係づけてみましょう。

　2）メンバーを自由にさせている組織と，細かく指示している組織のどちらが成果をあげているといえるでしょうか。あるいは，どこかにバランス点や条件があるのでしょうか。スポーツチームなどを観察して考えてみてください。

勉学へのガイダンス

○はじめて学ぶ人のための入門書

　上林憲雄・庭本佳子編著『経営組織入門』文眞堂，2020年。

　　初学者に寄り添う記述を目指した経営組織の入門書。経営組織論の領域を一通り学ぶことができる。補章の学問論も必読。

　鈴木竜太『経営組織論』東洋経済新報社，2018年。

　　1人の組織論研究者が全て著した教科書で一貫性に優れる。平易な語り口ではあるが，最近の研究動向も踏まえている。

○本章をより理解したい人のための書物

　安藤史江・稲水伸行・西脇暢子・山岡徹『ベーシックプラス経営組織』中央経済社，2019年。

　　本章が最も参考とした教科書の1つ。バランスのとれた入門書であり，上記の2書とも同水準である。組織変革に詳しい。

　伊丹敬之・加護野忠男『ゼミナール経営学入門（第3版）』日本経済新聞出版社，2003年。

　　本章が最も参考としたもう1つの教科書である。少し高度だが経営の視点からの組織，組織の視点からの経営を学ぶことができる。

○進んだ勉学を志す人のための書物

　M・J・ハッチ『Hatch 組織論』（大月博司・日野健太・山口善昭訳）同文舘出版，2017年。

　　組織の理論を3つの哲学的立場から捉えなおした異色の教科書。組織という社会現象が一筋縄では理解できないことがわかる。

　Pugh, D. S. (ed.), *Organization Theory*, 5th edition, Penguin Books, 2007.

　　教科書の基盤にある組織論の研究は英語で著されたものが多い。本書では代表的研究のさわりを原語で味わうことができる。

（原　拓志）

企業の成長を左右する経営戦略

1 経営戦略とは

　経営戦略とは，企業が市場での競争に生き残り，他社よりも高いパフォーマンスを達成するために必要不可欠な意思決定および具体的な行動のことである。ここで重要なのは，経営戦略には，目的・着地点とそこに至る方法論との2つがセットになっている必要があるということである。単なる数値目標を掲げることや，やみくもに行動指針を示すのみでは戦略と呼ぶことはできないのである。

2 軍事用語としての「戦略」

　戦略とは，その字面が示しているようにもともとは軍事用語である。19世紀プロイセン帝国の軍人だった**クラウゼヴィッツ**が著した『戦争論』によると，戦争とは戦略を束ねた概念であり，そしてまた戦略とは個々の戦術を束ねたものとして紹介されている。戦争行為には，国家の存亡を賭けるほどの高度な意思決定を伴う。このような緊張状態における重要な意思決定のあり方は，ビジネス環境においても応用可能なのである。

　ほかにも，春秋時代の中国で活躍した**孫武**が記したとされる『孫子の兵法』もまた，ビジネスに応用されることが多い。とりわけ，「彼を知り己を知れば百戦殆からず」というフレーズは，様々な局面で取り上げられている。これには，自社を経営環境の中でいかに相対化することが大事かという点が示唆されているのである。これら『戦争論』と『孫子の兵法』は，東西の二大戦争書として高く評価されている。

▶**クラウゼヴィッツ**（Carl Philipp Gottlieb von Clausewiz, 1780-1831）プロイセン帝国陸軍の軍人であり，その軍事思想はナポレオン・ボナパルトなどにも影響を与えたとされる。『戦争論』はクラウゼヴィッツ死後の1832年に刊行された。

▶**孫武**（紀元前535年頃-没年不明）中国の春秋時代を代表する軍事思想家。孫子とも呼ばれ，兵法書『孫子』の著者とされる。『孫子の兵法』は日本のビジネスパーソンにも絶大な人気を誇るベストセラーである。

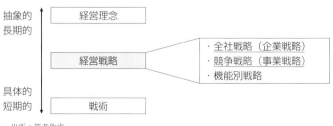

資料Ⅴ-1　経営戦略およびそれと関連する概念

出所：筆者作成。

③ 経営戦略と関連する概念間の関係性

　クラウゼヴィッツが示したように，経営戦略とは，複数の戦術単位で構成される重層的な概念である。ここで**資料V-1**をもとに経営戦略およびそれと関連する概念の関係性を確認しておこう。企業の長期的な成長のための基本構想を示す経営戦略の周辺には，より時間軸が長くかつ抽象度の高い「**経営理念**」があり，また逆に時間軸は短く個別具体的な戦術がある。すなわち，企業の存在意義を示す経営理念を具現化する長期的構想が経営戦略であり，その経営戦略を実践する個々のオペレーションが戦術という関係になっている。

　次に経営戦略の構成についてである。経営戦略には，個々の事業単位の戦略を論じる「競争戦略（または事業戦略）」，そしてそれら事業を束ねた企業総体の戦略を論じる「全社戦略（または企業戦略）」とがある。経営戦略論とは，もっぱらこれら競争戦略と全社戦略のあり方を議論する学問領域のことである。最後に「機能別戦略」とは，職能部門別に構想・立案された戦略のことである。例えば，営業戦略や生産戦略などがそうである。

④ 競争戦略と全社戦略の違い

　経営戦略論の中核をなす競争戦略と全社戦略の違いとは，**資料V-2**に示すように，競争相手を直接的に認識するかどうかという点に求められる。競争戦略では，例えば自社のテレビ事業部と競合他社のそれとの直接的な競争（＝どちらがより市場から支持されるか）のあり方を論じる。そこでは競争に勝つための個別具体的な方法論が展開され，マーケティング論にもやや近いのが特徴である。他方の全社戦略では，個々の製品やサービスを取り扱う事業部の競争条件をいかに整えるかという点が重視される。それは端的にいえば，事業の多角化や組み替えを通じた中長期的なポートフォリオの構想である。企業経営の国際化もまた，広い意味では（事業活動が国境を越えるという意味で）多角化に含めてもいいだろう。

▷経営理念

企業活動の行動指針や企業存立の目的を明文化したもの。多くの場合，創業者や創業家が家業として設立した企業の存立意義を従業員や社会に知らしめるために制定したものである。一般的に，経営理念は経営戦略よりも時間軸がずっと長く，抽象度が高いのが特徴である。

資料V-2　競争戦略と全社戦略

競争戦略　　　　　　　　全社戦略

TV事業部

TV市場

出所：筆者作成。

経営戦略の様々なフレームワーク

1　フレームワーク（分析枠組み）とは

　経営戦略，とりわけ事業単位での戦略は，いかにして競争相手に打ち克つかという点が重要視される。その前提条件として，正しく自社ならびに自社を取り巻く現状を知ることが大切である。ここでは，そのための「**フレームワーク（分析枠組み）**」をいくつか紹介する。過去のビジネスの成果から開発されたフレームワークを使うと，現実社会の競争をより単純化してとらえることができるようになる。これにより，自社の強みや弱みとは何なのか，また自社を取り巻く外部環境はどうなっているのかがみえてくる。そうすることで，自社が次に何をすればいいのかを検討することが可能になるのである。

2　SWOT 分析／PEST 分析

　最も簡便なものの 1 つが，**資料Ⅴ-3** に示す「SWOT 分析」である。これは，S（Strength：強み），W（Weakness：弱み），O（Opportunity：機会），T（Threat：脅威）の頭文字をとったフレームワークのことであり，自社の内部環境要因と外部環境要因とを同時に分析することができる。ここからみえてきたことに基づき，企業は，①弱みを強みにする，②脅威を機会にするためにはどうすればいいのかを考えることになる。また SWOT とともによく使われるフレームワークとしては，**コトラー**が提唱した，P（Politics：政治），E（Economy：経済），S（Society：社会），T（Technology：技術）の頭文字をとった「PEST 分析」も有名である。

▷**フレームワーク（分析枠組み）**
これを適切に使用すると，企業経営における様々な問題解決や意思決定が円滑に可能となるようなツールのこと。フレームワークの利便性はその適用が容易な点にあるが，他方で分析当事者が保有する情報量やその質によって分析結果が大きく異なることにも注意が必要となる。フレームワークそのものは，常に万能であるとは言い難いのである。

▷**コトラー**（Philip Kotler, 1931-）
米国ノースウェスタン大学ケロッグ経営大学院教授。「近代マーケティングの父」とも呼ばれる，マーケティング論の第一人者。⇨Ⅷ-5「デジタル・マーケティング・マネジメント」も参照。

資料Ⅴ-3　SWOT 分析のフレームワーク

		内部環境	
		強み（Strength）	弱み（Weakness）
外部環境	機会（Opportunity）	強みを活かして事業機会を確実につかむ戦略	弱みを補強して事業機会を逃さないための戦略
	脅威（Threat）	強みを活かして脅威を事業機会に変える戦略	弱みを抜本的に補強して脅威をかわす戦略，またはその事業からの撤退

出所：嶋口ほか（2016）をもとに筆者作成。

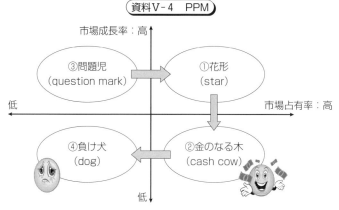

資料V-4　PPM

市場成長率：高

③問題児
(question mark)　→　①花形
(star)

低　　　　　　　　　　　　　　　市場占有率：高

④負け犬
(dog)　←　②金のなる木
(cash cow)

低

出所：嶋口ほか（2016）をもとに筆者作成。

3　BCG の PPM

　フレームワークには，純粋な経営理論というよりも，欧米の**コンサルティング・ファーム**が顧客支援ツールとして積極的に開発してきたという側面がある。**資料V-4**に示す米国のボストン・コンサルティング・グループ（BCG）が1970年代に開発した「PPM（プロダクト・ポートフォリオ・マネジメント）」などはその最たるものであろう。これは，事業部門への資金配分の基準を，市場成長率と市場占有率との組み合わせによって決定するという企業戦略の考え方である。このフレームワークを使うことにより，現時点で高い収益性のある「金のなる木」の事業部門で稼いだ資金を，今後「花形」の事業部門に育っていくであろう「問題児」の事業部門へと移転することで，企業としての長期的な成長を目指すのである。

4　アンゾフのマトリックス

　BCG の PPM でみたような事業部門間の関係性を知ることは，とりわけ大企業にとって重要になる。「経営戦略の父」とも呼ばれた**アンゾフ**は，2つ以上の関連する要素を有機的に結びつけることで，それぞれの要素の総和を上回るような能力が得られることを「シナジー効果」と呼んだ。またアンゾフは，**資料V-5**に示す「製品・市場マトリックス」を用いることで事業ポートフォリオの管理を進めることの重要性を説いた。このマトリックスは，のちに PPM 開発にも繋がっていったのである。

資料V-5　アンゾフの製品・市場マトリックス

	既存市場	新市場
既存製品	市場浸透戦略 （拡大化戦略）	市場開発戦略 （拡大化戦略）
新製品	製品開発戦略 （拡大開発戦略）	多角化戦略

出所：守屋貴司・近藤宏一編著［2012］，『はじめの一歩経営学〈第2版〉』ミネルヴァ書房，p. 125，図8-3をもとに筆者作成。

▷コンサルティング・ファーム
米国を中心とした企業経営のコンサルティングを生業とする会社のこと。例えば，デロイトトーマツコンサルティング，アクセンチュア，アビームコンサルティング，マッキンゼー・アンド・カンパニー，PwC コンサルティング，A. T. カーニー，ベイン・アンド・カンパニーなどのことである。

▷アンゾフ（Harry Igor Ansoff, 1918-2002）
ロシア系アメリカ人経営学者であり，「経営戦略の父」とも呼ばれる。アンゾフのマトリックスで有名。経営史の大家であるチャンドラーの「組織は戦略にしたがう」との命題に対して，1979年に「戦略は組織に従う」という逆の命題を提唱した。⇨I-4「組織は戦略に従う」も参照。

3 ポジショニング・アプローチ

① 「外」と「内」の視点

　競争戦略には，その戦略観の違いから2つのアプローチが存在する。それらは，企業に収益をもたらす要因が企業の「外」，つまり外部環境に求められるのか，あるいは「内」，つまり企業の内部組織に求められるのかによって分類される。本節で説明する前者のことを「ポジショニング・アプローチ」といい，（次節で説明する）後者のことを「経営資源アプローチ」という。本節では，ポジショニング・アプローチを牽引してきた**ポーター**の研究業績に基づき，この視点の特徴を明らかにしよう。

② ポーターの5フォース分析（業界構造分析）

　ポーターは，1980年に上梓した『競争の戦略』により，経営学における戦略論（とりわけ競争戦略論）の立ち位置を揺るぎないものにした。ポーターの功績は，**産業組織論**という経済学の1つの分野の考え方に基づき，ある業界が何らかの理由によって外部から護られているような場合，そこでの競争は穏やかになるため企業の収益性が高くなるという特性を戦略論に応用したことである。このような業界を見つけ出し，そこでの競争を有利に進めるという考え方のことをポジショニング・アプローチと呼ぶ。

　どのような業界が儲かりやすいのかを判断するために，ポーターは**資料Ⅴ-6**に示す「5フォース」というフレームワークを開発した。これを用いて業界

▷**ポーター**（Michael Porter, 1947-）
1982年にハーバード大学史上最年少教授（当時）として就任。主著は『競争の戦略』（1980年），『競争優位の戦略』（1985年），『国の競争優位』（1990年）。ポーターは，ポジショニング・アプローチの先駆者としてその後台頭してきた経営資源アプローチの論者との論戦を続けてきた。

▷**産業組織論**
SCP 型産業組織論というのは，1つの産業のことを複数の企業によって構成される組織体とみなし，そこでの産業構造（Structure），企業行動（Conduct），産業の収益性（Performance）の関係性を明らかにしようとする経済学の領域である。産業組織論からはポーターの競争戦略論が派生し，また社会的厚生を高める上で公共政策論にもつながる。

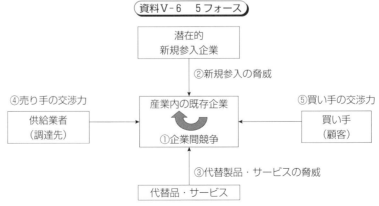

資料Ⅴ-6　5フォース

出所：M. E. ポーター（土岐ほか訳）［1982］『新訂競争の戦略』ダイヤモンド，p. 18，図表 1 - 1，嶋口ほか（2016）をもとに筆者作成。

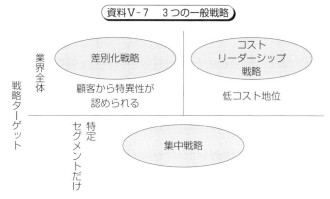

資料V-7　3つの一般戦略

出所：ポーター（邦訳）[1982]，嶋口ほか（2016）をもとに筆者作成。

構造分析を行うと，ある業界の競争環境（資料内①②③）と取引環境（同④⑤）とが一目瞭然になり，その結果この業界に属する企業が儲かりやすいかどうかがわかるようになっている。経営理論上の貢献のみならず，ポーターのビジネス社会への功績は，このように非常に使い勝手のいいフレームワークを提示したことにもあるといえるだろう。

③ ポーターの3つの一般戦略

　5フォース分析は業界の現状分析に過ぎないため，具体的な戦略は別に考えなければならない。そこでポーターは，**資料V-7**に示す「3つの一般戦略」を示した。企業には，その業界内の立場に応じて選択すべき戦略があるとされる。例えば市場シェアが最大の企業ならば，圧倒的な**規模の経済**を活かしてコスト低減を目指し，その結果製品価格を下げることが可能になる。これが「コストリーダーシップ戦略」である。また市場シェアが2位以下の企業の場合，製品やサービスを差別化することで，シェア首位の企業との価格競争を避ける必要がある。これが「差別化戦略」である。さらには業界内でもずっと規模が小さい企業などでは，大手企業との競争を避けるためにもあまり大きな市場をねらわず，**ニッチ（隙間）市場**に特化した製品やサービスで勝負すべきである。これが「集中戦略」である。

④ 企業間の収益性の違いはどう考えればよいのか

　ところでポジショニング・アプローチでは，同一業界内でも企業ごとに収益性の差がみられることをどう考えればいいのだろうか。ポーターは，同一業界に属する企業同士であっても「戦略グループ」という異なる単位で分類されるため，それらのグループは「移動障壁」によってある程度固定されてしまっていると説明している。この結果，同じ業界内であってもより儲かる企業とそうでない企業とに分かれることになるのである。

▷規模の経済
専業規模が拡大すればするほど単位あたりの費用が下がることを指す。大量生産・大量販売によって製品価格が下がることを説明する原理のこと。⇒ VII-3「イノベーションと企業業績との関係」，X-2「価値創造の仕組みをつくる時代へ」も参照。

▷ニッチ（隙間）市場
市場の中でも主流ではない特定ニーズに着目し，そこをセグメント化した小規模市場のこと。幅広いターゲットをねらうのではないため市場規模の制約があるものの，その分大手企業が手を出しづらいため，中小企業が参入するのに向いているといえる。

経営資源アプローチ

1 企業の内部組織に着目するアプローチ

前節ではポーターによるポジショニング・アプローチについて説明したが，本節では企業に収益をもたらす要因を企業の内部組織に求めるという，経営資源アプローチについてみていこう。このアプローチでは，欧米のみならず日本の経営学者もその理論的発展に大きく貢献してきた。

企業の収益性を経営資源の視点から説明した代表的な研究としては，ハメルとプラハラードの著書『コア・コンピタンス経営』を挙げることができる。**コア・コンピタンス**は「核心的競争力」と訳す。企業の競争優位とは，他社がもちえない固有の経営資源によってもたらされるという考え方である。このようなアプローチは，1980年代ごろに米国企業を脅かすほどの存在だった日本企業がなぜ強いのかという要因を説明するために検討されたといわれている。

2 RBV（リソース・ベースト・ビュー）

経営資源アプローチをさらに体系化し，ポーターと論争をくり広げたのがバーニーである。バーニーは，RBV（Resource Based View）とも呼ばれていた経営資源アプローチによる分析手法を**資料Ⅴ-8**に示す「**VRIO フレームワーク**」にまとめた。これによれば優れた経営資源とは，価値があって（V），希少性があって（R），模倣困難性が高くて（I），利用性に優れる（O）といった諸条件を満たすものだということになる。

▷コア・コンピタンス
その企業固有の差別化された競争力のことを意味する。固有性が高いため，競合他社による模倣が困難であり，その分優位性が持続すると考えられる。このような競争力は，基本的には長い時間をかけて企業組織の中に蓄積されるものであり，市場取引によって短期的に獲得することは難しい。

▷ VRIO フレームワーク
バーニーの開発したフレームワークであり，本文に示したように V・R・I・O の各視点から企業の経営資源を評価し，それがどれくらいの優位性を持つのか明らかにするためのツールである。しかしながら各視点をどう評価するかについては定性的な判断に頼ることになるため，分析にあたり恣意性を排除するのが難しい。この点は論争相手のポーターによっても指摘されていた。⇨ XIV-3 「情報と知識」も参照。

資料Ⅴ-8　VRIO フレームワーク

経営資源				競争力	業績
有価値性 Value	希少性 Rarity	模倣困難性 Imitability	組織 Organization		
No	---	---	No	競争劣位	標準より低い
Yes	---	---		同等な 競争力	標準
Yes	Yes	---		一時的 競争優位	標準より高い
Yes	Yes	Yes	Yes	持続的 競争優位	標準より高い

出所：J. B. バーニー（岡田正大訳）[2003]，『企業戦略論：上』ダイヤモンド，p. 250を一部改変。

資料V-9　SECI モデル

共同化 Socialization	表出化 Externalization
内面化 Internalization	連結化 Combination

出所：野中郁次郎・竹内弘高（梅本勝博訳）[1996]，『知識創造企業』東洋経済新報社，p. 93，図 3-2 を一部改変。

❸ 暗黙知と形式知，見えざる資産

　経営資源アプローチの考え方は，1980年代ごろに日本の経営学者によってもさかんに研究されてきた。野中郁次郎らは，企業内部に蓄積される知識の種類について踏み込んだ考察をしており，文書化したり他人に容易に伝えたりできるような知識のことを「形式知」とするいっぽうで，人の経験やノウハウのかたちであるため他人への移転が困難な知識があることを指摘し，これを「暗黙知」と呼んだ。しかしながら，適切な移転プロセスを経れば形式知と暗黙知とは相互に移転可能であるとされる。**資料V-9** に示すように，野中らはこのような概念を SECI モデルとして提起した。

　また伊丹敬之は，市場をつうじて調達可能なヒト・モノ・カネといった経営資源よりも，その企業固有のプロセスを経て初めて蓄積される（＝すなわち市場での取引が難しい）情報資源により注目した。そしてこのような情報資源の持つ隠匿性のことを指して「見えざる資産（invisible assets）」と呼んだのである。企業の外部からは見えづらい資産であるからこそ，その企業にとって真に差別化された競争優位に繋がるのである。

❹ 「外」と「内」はどちらがより重要なのか

　前節と本節では，企業に収益をもたらす要因を「外」に求めるのか，「内」に求めるのかという二項対立の視点から両アプローチを説明してきた。それでは企業が構想する経営戦略にとっては，いったいどちらのアプローチこそが決定的に重要なのだろうか。じつはその答えとは，「両方とも大事」なのである。

　企業は日々変わる経営環境にいち早く適合しながら，自社が保有する経営資源を上手に組み替えることで，競合他社との競争に打ち勝っていかねばならない。したがってそこでは，「外」であれ「内」であれ，その都度の経営環境への適合こそが最も重要になってくる。ポジショニング・アプローチと経営資源アプローチとは**トレード・オフ**の関係ではなく，あくまで経営環境に適合するための方法論に過ぎない。企業により得手不得手はあったとしても，どちらの視点も等しく重要になってくるものなのである。

▷形式知

一般的に，文書化が可能で第三者への移転が容易な知識のことを指す。誰にでも認識することができるため，客観性が高い知識である。

▷暗黙知

人の経験や技能に基づいて蓄積されるため文書化することが困難であり，したがって第三者への移転が困難な知識のことを指す。誰もが認識できるようなものではないため，客観性が低い（＝主観的な）知識である。
⇨ ⅩⅣ-3 「情報と知識」も参照。

▷トレード・オフ

二者択一のこと。あちら立てればこちら立たずの状況を意味する。例えば有限の経営資源を最適に配分しなければならないような状況を考えるときなど，経営学では比較的よく出てくる概念である。

5 # ハイパー・コンペティション下の経営戦略

1 グローバル競争と今日の経営環境

　1989年の米ソ冷戦終結宣言以降，旧・東側諸国（共産主義圏）の市場が資本主義経済に組み込まれていった。これにより経済社会は真にグローバル化（地球規模化）へと向かうようになったのである。このような**経済活動のグローバル化**は，その後の ICT（情報通信技術）と国際ロジスティクスの発達を後押しに，今日に至るまで規模拡大を続けている。グローバル経済は，企業に巨大市場の出現を期待させたと同時に，それまで以上に熾烈な企業間の競争を強いることにもなった。経営環境の不確実性が増したのである。なぜなら，昼夜を問わず世界のどこかで経済活動が営まれており，かつオペレーションも複雑になっている。国境を越えた経営に適合するため，企業組織の構造調整や管理もますます難しくなってきているからである。

　こういったグローバル競争を念頭においた今日の経営環境は，「ハイパー・コンペティション（超競争）」と呼ばれる。ここでの経営戦略上の最大の課題は，**資料V-10**に示すように，いったん確立した競争優位が長い期間持続できなくなっているということである。

2 競争しないための戦略

　ハイパー・コンペティションの状況下では，企業がやみくもに投資をして短

▷経済活動のグローバル化
本文に示したように，1990年代以降の旧・共産主義圏の資本主義経済への統合（その最大のものが中国市場），そして ICT と国際ロジスティクスの発達によって成立した。ICT はコミュニケーション・コストを，国際ロジスティクスは長距離物流コストを著しく節約することに貢献した。⇨序-3「グローバリゼーションと現代経営」も参照。

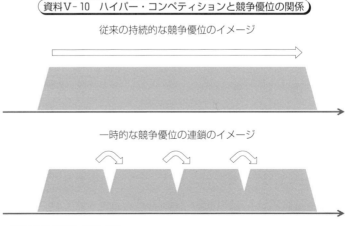

資料V-10　ハイパー・コンペティションと競争優位の関係

従来の持続的な競争優位のイメージ

一時的な競争優位の連鎖のイメージ

出所：入山［2012］，71頁，図1。

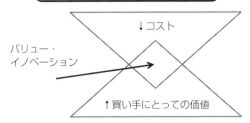

資料V-11 バリュー・イノベーション

↓コスト

バリュー・イノベーション

↑買い手にとっての価値

出所：W. C. キム＝R. モボルニュ（有賀裕子訳）[2005]，『ブルー・オーシャン戦略』ランダムハウス講談社，p. 37，図表1-2を一部改変。

期間しか持続しない競争優位を追求し続けることは合理的といえない。したがってそこで浮かび上がるのは，いかにして競争を避けるべきか，すなわち競争がない（あるいは少ない）環境を作り上げるかという考え方である。**資料V-11**に示すように，キムとモボルニュは，このような競争の緊張ができるだけ少ない未開拓市場のことを「ブルー・オーシャン」と名づけ，そのような競争を目指すことで，熾烈な競争にさらされる（既存の）レッドオーシャン市場から企業は逃れるべきだと説いた。つまり，**過当競争**からの訣別である。そしてその方法としては，業界の常識を覆すような考え方に基づき，コスト削減と顧客価値向上とを同時に追求する「バリュー・イノベーション」が提唱された。今日の不確実性の高い経営環境においては，（とりわけグローバル市場で競争するような）企業にはこのようなイノベーションを巧く活用することが求められているのである。

③ 経営戦略を論理化する

　企業が生き残るために，経営戦略はますます重要になっている。これまでに挙げたフレームワークの活用ばかりでなく，戦略にはそもそも論理が必要である。楠木建が著した『ストーリーとしての競争戦略』には，一貫した論理のある戦略にはストーリーがあると述べられている。

　つまり，経営者の思いつきや偶然の産物ではなく，企業の成功にはきちんとした理由があり，それが論理的に語られることが大事なのである。こうすることで，個々の事情で成立した数多の経営戦略を**帰納的**に統合し，汎用的な知識へと落とし込むことが可能になる。そうして確立した経営戦略は論理そのものであり，日々変転する経営環境においても**演繹的**に応用することができるのではないかという問いかけなのである。

▷過当競争
多くの同業種企業間で激しい市場シェア争いがくり広げられ，その結果著しい価格引き下げ競争が起こり，正常な利益が得られなくなる状態を意味する。過当競争に陥りやすい条件とは一般的に，市場に参加しているプレーヤー数が多く，それぞれの市場シェアが似通っており，なおかつ取り扱う製品やサービスが質的に差別化しづらい場合であるとされる。

▷帰納的
個別特殊な複数の事例から，一般化され普遍的な法則性を見つけ出そうとする姿勢のこと。企業の経営戦略に関する事例をたくさん集め，その中から共通点を見出し経営理論として整理するような場合がそうである。

▷演繹的
一般化され普遍的な法則性から，個別特殊な結論を得ようとする姿勢のこと。すでに存在する経営理論に基づいて個々の企業を分析し，その結果をみようとする場合がこれにあたる。

6 経営戦略としてのイノベーション

1 イノベーション（新結合）と経営戦略

シュンペーターはその著書『経済発展の理論』において，経済社会が発達していく上で最も重要な要素として「新結合」を挙げた。日本経済新聞などでは，イノベーションという用語は「技術革新」と訳されることが多いが，本来のイノベーションの意味はより拡がりをもっている。要素の新しさそのものよりも，むしろ要素間の組み合わせにより新しい価値が生まれることの方を重視した概念である。したがって不確実性の高い今日の経営環境に置かれる企業にとっては，広義の新結合というとらえ方をしながらイノベーションを追求することのほうが現実的である。そしてこのイノベーションこそが，企業にとって高度に戦略的な方法論になりうるのである。逆にいえば，イノベーションを伴わない経営戦略の構想は今や難しくなっているともいえるのである。

2 企業内外の知識・アイデアを活かしたオープン・イノベーション

イノベーションの活用は企業の経営戦略にとって必要不可欠ではあるものの，そのすべてを自社だけで完結させることは難しい。かつて日本企業は，高度に**垂直統合**された事業システムを武器に，自社で開発した技術やアイデアを商品化することに長けていた。ただしこのような志向は，不確実性の高い経営環境においてはむしろ不利になりうる。「NIH（Not Invented Here）症候群」とも呼ばれ，かえって企業のイノベーションを阻害することにもなりかねないからである。近年，企業外部の知識やノウハウを上手に活用し，自社のビジネスの仕組みと融合させることにより，新しい価値創出に寄与するようなイノベーションが注目されている。チェスブロウはこのようなイノベーションのあり方を「オープン・イノベーション」と呼んでいる。

このイノベーション戦略では，企業は必ずしも**バリューチェーン（価値連鎖）**や製品およびサービスの全域・全体を担う必要はなく，自社が競争優位を確立できる部分や領域に特化できるようになる。その結果，製品の市場投入速度を格段に高められる。この根底にあるのは，自社にない知識・アイデアは積極的に外部から調達しイノベーションを効率的に進めるという考え方である。つまり，自社にとってのコア領域と非コア領域を峻別し，どこに自社の競争優位を求めるかという意思決定なのである。またオープン・イノベーションは，もっ

▷シュンペーター
経済発展にとってはイノベーションこそが最も重要であり，そのために企業は創造的破壊に挑戦し続けるべきだと主張した。⇨ I-2「経営史の体系」も参照。

▷垂直統合
企業が，バリューチェーンの上方（後方）あるいは下方（前方），ないしその両方に必要な工程を拡げること。例えば製造企業が販売会社をもつ場合，より最終顧客側に近づくため下方垂直統合と呼ぶ。逆に，製造企業がこれまで市場で調達してきた部品や素材を作る企業を買収するような場合，これを上方垂直統合と呼ぶ。

▷バリューチェーン（価値連鎖）
ポーターが『競争優位の戦略』（1985年）で提示した用語のこと。これを用いれば，事業活動を機能ごとに分類し，どこで付加価値が生まれるのかを分析することができる。また他社との比較を通じて自社の強みや弱みを明らかにすることも可能である。

ぱら企業外部の知識やノウハウの取得と自社経営資源との融合をねらうインバウンド型，逆に自社固有の経営資源を企業外部に提供するというアウトバウンド型，そしてこれら両者を折衷したカップルド型などに細分類することができる。

3 新興国発の知識・アイデアを逆移転するリバース・イノベーション

イノベーションを戦略に活用する上で，近年は新興国市場のために考え出された知識やアイデアを先進国市場に遡上させるというアプローチが注目されている。いわゆる **BOP**（Bottom Of Pyramid）**市場**と呼ばれるような貧困国の市場では，先進国のやり方を単に持ち込んだだけのビジネスは決して成立しない。BOP市場にはそれに適したイノベーションの解が固有に存在するからである。例えばBOP市場では，超・低コストで実現されるような価値だけが求められている。したがって新興国発のイノベーションには，それまでの常識を覆すようなアイデアや手法が必要になる。こうして実現された新興国発のイノベーションのことをゴビンダラジャンは「リバース・イノベーション」と呼んだ。

新興国発のイノベーションはその成立過程自体がユニークであり，なおかつ優れたコスト競争力を持つことから，先進国市場への逆移転も有効になると考えられている。先進国市場へのリバース・イノベーションの導入は，イノベーションそのものからもたらされる果実（個々の製品やサービス）よりも，先進国市場では到底考えつかなかった物事の進め方や組織の設計といった，むしろ間接的な部分にこそ有益に作用するのかもしれない。またリバース・イノベーションが成功しやすいのは，とりわけ工学分野の技術と経営戦略が結びつく場合だとも言われている。

▷BOP（Bottom Of Pyramid）市場
1人当たり年間所得が3000ドル以下の経済的貧困層を対象とした市場のこと。世界の市場規模は約5兆ドル，対象人口は約40億人ともいわれる。世界人口の約85％がこれに該当する。

GAFA とプラットフォーム戦略

1　GAFA：ICT 業界が生み出した異次元の存在

　GAFA とは，米国 ICT 業界の中でも屈指の収益力を誇る Google，Amazon，Facebook，Apple の頭文字をとった呼称のことである。いずれも**株式時価総額**で 1 兆ドルを達成あるいはそれに近い水準にある企業ばかりである。同水準の企業として，Microsoft もよく比較の対象として取り上げられる。これらの企業の特徴は，ICT を武器に非常に優れたビジネスを展開し，なおかつ驚異的な利益率を維持しながら成長を続けている点にある。こういった点が株式市場において高く評価されているのである。

2　ネットワークの経済からの恩恵を極限まで享受するプラットフォーム戦略

　GAFA に共通するのは，各社がそれぞれ得意とする ICT サービス領域においてプラットフォーマーとして君臨している点である。ここでプラットフォーマーとは，多くのプレーヤーから補完製品やサービスの提供を促し，かつ多くのユーザーとを結びつける場（＝プラットフォーム）を提供する事業者のことだと定義しておこう。Amazon を例に挙げるとわかりやすいように，Amazon は自身が電子商取引（e コマース）の事業者であると同時に，自社ウェブサイト上に他社の製品やサービスの出品を認めている。これらと不特定多数のユーザーとが，ウェブ上で取引しているのが Amazon のプラットフォームである。

　プラットフォーム戦略が驚異的な収益力を誇るのは，**経済性原理**のうち「ネットワークの経済」からの恩恵を大きく受けるからである。ネットワークの経済とは簡単にいうと，利用者が増えれば利用者自身の利便性が高まるような原理のことである。この特徴から，いったん特定分野のプラットフォーマーとしての立ち位置が確立すると，勝者総取り（WTA：Winner Takes All）という状況が生まれやすい。とりわけ ICT 業界のように**限界費用**がゼロに等しいビジネスにおいて，この状況はいっそう際立つのである。こうしてプラットフォーマーはその立ち位置ゆえに競争優位がより強固になり，挑戦者の登場を許さなくなる。GAFA の確立したプラットフォーム戦略とは，これまでのところ最高の経営戦略の 1 つと言えるのではないだろうか。

▷**株式時価総額**
上場企業の株価に発効済み株式数を乗じたもの。企業価値を評価するための指標の 1 つである。この額が大きいほど高く評価されているのと同時に，将来の成長に対して市場から期待されているということでもある。

▷**経済性原理**
企業の高い収益力の背景にある原理・原則のこと。大きく分けて，規模の経済，経験の経済，範囲の経済，ネットワークの経済がある。ほかにも情報の経済やスピードの経済といった派生的な原理がある。⇨Ⅴ-3「ポジショニング・アプローチ」，Ⅶ-3「イノベーションと企業業績との関係」，Ⅹ-2「価値創造の仕組みをつくる時代へ」，Ⅹ-3「いろいろな事業システム」も参照。

▷**限界費用**
製品やサービスの追加 1 単位当たりの生産にかかる費用のこと。マージナル・コスト（MC）と呼ばれる。ICT 業界の扱う商材はコピー＆ペーストが容易である，つまり複製に要するコストが極端に小さいため，販売量が増えるにつれて利益が大きく上がっていく傾向にある。

Exercise

○**理解できましたか？**

　1）経営戦略を構想していく上で重要な諸側面には，どのようなものがありますか。

　2）経営戦略とイノベーションとはどのような関係だといえますか。

○**考えてみましょう！**

　1）企業は，ポジショニング・アプローチと経営資源アプローチとの均衡をどのように図ればいいですか。

　2）GAFA 以外のプラットフォーム戦略について事例を挙げてみましょう。

勉学へのガイダンス

○**はじめて学ぶ人のための入門書**

　嶋口充輝・内田和成・黒岩健一郎『1からの戦略論 第2版』中央経済社，2016年。

　　競争戦略と全社戦略を網羅し，なおかつ経営組織との関係を説明している。

　青島矢一・加藤俊彦『競争戦略論 第2版』東洋経済新報社，2012年。

　　競争戦略を中心に，理論的な解説が丁寧になされている。

○**本章をより理解したい人のための書物**

　株式会社アンド『ビジネスフレームワーク図鑑』翔泳社，2018年。

　　全70種類のフレームワークを簡潔に学ぶことができる。

　三谷宏治『経営戦略全史』ディスカヴァー・トゥエンティワン，2013年。

　　経営戦略論の通史をわかりやすく解説している。

　根来龍之『プラットフォームの教科書』日経BP，2017年。

　　プラットフォーム戦略ならびにプラットフォーマーの要件が詳しく説明されている。

　楠木健『ストーリーとしての競争戦略』東洋経済新報社，2012年。

　　競争戦略にとってなぜ論理が大切なのかを問いかけている。

　入山章栄『世界の経営学者はいま何を考えているのか』英治出版，2012年。

　　経営戦略論を含む，世界と日本の経営学の現状がわかりやすく対比されている。

○**進んだ勉学を志す人のための書物**

　大前恵一朗訳『OPEN INNOVATION』産業能率大学出版部，2004年。

　栗原潔訳『オープンビジネスモデル』翔泳社，2007年。

　　上記2点はオープン・イノベーションについて深めたい人向けの書籍である。

　Govindarajan, V. and Ramamurti, R., "Reverse Innovation: Emerging Markets, and Global Strategy," *Global Strategy Journal* 1 191–205, 2011.

　渡部典子訳『リバース・イノベーション』ダイヤモンド社，2012年。

　　上記2点はリバース・イノベーションについて深めたい人向けの論文，書籍である。

（佐伯靖雄）

Ⅵ　ヒトの活かし方を知る

 1 人的資源管理論とは

1　ヒトという資源

　マネジメントに必要な資源は，ヒト，モノ，カネ，情報である。これらの資源のうち，ヒトについて学ぶのが人的資源管理論である。ヒトが資源というと，モノのようで違和感をもつ人もいるだろう。実際，人間はそれぞれ自分の意思をもっており，思ったとおりに人を動かすことは難しい。例えば，家庭教師や塾講師のアルバイトを例に考えてみよう。教えていても，生徒が勉強せず，困ったと思うときもある。生徒が関心をもっていることや，将来どうなりたいか，いま学んでいることがどう役立つかを説明することで，積極的に勉強するようになるかもしれない。組織で働く場合でも同じである。上役が命令や依頼をしても，部下は必ずしも思ったとおり仕事をしてくれるわけではない。部下の能力・スキルが不足するときや，仕事内容や人間関係に不満をもっているときもある。また，上司のリーダーシップがうまく発揮できていないときもある。

2　人間モデル

　ヒトのマネジメントは，人間に対する見方，すなわちどのような人間モデルをもっているかにより異なる。これまで，主に3つの見方が示されてきた。
　まず，テイラーの**科学的管理法**は，どのような管理をすれば仕事のパフォーマンスが向上するかを研究した。その前提とされたのは，人間は経済的報酬によって動くとする経済人モデルであった。続いて，メイヨーやレスリスバーガーの**ホーソン実験**では，人間が一生懸命働くかどうかは，経済的な価値より，他の従業員との関係や感情によって変わるとした。このホーソン実験では，良好な人間関係が重要であるとする社会人モデルが示された。また，マズローの**欲求段階説**では，人間は最終的には自己実現欲求が高まるとした。さらに，マクレガーの**X理論・Y理論**のうち，Y理論ではモチベーションが向上した従業員は自ら積極的に働くようになるとした。こうして，自己の能力を最大限発揮することが大事であるとする自己実現人モデルが示された。

3　人的資源管理論の特徴

　かつては人事労務管理という用語が用いられたが，最近は人的資源管理論と言われる。人的資源管理という言葉にはどんな意味が込められているだろうか。

▶**科学的管理法**
⇨Ⅲ-2「市場とマネジメント(1)：合理性」。
▶**ホーソン実験**
⇨Ⅲ-3「組織とマネジメント」。
▶**欲求段階説**
人間には5つの欲求があり，順番に高まるという考え方のこと。5つの欲求は①食欲などの生理的欲求，②安全・安心などの安全欲求，③人間関係などの所属欲求，④評価などの自尊欲求，⑤自己実現欲求，である。自己実現欲求は，最も高い次元の欲求で，人はずっと求め続けるとした。
▶**X理論・Y理論**
働く人についての2つの異なる見方のこと。X理論は，人間は基本的に仕事が嫌いで，命令されないと動かないとした。一方，Y理論では，人間は基本的に仕事が好きで，自ら工夫をして動くとした。

まず，人事は戦略と関連をもつようになり，積極的に活動する主体となった。これまでの人事は，何か問題が起きたときや，必要なときに対応するとされていた。一方，人的資源管理論では，会社の戦略との関係がクローズアップされるようになった。特に近年は，**戦略的人的資源管理**が学術的にも実務上も注目されている。

また，働く人に対する見方についても，異なっている。これまで，働く人は与えられた仕事をこなす存在であった。ただ，人間は思ったとおりには動かしづらい。逆に，学習を通じて成長していくし，主体的にも仕事に取り組む存在であるともみなされるようになった。従業員の納得度を高めて，働きがいを与えていくことが重要となっている。

▷戦略的人的資源管理
人材を活用してどのように組織の競争力を向上させていくかという考え方。

④ 人的資源管理のトピック

人的資源管理には，人に対する処遇や雇用条件のトピックが含まれる。まず，採用は人材の募集と選抜から成り立つ。学生側からみると，就職活動によって将来働く組織が決まる。組織に入ると，特定の部署に配置される。そして教育訓練を通じて，能力を向上させることが求められる。また，普段の仕事ぶりや成果について，上司等から評価されている。人事評価は昇進・人事異動・給与の決定に関わるだけでなく，フィードバックを受けることで能力の向上やキャリアの決定にも活かすこともできる。人が組織から離れる退職についても処遇の一環である。

近年，働く環境や多様な人材のマネジメントも重要なトピックとなっている。働く環境については，残業時間の管理，メンタルヘルス，ハラスメントに配慮していくことが求められる。また従業員は，正社員だけでなく，非正規雇用，女性従業員，高齢者，障がい者，外国人など様々な人が働いている。こうした多様な人材をどのようにマネジメントしていくかということも重要な課題となっている。さらに，短時間勤務やテレワークなど働く時間や場所の柔軟性が高い働き方や，家庭生活や私生活に配慮したワーク・ライフ・バランスの促進についても大きなテーマになっている。

Column

人的資源管理は人事部のための学問か？

　会社や官公庁では，人的資源管理は主に本社の人事部などの部局が担当している。そうなると，人的資源管理の知識が役立つのは人事部の従業員だけだと考えてしまうが，そうではない。

　もともと，本社の人事部のほか，支社など現場の管理者が人事の役割を担ってきた。また，人的資源管理の考え方では，戦略との関連性や，従業員の働きがいをもたせることが重要となっている。このため，部下をもつ立場の管理職をはじめ，様々な従業員が人事の一翼を担うようになっている。また，組織で働くと，つい目の前の仕事に追われてしまうときがある。しかし，上司，組織全体，国際比較といった別の視点から自身の組織を見つめ直すことは，現在の働き方を大局的に見つめ直すことになる。

　さらに，働いた経験のない学生にとっても，人的資源管理の知識は役立つ。人事という視点から組織を眺めることで，従業員がどのようなことを期待しているか，あるいはどのような配慮をしているかを知ることができる。また，どのような人事制度が自分と合っているかを考えることは，将来を考えるヒントとなるだろう。

採　用

1　日本と海外の採用

○日本の採用

多くの大学生は，3・4年生の時に就職活動を行う。卒業後に一斉に一般企業等に就職するという，新卒一括採用方式が日本では主流である。

新卒一括採用には，いくつか特徴がある。採用にあたって，具体的にどういった仕事を行うか，つまり職務内容が決められていることが少ない。また，採用後の人事異動では，仕事内容が異なる業務に変わることも珍しいことではない。このため，会社側が採用するにあたって，組織になじめそうとか，これから成長しそうであるという，ポテンシャルを期待して採用する。本来は，就職活動というと職を探す活動であるはずである。日本の場合は，所属する会社を探す「就社活動」を行っているといえる。

○メンバーシップ型・ジョブ型

日本とそれ以外の国の雇用システムは，メンバーシップ型・ジョブ型という名称で対比される。日本はメンバーシップ型雇用であり，組織のメンバーとなるための採用活動を行っている。もしポストが空いた場合は，組織の外から人材を調達するというよりは，企業内部の人材を，異動や昇進させることでポストを埋めようとする。

一方，欧米など日本以外の国では，ジョブ型雇用システムである。これは，仕事内容があらかじめ定まっており，実際にその仕事ができるかという顕在能力があるかどうかに基づき，人材を採用する。人材の配置にあたっては，日本より転職市場が発達しているため，労働市場から広く人材を募集したうえで採用する。業務内容もあらかじめ定められており，仕事の価値の大きさによって評価される。

2　新卒一括採用の功罪

○新卒一括採用のメリット

新卒一括採用は，学卒者にとってメリットが大きい。日本ではポテンシャルに基づく採用を行うため，仕事の経験がなくても，採用活動にとって有利である。逆に，欧米のように，どのくらい仕事ができるかを基準に採用すると，働いた経験がない若年者にとっては，採用に不利になる。

　新卒一括採用は，日本の会社にとってもメリットがある。新卒一括採用は長い歴史をもつ制度であり，別の採用制度を選択するよりもコストがかからないこともある。

　また，従業員同士仲間意識をもちやすい。同期入社の社員は同世代の若年者である。このため，研修などを通じて，同期入社の社員間で仲良くなり，長期的な関係を築くことになる。このことは，**組織コミットメント**の向上や離職意図の低下防止にも役立つ。

○新卒一括採用のデメリット

　新卒一括採用は若年者には有利であるが，逆に中高年の転職には不利な制度である。また，採用時の景気が悪いと採用者数が絞られるため，不本意入社する学卒者が増える。バブル崩壊後の就職氷河期に，正社員として就職できなかった世代は，長らく職に就けず，令和を迎えた今も問題となっている。

　また，人材のマッチングや優秀なグローバル人材の獲得についても問題がある。**7・5・3現象**という言葉が示すとおり，日本では採用後すぐに離職することが多い。入社後にどのような仕事を担当するかわからないため，働き始めてからイメージと違っているということもある。

　さらに，優秀なグローバル人材の採用という問題点もある。グローバルな競争を考えると，海外出身の優秀な外国人を獲得して競争力を高める必要がある。しかし，海外と日本では採用システムや報酬水準が異なることは，人材獲得競争にとって不利にもなる。

③ 最近の採用の動き

　これまで新卒一括採用について述べてきたが，近年変化がみられる。これまでの在学中に一斉に就職活動する形式ではなく，企業によっては通年型採用を行う企業も出てきた。また，ミスマッチを減らす取組みも行われている。ミスマッチの防止や，キャリアを決めた上で仕事を選びたいというニーズに応えるため，企業によっては職種別採用という形で，将来携わる職種をあらかじめ定めた採用も行われている。

④ 面接とバイアス

　採用面接や人事評定では，本来は客観的に評価することが求められるが，査定者による評価の偏り（バイアス）も存在する。他の項目よりも特定の項目を特に重視して評価することをハロー効果という。また，自身と比較して評価することによる対比誤差も生じる。評価者によっては，被評価間で差をつけないように評価をするという中心化傾向もある。こうした評価の偏りに対処するには，多面的評価，複数による評価，特性よりも行動を重視するという方法が提唱されている。

▷組織コミットメント
組織になぜ留まるかに関する組織に対する態度。大きくは，組織・職場に対する愛着が高いため組織に留まるという情緒的コミットメントと，組織を去ると損をするため組織に留まるという功利的コミットメントに分けられる。

▷7・5・3現象
日本において，おおむね中卒者7割，高卒者5割，大卒者3割が，卒業後3年以内に離職すること。

能力開発

1　OJT と Off-JT

　新しい仕事に就くというのは大変であるが，周囲の人からのサポートや，研修を受けることで，能力やスキルが向上して，仕事の成果を上げるようになる。新規学卒者を顕在能力よりもポテンシャルで採用し，頻繁な人事異動を行う日本の人事では，従業員に教育訓練を施し，仕事ができるようにさせることが重要となる。

　仕事やキャリア面での成長を促す**メンタリング**も重要であるが，ここでは教育訓練のなかでも OJT と Off について述べていく。例えば，日々働いていて疑問に思うとき，周囲に同僚にやり方を教えてもらうと，その場で問題が解決する。これが，教育訓練の1つである OJT である。もう1つの教育訓練が，Off-JT である。研修は Off-JT の1つであり，新入社員や管理職など役職ごとの階層別研修，営業職・経理部などの職種別研修もある。研修のほかに，資格取得や大学等の補助，自己啓発も Off-JT に含まれる。

2　OJT, Off-JT の特徴

　次に，OJT と Off-JT のうち研修との違いについて述べるが，学生であれば家庭教師と塾講師を念頭におくとわかりやすいだろう。

○OJT のメリット

　OJT は，教える側が必要とする指導をその場で受けることができ，ニーズに合った内容を学ぶことができる。また，教える側からみると，目の前にいる従業員に教えるため，その人に合わせたレベルで教えることができる。

○OJT のデメリット

　教える側からみると，自分の仕事をしながら，指導をするため，コストがかかる。また，教える側が忙しかったりすると，OJT に割く時間が少なくなる。また，教える側と教わる側の相性や人間関係が悪いと，教育効果が少なくなる。

○Off-JT のメリット

　次に研修のメリットを述べる。まず，研修は，普段の職場では学べないことを学習することができる。日々の仕事をこなすだけでは法律やコミュニケーション法などについて断片的にしか学べないかもしれない。研修を通じて，知識を整理するよい機会にもなる。また，研修を受けることで，普段の職場とは異

▷メンタリング
経験豊かな人（メンター）が，キャリアや心理面で成長の手助けをすることをいう。日本ではかつて先輩が後輩に指導する自然発生的メンタリングが広く行われていたが，現在はメンタリング制度を設ける組織が増えている。これは東洋的な自然発生的メンタリングと，西欧的なメンタリング制度の，両方の影響を受けているといえる。詳しくは，M. Hosomi, T. Sekiguchi & F. J. Froese（2020）"Mentoring in Japan : A systematic review and conceptual model" In P. Kumar & P. Budhwar （eds.）, *Mentorship-driven talent management : The Asian experience* （pp. 43-65）, Emerald Publishing.

なる人間関係が形成できるメリットもある。特に，新人研修での同期や監督職・管理職研修でのヨコのつながりは貴重な存在となる。

○Off-JT のデメリット

研修では，現在の仕事とは関わらないことも学ぶため，その人にとって全く役に立たないことがある。また，会社側にとってコストがかかることになる。研修を行うのであれば，受講生や講師に対して旅費を支払う必要がある。また，講師代や施設代もかかる。さらに，研修がなければ，受講生は働いていたにもかかわらず，研修の間は普段の仕事に従事できなくなるというコストも生じることになる。

3 キャリア

○能　力

能力は，一般的能力と企業特殊能力に分けられる。一般的能力は英会話や簿記のスキルといった他の企業でも役立つものである。一方，機械の使い方，勘，社内の人脈などは特にその企業内で役立つものであり，企業特殊能力といわれる。日本の企業では，諸外国と比べて職種をまたいだ人事異動を頻繁に行ってきた。このため，企業特殊能力を中心に技能形成されてきた。

○キャリア

将来のキャリアをどのように築くかにあたっては，自分がどのような能力や技能を持っているか，伸ばしていきたいかを意識していくことも必要である。これまでは年功序列，終身雇用が中心だった日本では，組織内部でのキャリア形成がなされてきた。キャリアといっても，組織内での昇進といった**客観的キャリア**に注目が集まってきた。

従来から転職により組織の枠を超えたキャリアを歩む人はいたが，近年は組織に属しながら別の仕事に従事する副業も注目されている。このようなことから，同一組織内でのキャリアだけでなく，組織外も含めてどのようなキャリアを歩みたいかを考える必要がある。また，組織内でそれほど昇進をしないとしても，家庭や私生活の面で満足できる人生であるかという，**主観的キャリア**を重視する人が増えている。

▷客観的キャリア
地位・昇進など，本人以外の人からみてもわかるキャリアの側面。

▷主観的キャリア
従業員本人がどのように自身のキャリアを捉えるかという側面。

Column

偶然性とキャリア

　4年生になって，自分の将来のキャリアを決めるのは学生にとって不安かもしれない。キャリア理論のなかで，クルンボルツの計画的偶発性理論という考え方がある。計画と偶発という組み合わせは矛盾していると感じるかもしれない。この理論では，あらかじめ将来設計していても，偶然の出来事によってキャリアが決まっているという考え方である。経験がない職場に異動しうる組織の労働者に適した考え方ともいえる。計画的偶発性理論に基づくと，偶然の出来事をうまく成功に結びつけるには，好奇心，リスクを取ること，粘り強さ，柔軟性，楽観性の5つが求められる。偶然の出会いを活かしていくという考え方は，頭に置いておくと良いだろう。

評価・昇進

 評　価

○評価の例

クラブ活動でレギュラーを選ぶことを思い浮かべると，様々な評価基準があることに気づく。結果を残すためには，これまでの試合の結果や実績で選ぶだろう。また，練習試合では結果を残せなかったが，身体的能力，メンタル面といった能力で選ぶ場合もあるだろう。しかし，実績や能力値が高くても，クラブをサボる人は選びづらいかもしれない。その場合は，普段からどのように努力しているかというプロセスに焦点をあてることもできる。

○業績評価

人事評価制度のうち，ここでは業績評価，能力評価，情意評価を取り上げる。最もわかりやすいのは，営業成績などによる業績評価である。給与も業績に連動した，業績給と整合性が高い。業績で評価されると，従業員は目標の達成に向けて努力するようになる。一方，業績だけで評価されると，従業員によっては他の人に配慮せず，個人プレーになりがちという欠点もある。また，短期的に結果が出ることに力を注ぎ，新商品や研究開発など時間のかかる仕事よりも，すぐに結果が出る仕事に力を注ぎがちになる。さらに，業績で評価しようとしても，仕事内容によっては数字で評価しづらいものもある。

○能力評価

能力評価は，従業員が能力を有しているかによって評価をする。能力で評価されると，従業員は能力を向上させようとするようになる。一方で，能力というのはわかりづらく曖昧なものなので，客観的に評価することは難しい。また，能力で評価されるのであれば，努力したり結果を出す必要がない，と思う従業員もいるだろう。

○情意評価

努力するプロセスを評価するのが情意評価である。情意評価を行うと，従業員は一生懸命仕事に取り組むようになるというメリットがある。また，短期的な視野ではなく，長期的な仕事にも取り組むようになる。一方で，努力することを評価するのであれば，結果を出すことにはそれほど力を注がないかもしれない。特に，効率的に仕事をして定時退社する人より，残業時間が多い人のほうが，評価が高くなるということもある。

② 職能資格制度と職務等級制度

○職能資格制度

日本では，1960年代から職能資格制度が主流となった。資格というのは，仕事ができる能力を社内で格づけしたものである。資格が上がることを昇格という。これは，係長，課長，部長というように，上の地位に就く昇進とは異なる。給料は，資格，すなわち昇格によって異なるのである。給料についても，どの程度能力を有しているかという職能給が主に用いられている。職能資格制度を日本で用いる理由は，職務内容を変更する人事異動が多いためである。人事異動によって，これまで経験のない仕事に従事すると，単純な業務しかできないかもしれない。そういった場合でも，能力で評価される職能資格制度では，処遇は変わらない。

○職務等級制度

アメリカでは職務内容によって処遇を決める職務等級制度が用いられてきた。実際に従事する職務内容によって給料を決定する，職務給との整合性が高い。職務等級制度のもとではどのような仕事をしているかによって処遇が決まる。このため，同じ仕事をしているのに給料が大きく違う，という不公平感が少ないといえる。一方で，これまで経験したことのない部署に異動すると，同じ等級の業務を行うことが困難にもなりえる。このため，職務仕事内容が大きく変わる人事異動を行いづらい。

○日本の制度

日本では，1950年代に年功制が導入された。1970年代頃から職能資格制度が導入されて，現在でも主流となっている。これは，新卒一括採用や職務内容変更を伴う人事異動といった人事制度に適合しているためともいえる。

1990年代には，業績を重視しようとする成果主義が注目され，職務等級制度や**目標管理制度**が導入する企業が増えた。しかし，目標管理制度で目標を低く設定したことや，日本ではチームで仕事を進めることが多いことなどから，うまくいかないケースが多かった。その後，職務等級制度を導入する企業は減り，**役割等級制度**を導入する企業が増えてきた。

③ 日本の昇進

日本の昇進の特徴は，3つのステージから成り立つ重層型キャリアといわれる。第1段階は，同期入社して同時に昇進していく一律昇進型である。第2段階は，同期の間で昇進に格差が生じてくる昇進競争モデルというが，昇進が遅れても逆転もありえる。第3段階は，トーナメント型競争である。幹部や役員の段階になると，より厳しく選抜され，昇進の競争に勝ち残った人たちだけが次の選抜に進める，というものである。

▷**目標管理制度**
目標を事前に決めた上で，その目標がどのくらい達成されたかで人を評価する仕組み。

▷**役割等級制度**
職務より大きく括った仕事の役割によって，仕事の価値の大きさを並べて，等級を定めた仕組み。

国際人的資源管理

 海外派遣

国際人的資源管理とは，国境を越えた人的資源管理のことである。日本に進出している外資系企業は，マクドナルド，スターバックス，イケアなどたくさんある。

企業が海外に進出する際，社員を海外派遣することが多い。海外派遣によって，これまで蓄積した知識の移転，現地の財務的なコントロール，学習した内容を他地域に移転可能になるといったメリットが挙げられる。しかし，海外派遣にあたっては，いくつか留意すべき点がある。

○派遣前

まず，どのような人を派遣者に選抜するかが重要である。国内で活躍できても，海外では活躍できない場合もある。本人の性格，スキル，能力だけでなく，家族の状況なども海外派遣の成功もしくは失敗に関連する。

また，派遣前に研修を行う必要がある。例えば，海外で，食事が合わないといったこともある。また，家族が同行している場合は，配偶者がなじめないとか，子どもの教育といった家族の問題も生じる。海外派遣が失敗しないためにも，異文化適応，海外生活，語学といった事前研修を行い，環境への適応を促すことが望まれる。

○派遣中

海外派遣者の多くは，**本国籍人材**のマネジャーと**現地国籍人材**のマネジャーの両方から評価されている。本国籍人材と現地国籍人材のいずれから評価を受けるのがよいかについては，一長一短といえる。

本国籍人材が評価すると，本社の評価と同じ基準で評価することができる。だが，派遣者は海外にいるため，本国にいる評価者が目の前で見ていないことから，評価をしづらいといえる。

現地国籍人材が評価すると，近くにいるので評価しやすい。その反面，本社の他の人材と同一の基準で評価されづらいことや，文化が異なるため誤解が生じうる，といったデメリットがある。

○帰任時

海外派遣者が帰任する際も問題がある。海外派遣者が，本国に戻ると，赴任先の生活習慣に慣れてしまい，本国で適応できなくなることがある。また，本

▷**本国籍人材**
本社がある国の国籍をもつ人。
▷**現地国籍人材**
海外進出先の国の国籍をもつ人。

国に戻ったものの，活躍の機会が与えられなかったり，海外にいる間に環境が変化していることもある。さらに，海外派遣者は，帰任のタイミングで，別の企業に転職することもある。海外派遣者のマネジメントには，選抜の段階から帰任後のキャリアまで考える必要がある。

② 国際人材配置

　日本企業が海外進出する際は，現地社長などの幹部は，本国籍人材を海外派遣することが多かった。ただ，本国籍人材だけを活用すると，現地での採用や現地人材のモチベーションが低下するというデメリットもある。本国籍人材，現地国籍人材，**第三国籍人材**のそれぞれを登用した場合の功罪を述べていく。

○本国籍人材

　人事ローテーションの一環として海外で経験を積ませることも可能となり，将来の幹部候補生の育成になる。一方，現地でも本国のやり方を押しつけてしまい，マネジメントがうまくいかない可能性がある。また，現地国籍人材の社員からみると，自分たちは昇進できないと考えて不満が生じる。さらに，現地国籍人材が出世できないのであれば，優秀な人材を採用しづらくなる。

○現地国籍人材

　言葉や文化，現地の事情を熟知しているため，現地国に合ったマネジメントを行うことができる。また，他の現地国籍人材の社員も出世できる可能性があると考えるため，従業員の定着率が高まることや，優秀な人材の獲得が期待できる。一方で，現地国でのやり方を重視しすぎると，本社との間に対立を起こす。

○第三国籍人材

　現地国籍人材を登用するよりも，人件費が抑えられる場合や，現地の事情や風習に精通していることもある。一方で，現地国籍人材が昇進できないのであれば，現地国籍人材の従業員の不満が高まるし，現地での優秀な人材の採用に結びつかないということにもつながる。

③ ホフステードの国民文化次元

　国際化が進むと，人事制度が統合するという考えと，違ったままであるという考えがある。後者の根拠の1つに，各国の文化は長い間に育まれた価値観に根ざしているため，と説明がなされる。ホフステードは，各国の文化を，**権力の格差**（小さい―大きい），集団主義―個人主義，**男性らしさ―女性らしさ**，不確実性回避（低い―高い），長期志向―短期志向，の5つの国民文化次元で分類した（ホフステード他，2013）。この分類によると，日本では，男性らしさ，不確実性回避や長期志向が高いという特徴がある。一方，アメリカは個人主義が強く，権力格差および不確実性回避が低いという特徴がある。

▷第三国籍人材
本社，海外進出先以外の国籍をもつ人。

▷権力の格差
制度や組織内で，権力の格差があることを認める度合いのことをいう。

▷男性らしさ―女性らしさ
男性らしさとは，給与・昇進，競争を重視する度合いのことをいう。一方，女性らしさとは，人間関係や他者との協力を重視する度合いのことをいう。

▷1　ホフステードの国民文化次元については以下を参照。
G・ホフステード他『多文化世界：違いを学び共存への道を探る（原著第3版）』（岩井八郎・岩井紀子訳）有斐閣，2013年。

6 人材の多様化

1 雇用形態

○非正規雇用の種類

飲食店，小売業などでアルバイトをした経験がある学生は多いだろう。このアルバイトは，非正規雇用の１つである。また，主婦が家計補助として働くことは一般に**パートタイム**と呼ばれる。こうした，正社員よりも労働時間が少なく，決められた期間雇用されるものはパートタイム労働者と分類される。期間を定めて働く契約社員も非正規雇用の一種である。そのほか，派遣や請負といった働く会社と直接契約を締結しない間接雇用型の労働者も非正規雇用に含まれる。

○非正規雇用の基幹労働化

従来は，期間を定めない正社員の労働者が重要な仕事を行い，非正規雇用者は補助的な仕事をしてきた。ところが，1990年代以降，非正規雇用者が増加して，重要で難しい仕事も担当するようになってきた。このことを**非正規雇用の基幹労働化**という。非正規雇用者数が増えた理由は，景気の悪化のため，会社は正社員の採用者を減らしたことや，非正規雇用の割合が高いサービス業の従事者が増えたためである。実際，正社員を採用すると，コストが高く景気の変動に対応しづらくなる。また，従業員としても非正規雇用のほうが，転勤や職務内容の変更に応じる必要性が低く，ワーク・ライフ・バランスを実現しやすいともいわれている。一方で，期限を定められているため不安定な地位であり，給与等の面で正規雇用よりも不利な立場におかれている。

○限定正社員

非正規雇用者も従来の正社員に近い立場の従業員が生まれてきたが，正社員についてもこれまでと異なるタイプのものが生まれている。従来からの日本の正社員像は，期限を定めない無期雇用で，従事する職務や勤務地についても限定されていなかった。

こうした制約の多い従来型の正社員に対して，より拘束性の低い柔軟な働き方を可能にしたものが限定正社員である。特定の地域・エリアだけに転勤先を限定するタイプ，他の従業員よりも働く時間が少ないタイプ，職務が限定されているタイプ，これらを組み合わせたタイプなどがある。限定正社員制度を設けることで，従業員にとって**ワーク・ライフ・バランス**向上に役立つという面

▷**パートタイム**
主婦はパートと呼ばれるが，学生はアルバイトと呼ばれることが多い。しかし，どのように職場で呼ばれるかに関係なく，会社が定めた所定労働時間より短い時間働く従業員は，法律上はパートタイム労働者と分類される。

▷**非正規雇用の基幹労働化**
基幹労働化には，非正規雇用の人数が増えたという量的な基幹化と，中心的な役割を担うようになったという質的な基幹化に分けられる。⇨序-1「ビジネスを知る」も参照。

▷**ワーク・ライフ・バランス**
⇨Ⅵ-7「ワーク・ライフ・バランス」。

もある。一方で，限定正社員の給料・昇進をどのようにするかという処遇面については，課題となっている。

② 高齢者雇用

正社員は，雇用期間の定めはないが，多くは何歳になっても働き続けるのではなく，就業規則に基づき特定の年齢で自動的に退職する。

定年の年齢に関しては，高年齢者雇用安定法に定めがある。現在の法律（2022年10月現在）では，65歳未満に定年を設定している企業は，定年年齢の引き上げ，継続雇用制度の導入，定年制廃止のいずれかを選択しなければならない。継続雇用制度とは，定年の年齢を過ぎた後も，会社で働き続けられる制度のことである。継続雇用制度には，定年後に新たに雇用契約を結ぶ再雇用制度と，定年以降も同じ条件で働き続ける勤務延長制度がある。

高齢になっても働き続けることは，生きがいをもつことにつながる。また，年金の支給年齢の引き上げに対応する効果も期待できる。一方で，役付きの高年齢者が増えると，希望しても昇進できないと不満をもつ従業員が増え，従業員全体のモチベーションが下がる可能性がある。高年齢者の技能・経験を活かして，組織全体にポジティブな効果をもたらすことが求められている。

③ 女性雇用

日本的雇用の特徴とされる**3種の神器**は，男性正社員であることを前提としており，女性については対象外となっていた。企業で働く女性は，卒業後に，しばらく働いた後に結婚・出産退職して，専業主婦になることが多かった。その後，1980年代半ばに制定された男女雇用機会均等法では，雇用の分野における男女の格差に関する規定が盛り込まれた。

現在は，男女雇用機会均等法の度重なる改正，その他の法制度の整備，意識の変化もあり，以前よりは女性雇用をめぐる環境が変化してきている。しかし，管理職に占める女性割合が低いことや，男性は女性と比べて育児休業取得率が低いといった問題点がまだ存在する。このことが日本においてワーク・ライフ・バランスが注目される1つの要因である。

④ 障がい者雇用

従業員が一定数以上の規模がある事業主については，身体障がい者・知的障がい者・精神障がい者の割合を，法律で定められた雇用率以上にすることが義務づけられている。2022年10月時点における法定雇用率は，民間企業2.3％国・地方自治体2.6％となっている。また，特定の要件を満たす障がい者の雇用促進につながる子会社を設立した場合（特例子会社）については，特例子会社に雇用された従業員も，親会社の雇用率の算定に加えることができる。

▷3種の神器
年功序列，終身雇用，企業別組合の3つのこと。アベグレンが『日本の経営』（1958年）の中で，これら3つを日本的な特徴であるとした。

ワーク・ライフ・バランス

 ## ワーク・ライフ・バランス

　共働き労働者の増加に伴って，仕事と育児の両立が問題となってきた。子どもが急に熱が出たときや，保育園への送り迎えなど，男女を問わず仕事と育児を両立できる仕組みづくりが必要である。また，高齢化に伴い，仕事と介護の問題もクローズアップされている。介護は，育児と異なり，いつまで続くかわからない。また，親が介護対象者となるのは中高年齢層であるため，管理職等の重責のため，事情を伝えたり，仕事を休みづらいということもある。

　こうした，育児や介護といった家庭生活に配慮すること（ファミリー・フレンドリー）は重要であるが，それだけでは不十分である。アメリカでは，単身者や子どものいない労働者は，ファミリー・フレンドリーの恩恵を受けられないとして問題となった。このため，仕事と生活の両立を意味する**ワーク・ライフ・バランス**（以下，「WLB」）が普及した。WLBのライフには，育児・介護だけでなく，趣味，大学院などの勉学，地域活動なども含まれる。

柔軟性を高める制度

　従業員のWLBを向上させるために，組織が整備するものがWLB支援制度である。残業時間の削減やWLB支援制度は，従業員の柔軟性を高める働き方である。ここで，柔軟性が高いというのは拘束性を低くするということであり，具体的には，時間の柔軟性を高めるものと，場所の柔軟性を高めるものに分けられる。

　働く時間の柔軟性を高める制度の1つが**短時間勤務制度**である。例えば，勤務時間が9時から17時30分の会社であれば，子どもを保育園に9時半に預けて16時に迎えに行くということは難しい。しかし，10時に出勤し16時に迎えに行くのであれば，保育園の送り迎えも可能である。また，**フレックス・タイム**などの制度がある。

　働く場所の柔軟性を高める制度が，テレワークである。テレワークとは，ICT技術を用いて，決められた勤務場所以外で働くものである。雇用者のテレワークは，家で仕事をする在宅勤務，勤務場所ではない施設で働くサテライト・オフィス，移動中に仕事を行うモバイル・ワークに分けられる。

　2020年の新型コロナウイルスの蔓延により，ソーシャル・ディスタンスを保

▷ワーク・ライフ・バランス
仕事と生活の調和のこと。仕事と生活の調和が実現した社会とは，「国民一人ひとりがやりがいや充実感を感じながら働き，仕事上の責任を果たすとともに，家庭や地域生活などにおいても，子育て期，中高年期といった人生の各段階に応じて多様な生き方が選択・実現できる社会」である（内閣府の「仕事と生活の調和（ワーク・ライフ・バランス）憲章」，2007年）。

▷短時間勤務制度
通常の勤務時間よりも働く時間が短い勤務制度。育児・介護休業法で義務化されている基準以上に，制度を充実させている企業もある。

▷フレックス・タイム
一定期間における労働時間数の合計は同じだが，始業時間と終業時間を変えることができる制度。

つことが求められるようになった。それまで利用率が低かった在宅勤務が急速に注目されるようになり，制度の利用率が急速に高まった。一方で，在宅勤務者には，制度利用者の孤独感や過重労働の懸念，従業員間のコミュニケーションや評価の難しさといった問題がある。

③ 職場のワーク・ライフ・バランス

WLB は，働きやすい職場づくりや健康にもよい影響を及ぼし，経営面でもプラスの影響をもたらすといわれている。一方で，職場で WLB 支援制度を運用とすると，問題が生じることもある。例えば，従業員が少ない職場で，育児休暇や短時間勤務の労働者が出現すると，周囲の従業員の仕事が増えることもありえる。また，周囲の従業員からどう思われるかや，自身のキャリアに悪影響を及ぼすのではと考えて，制度を利用しないということもある。制度を充実させるだけでなく，男女や属性を問わず，どのように従業員全体の働きがいと働きやすさを高めていけるかが，大きな課題となっている。

Exercise

◯理解できましたか？

　1）諸外国と比較した，日本の人事制度の特徴について理解できましたか。

　2）多様な人材の活用方法とその課題を理解できましたか。

◯考えてみましょう！

　1）あなたはどのような人事制度の会社で働きたいですか。

　2）今後，日本の人事制度はどう変わっていくと思いますか。

勉学へのガイダンス

◯はじめて学ぶ人のための入門書

　今野浩一郎『人事管理入門（第2版）』日本経済新聞出版社，2008年。

　　コンパクトにまとまっており，人事制度の大枠をつかむことができる。

　濱口桂一郎『若者と労働「入社」の仕組みから解きほぐす』中央公論新社，2013年。

　　日本と欧米の雇用の仕組みの違いをわかりやすく解き明かしている。

◯本章をより理解したい人のための書物

　上林憲雄・厨子直之・森田雅也『経験から学ぶ人的資源管理（新版）』有斐閣，2018年。

　　学生に語りかける口調で，諸外国との比較も交えて説明している。

　関口倫紀・竹内規彦・井口知栄編著『国際人的資源管理』中央経済社，2016年。

　　国際人的資源管理の幅広いトピックを説明している。

◯進んだ勉学を志す人のための書物

　平野光俊・江夏幾太郎『人事管理』有斐閣，2018年。

　　経営と人の視点，学術面と実務面の人事管理を説明している。

　細見正樹『ワーク・ライフ・バランスを実現する職場——見過ごされてきた上司・同僚の視点』大阪大学出版会，2017年。

　　WLB を職場で実現していく際の課題と克服方法を探っている。

（細見正樹）

モノづくりと生産システム

▷暗黙知
⇨ Ⅴ-4 ，Ⅹ Ⅳ-3 。

▷ SCM (Supply Chain Management)
部品調達から製品の販売までの物流供給網の全体最適を図るため，企業が物流供給網の川上にある部品メーカーと川下にある卸売・小売企業と在庫や受発注情報を共有する管理手法。

▷ F・W・テイラー (Frederick W. Taylor)
アメリカの経営学者で課業管理と作業の標準化を通じて現場の作業者の生産性向上を図った科学的管理法を提唱した。⇨ Ⅲ-2 「市場とマネジメント」も参照。

▷タクトタイム (Takt time)
1日の工場の稼働時間を顧客が1日必要とする製品の数量で割って計算した時間。例えば，1日に顧客がトラックを240台注文し，工場が1日当たり8時間稼働すると仮定する。この場合，8時間を分単位に直すと，480分となる。この480分を顧客の注文台数240台で割ると，タクトタイムは2分になる。この結果は工場が2分ごとにトラック1台を生産する必要があることを意味する。

▷混流生産
多品種の製品を1つの生産ラインに流すことによって，多様な顧客の需要に対応する生産方式。大量生産方式

1 モノづくりとは

　モノづくりとは，暗黙知や経験を有する技術者あるいは職人が切磋琢磨してきた技術を駆使して精巧に物を作ることである。モノづくりは効率的な生産システムと **SCM** によって支えられる。生産システムの科学的管理を初めて提唱したのは，アメリカの**テイラー**である。テイラーは経営者の視点に立ち，作業時間の分析を通じて科学的管理法を提唱した。まず，1日のノルマを設定するため，ストップウォッチを用いて現場のワーカーの動作時間研究を行った。その後，熟練工と未熟練工が熟練の度合いにあまり影響を受けずに作業できるようにするため，諸条件と用具の標準化を進めた。もし，現場のワーカーが1日のノルマを達成した場合は，成功報酬を支給し，達成しなかった場合は賃金を減らした。このような科学的管理法は，当時のアメリカの様々な工場で実施され，生産性向上や賃金増という成果をもたらした。しかし，労働強化や労働の非人間化という批判を受けるようになった。

　フォードはテイラーの科学的管理法を発展させ，フォーディズム（Fordism）と呼ばれる少品種大量生産方式を提唱した。フォードの自動車工場では，まず様々な作業が要素として分解され，単純作業化された。各工程はベルトコンベヤーで連結され，各工程のワーカーは単純作業を**タクトタイム**に合わせて組み立てた。このようなフォーディズムは，各工程間の組立作業がベルトコンベヤーで同期化されたため，流れ生産方式とも呼ばれた。フォードは流れ生産方式を用いてT型フォードという車を大量に生産し，大量生産大量消費の社会の到来を促進したのである。

2 トヨタ生産方式

　トヨタ生産方式は**混流生産**，**シングル段取り替え**，**部品の順序供給**などを用いることにより，フォーディズムでは実現できなかった多品種少量生産を可能にした。トヨタ生産方式とは，外部環境や市場環境の変化によるバラツキを柔軟に吸収し，無駄のない生産活動を行う方式を指す。トヨタ生産方式は，**かんばん方式**，**ジャスト・イン・タイム**，**多能工化**，自働化などによって実現できる。以下では，トヨタ生産方式について詳細に検討することにする。

　まず，トヨタ生産方式は無駄な在庫を持たないことから始まる。実際，在庫

管理にかかる総費用は，在庫保管費用と発注費用で構成される。在庫保管費用としては，倉庫での保管費用，倉庫の維持管理費，在庫品金額に対する金利，仕様変更などにより生じる陳腐化の費用，保険料，紛失や破損などによる損耗費用などがある。他方，発注費用とは，在庫を1回当たりに発注する際に発生する費用で，在庫の発注から受け入れまでの業務活動に必要な費用のことである。具体的には，在庫の輸送費，購買や検査などに必要な人件費や伝票など消耗品，通信などの費用である。毎回一定の量を発注するという前提の下で，1回当たりに発注する発注量を増やすと，その分在庫が占める倉庫の面積が大きくなり，在庫保管費用が増加する。一方，1回当たりに発注する発注量を増やすと，輸送トラックが大量の在庫を一気にまとめて運送できるので，企業の倉庫と製品の調達先の間を行き来する回数が減り，発注費用は減少することになる。つまり，1回当たりの発注量の大きさは，在庫保管費用と比例するが，発注費用とは反比例する。

　トヨタ生産方式では，無駄な在庫を有すると，在庫保管費用が増え，経営を圧迫するとみなされる。在庫を持つと，多くの在庫保管費用が発生するが，もっと深刻なのは売れ行きが悪くなり不良在庫化した在庫が貸借対照表上に棚卸資産として計上される点である。不良在庫とは，流行遅れや賞味期限切れなどにより市場で販売できなくなった無価値の製品を指す。もちろん，在庫を有することで予測しなかった需要の増加や自然災害などに迅速に対応できる利点もある。しかし，トヨタ生産方式では，かんばんをこまめに回転させることで発注回数が増加して発注費用の増大に繋がっても，徹底的に在庫を減らして在庫保管費用を最小限に抑えることが重視される。言い換えると，無駄な在庫を持つことで発生する在庫保管費用が，在庫を低く圧縮するために発生した発注費用をはるかに上回るとされる。このように無駄な在庫を排除することは，トヨタの7つの無駄の排除とも深く結びついている。7つの無駄とは，つくり過ぎの無駄，手待ちの無駄，運搬の無駄，加工そのものの無駄，在庫の無駄，動作の無駄，不良をつくる無駄である（門田，1991）。

　また，トヨタ生産方式では，機能過剰の高価な機械設備を導入するよりは，機能限定的な安価な設備を導入し，現場の設備改善による自働化を進めている。そのため，トヨタ生産方式は機械設備と人間の改善活動が両立する人偏のついた自働化であるとされる。一般的に，欧米の生産方式では，現場の改善能力に頼るより機能過剰の高価な機械設備による自動化と現場管理のマニュアル化で生産性の向上が図られている。

では，1品種の製品を専用ラインで流すため，生産コストは安くなるが，製品の差別化が困難である。そこで，生産コストを一定レベルまで下げつつも製品差別化を実現できるように，IT技術の活用，設備の工夫，部品の供給方式の改善を通じて1つの生産ラインで多品種の製品が生産できるようにしたのが，混流生産である。

▷シングル段取り替え
機械のセッティング，金型，治具などを10分以内に交換することにより，生産ラインの停止時間を最小限に抑え，生産性を高める方法。

▷部品の順序供給
部品メーカーが自動車メーカーの生産ラインにおける生産順序に沿って部品を供給する方式。混流生産では，多品種の製品を同一ラインで流す必要がある。自動車メーカーの混流生産順序が確定すると，混流生産を円滑に実施するため，部品メーカーはこの生産順序に沿って部品を供給する必要がある。

▷かんばん方式
生産が前工程から後工程へ順番に行われる通常の生産方式とは逆に，かんばんという紙でできた媒体を通じて後工程が前工程から引き取った分だけを前工程が生産し，つくり過ぎの無駄をなくす生産方式。

▷ジャスト・イン・タイム
つくり過ぎの無駄や在庫の無駄などをなくすため，必要なものを必要なときに必要なだけ生産すること。

▷多能工化
1人の作業者が複数の異なる作業ができるようにすること。

イノベーションとは

① イノベーションの形態

　イノベーションは新しいアイデアや発明を製品化し，顧客に価値を提供する企業活動である。イノベーションの分類方法はいろいろあるが，伝統的なイノベーション研究は，イノベーションを漸進的なものと革新的なものに分類してきた。しかし，このような分類方法は技術の新規性の高低が分類基準となっているため，技術そのものの特徴を反映させるものではなかった。そこで，ヘンダーソンとクラークは部品技術と製品システム技術という2つの軸でイノベーションの形態を分類することを提案した。製品イノベーションに用いられる技術は，部品レベルで個々の部品の開発に適用される技術と，製品レベルで部品間の繋ぎ方を決める製品システム技術に大別できる。彼らの分類によれば，イノベーションは**資料Ⅶ- 1**のように漸進的，モジュラー的，アーキテクチャ的，革命的イノベーションに分類される。Henderson and Clark（1990）によれば，産業の製品アーキテクチャが大きく変化する場合，市場を支配してきた有力な企業はアーキテクチュラル知識が開発組織のルーチンに深く埋め込まれているため，知識の組み合わせによるアーキテクチュラル知識のモード切り替えが迅速にできず，市場競争力を失うケースが多い。

▷1　Henderson R. and K. Clark, 1990, pp. 9-30.

　第1に，漸進的イノベーションとは，製品システム技術と部品技術が若干補強されるイノベーションを指す。この形態はイノベーションの形態のなかでも，技術の新規性が最も低いものである。企業が毎日現場改善を行い，地道に製品技術を高めていくケースがこの形態に該当する。事例として，**デジタルカメラの画素数に関する競争**が挙げられる。デジタルカメラの画素数は，消費者の間で写真の画質に大きな影響を及ぼすと認識されてきたため，新製品が販売されるたびに上がっていた。しかし，画素数を上げるために用いられた技術は，従来の部品技術や製品システム技術を改良したものであった。

　第2に，モジュラー的イノベーションとは，製品システム技術はほぼ変化しないが，部品技術が既存の部品技術を破壊するほど大きく変わるイノベーションのことを指す。このような事例として，ウィンドウズ PC が挙げられる。PC 産業では，部品間のつなぎ方はあまり大きく変わらないが，部品技術は大きく変化するケースが多い。パソコン用のハードディスクとして HDD（ハードディスクドライブ）の代わりに，近年 SSD（ソリッドステートドライブ）が普及

▷デジタルカメラの画素数に関する競争

90年代後半からデジタルカメラの消費者の間では，画素数が大きいと，より高画質な写真が撮影できると認識される傾向があった。したがって，画素数の増加は製品差別化戦略で重要な位置を占めていたため，デジタルカメラメーカーの間で激しい高画素化競争が繰り広げられた。しかし，近年技術的にカメラの解像度の限界に近づいたため，画素数の増加だけでは製品差別化が難しくなってきた。

資料Ⅶ-1　ヘンダーソンとクラークによるイノベーションの分類

部品開発に適用された技術

		補強的	破壊的
製品システム技術 部品間のつなぎ方を決める	不変化	漸進的イノベーション	モジュラー的イノベーション
	変化	アーキテクチャ的イノベーション	革命的イノベーション

出所：Henderson and Clark, 1990.

している。HDD はディスクを高速回転させて読み書きをする構造を有するが，SSD は USB フラッシュメモリを用いて読み書きをしている。したがって，HDD と SSD に適用されている技術は大きく異なっている。つまり，PC 産業における SSD の普及は，製品システム技術よりも部品技術の大きな変化と関係があるため，モジュラー的イノベーションとして捉えることができる。

　第3に，アーキテクチャ的イノベーションとは，部品レベルでの技術は大きく変化していないが，部品間のつなぎ方を規定する製品システム技術が大きく変わるイノベーションのことである。このようなイノベーションの事例として，パナソニックのアラウーノの開発が挙げられる。アラウーノは樹脂製のウォシュレットトイレとして販売され，TOTO と LIXIL の寡占市場であった便器市場で旋風を巻き起こした。従来の製品は陶器製であるため，製造の際に高温の窯で焼く必要があり，便器の内部に精密な部品を組み込むことが困難であった。一方，アラウーノは便器本体の材料として樹脂を使用することで，部品間の組み合わせやつなぎ方を大きく変えることができた。しかし，アラウーノの部品開発には，パナソニックがすでに長年培ってきた家電製品の樹脂成形技術が用いられたため，部品レベルでの技術の新規性はそれほど高くなかった。

　第4に，革命的イノベーションとは，部品技術と製品システム技術両方が大きく変化するイノベーションを指す。例えば，時計が機械式からクォーツ式へ変わった事例は，革命的イノベーションとしてとらえられる。機械式はゼンマイで動くため，中の部品は機械部品で構成される。他方，**クォーツ式時計**は電池で動くため，中の部品は電子部品が大部分を占める。これらの電子部品は時計用として新しく設計されたものである。つまり，同じ時計でも機械式とクォーツ式は部品技術と製品システム技術が大きく異なる製品であるので，革命的イノベーションの事例として見なすことができる。

▷ TOTO
TOTO 株式会社は，北九州市に本社を置く衛生陶器の製造メーカーである。同社は日本国内の衛生陶器市場で約6割のシェアを占め，首位を維持している。

▷ LIXIL
株式会社 LIXIL は，2011年4月に，INAX・トステム・サンウエーブ工業・新日軽・東洋エクステリアが統合して誕生した日本最大手の建材・設備機器メーカーである。

▷クォーツ式時計
電池で水晶振動子を動かし，電子回路上で時間を正確に計算する時計である。クォーツ式時計は従来のゼンマイで動く機械式時計とは内部構造が大きく異なっている。

イノベーションと企業業績との関係

① 探索型と深掘型イノベーションの融合

▷ 1　Katila R. and G.
Ahuja, 2002, pp. 1183-1194.

イノベーション戦略の巧拙は，企業の業績に直結する。以下では，イノベーション戦略と企業業績に関する研究について紹介する。イノベーションはその源泉となる知識や技術が従来のものと関連性が高いか低いかで，探索型と深掘型イノベーションに分類できる。探索型イノベーションとは，従来と関連性が低い新事業分野で多様な技術を開発していく活動を指す。他方，深掘型イノベーションとは従来の事業分野で知識を深めながら，技術を開発していく活動のことである。

企業がこれまで蓄積してきたものと異なる新しい技術や知識を入手するためには，他の企業と**戦略的アライアンス**を組んだり，特許技術を購入したりし，探索型イノベーションを進める必要がある。**資料VII-2**のように，探索型イノベーションを進めると，最初は企業の業績が向上する。なぜならば，従来の技術分野とは異なる分野の知識を取り入れることで，**範囲の経済**が発生するからである。また，外部から取得した新しい技術は，社内の既存技術と融合し，新製品開発に**シナジー効果**をもたらすことが多い。

しかしながら，資料VII-2のように企業が業績の最適ポイントを過ぎてまで探索型イノベーションを継続的に続けると，企業の業績はかえって低下する可能性がある。企業が新しい分野の技術を増やしていくと，新しい技術と既存の技術を融合させる際に，経験の不足から組織内の部門間で大きな困難を招くことになる。これらの問題を解決するためには，新技術と知識を企業内の組織環境に合わせて消化させることが必要である。しかし，これには長い時間と多くの資源が必要となる。これはコスト増加をもたらし，企業の業績に負の影響を及ぼすこととなる。つまり，探索型イノベーションと企業業績は直線的関係にあるのではなく，資料VII-2のように，正の関係から負の関係へ変わる2次関数的な関係にあるのである。

企業が従来の事業分野で既存の技術と知識を改良や補強して深掘型イノベーションを進めていくと，最初は企業の業績が向上する。既存技術についてはすでに過去の実績と経験があるので，技術自体の安定性が高い。また，経験効果や**規模の経済**により大規模で新規の設備投資を行う必要はなく，コスト削減につながる。

▷**戦略的アライアンス**
複数の企業が資本参加やM&Aなどを伴わない協力関係を構築して相互補完的な経営資源を活用することを指す。戦略アライアンスは利害関係上問題が起きた場合に，協力関係を解消しやすいというメリットもある。⇨ V-7 「GAFAとプラットフォーム戦略」も参照。

▷ 範囲の経済（Economies of scope）
事業を多角化すると，経営資源を複数の事業部間で共有できるため，コスト削減ができること。⇨ X-3 「いろいろな事業システム」も参照。

▷シナジー効果
2つの要素を足し合わせることで，2つの要素を単純に総和したものを上回る正の効果が得られること。

▷規模の経済（Economies of Scale）
生産量の増加により製品1個当たりの平均コストが下がる効果。⇨ V-3 「ポジショニング・アプローチ」，X-2 「価値創造の仕組みをつくる時代へ」も参照。

しかしながら，企業業績の最適ポイントを超えてまで深掘型イノベーションを継続的に進めていくと，企業は従来の技術の改良に過度に傾斜することになり，産業で従来の技術を破壊するようなイノベーションが起きた場合，対応ができなくなるケースが多い。また，既存技術の改良を長年続けると，**組織慣性**が発生

資料Ⅶ-2　イノベーションと企業の業績の関係

出所：Katila and Ahuja（2002）を一部変更して筆者作成。

し，組織内で既得権を有する部門とそうでない部門の間で経営資源の配分に不均衡が発生する。これは企業全体の非効率をもたらし，企業業績に負の影響を及ぼすこととなる。つまり，深掘型イノベーションと企業の業績は探索型イノベーションと企業の業績の関係のように，最初は深掘型イノベーションを進めると，資料Ⅶ-2のように業績が向上するが，企業業績の最適ポイントを過ぎると，企業業績はかえって低下する2次関数的な関係となる。

しかし，探索型と深掘型イノベーションをバランスよく進めると，イノベーションと企業業績の関係は資料Ⅶ-2のように2次関数的な関係から直線的な関係へと変わり，イノベーションが進むほど，企業業績が向上するようになる。探索型イノベーションを進めれば，将来の事業の**シーズ**になる技術を確保できるので，一定レベルの探索型イノベーションが行われることが重要である。他方，既存の事業で蓄積した技術を活用する深掘型イノベーションを一定レベルに進めることで，規模の経済を実現し，収益源を確保することが求められる。新しい知識は既存の知識と融合してシナジー効果を誘発させてイノベーションが企業の業績を向上させる。つまり，資料Ⅶ-2のように，探索型と深掘型イノベーションを掛け合わせることにより，それぞれ2次関数的関係であったイノベーションと企業の業績の関係を直線的関係に変化させることができる。このように探索型イノベーションと深掘型イノベーションをバランスよく進める戦略を両利きの戦略（Ambidexterity strategy）という。つまり，企業は競争力を高めるため，探索的イノベーションで産業内の標準技術の急激な変化への対応や将来のシーズとなる技術の確保をしながら，現在の技術を活用して利益を絞り出す深掘的イノベーションも同時に進める両面戦略を展開する必要がある。

▷組織慣性
成熟した企業では，長年にわたって繰り返された日常的な課題の処理プロセスが組織のなかに組み込まれているため，外部の経営環境が大きく変化しても，このようなプロセスがそのまま持続する傾向があること。

▷シーズ
企業が将来潜在的顧客ニーズを掘り起こすことで事業化できる可能性を秘めた新しい技術，知識，ノウハウなどを指す。シーズは企業が既存事業の失速に備えて新しい成長事業に必要なものとなるため，既存事業と関連性が比較的に低い探索的な技術やノウハウであるケースが多い。このようなシーズの製品化は常にリスクが伴うため，様々な内部検討と精査が必要となる。

イノベーションにおけるユーザーの役割

 ユーザーイノベーションとは

　新製品が市場に投入される場合，企業はその製品の開発費用を回収するため，新製品に高い価格をつける必要がある。そのため，競合企業の市場への新規参入による価格の低下を防ぐことが求められ，競合企業が真似できないように製品システムをブラックボックス化することが多い。しかし，ある程度開発費用が回収された後でも，製品システムがブラックボックス化され続けると，生産の標準化が困難となり，生産コストが高くなる。生産コストが高いと，価格を下げることができなくなり，製品を購入できる顧客層が限定される問題が発生する。このような市場では，価格が低下すれば，潜在的にその製品を購入できる消費者が一気に増える状況が発生する。そこで，競合企業はより安価な製品を販売して市場参入を図るケースが多い。安価な製品を生産するためには，製品技術の真似や改善を通じて製品の**モジュラー化**が必要である。

　製品のモジュラー化が進むと，製品の模倣と類似製品の開発が簡単にできるようになるため，**コモディティ化**が起きる。最初に製品を市場に導入した企業は，コモディティ化が起こると，収益を上げることが難しくなり，苦戦を強いられる。

　コモディティ化が起きた製品においても，製品の付加価値を高める方法として，近年ユーザーイノベーションが注目を集めている[1]。ユーザーイノベーションとは，ある特定製品の改善や新技術の導入により大きな便益を得るユーザーが，企業の製品開発に直接かかわることで起きる技術革新のことを指す。イノベーション論の元祖であるとされるJ・A・シュンペーター（Schumpeter, J・A）が技術革新の担い手として起業家（アントレプレナー）の役割を強調して以来，経済学や経営学ではイノベーションの担い手として起業家が主に注目されてきた。しかし，近年IT技術の発展とオープンイノベーションが進展し，イノベーションの担い手としてユーザーが注目されるようになった。

　モジュラー型製品でも，ユーザーイノベーションを通じてコモディティ化を乗り越えて高い業績を上げている企業がある。本章では，このような事例としてレゴ社を取り上げる。レゴブロックはレゴブロック同士を組み合わせれば，数多くのモデルが完成できる典型的なモジュラー型製品である。レゴ社はモジュラー型製品であるレゴブロックを生産しながらも，世界最大の玩具メーカー

▷**モジュラー化**
部品間のつなぎ方が標準化され，部品間の分割が容易になることを指す。

▷**コモディティ化**
市場に参入する企業が増えて価格のみが主要な製品差別化の手段となり，激しい価格競争が展開される市場の状況を指す。このような市場では，製品は単なる日用品のような消費財になり，価格以外は製品の差別性がなくなる。

▷1　Von Hippel, E., 1986, pp. 791–805.

までに成長した。以下では，レゴ社がユーザーイノベーションを進めながら，どのようにビルディングブロックのコモディティ化を乗り越えて成長してきたのかについて事例研究を行うこととする。

② レゴ社の事例研究

○レゴ社の成り立ち

　レゴ社はクリスチャンセンにより1916年に家具や建築用の木製の製品を生産する大工店として創立された。しかし，1929年に世界大恐慌が起こり，1932年には大工の仕事ができなくなった。そこで，彼はこれまで培ってきた大工の技を生かし，木製の玩具を生産し始めた。その後，1947年にはプラスチック射出成型機械が導入され，プラスチック製の玩具の生産を開始した。レゴ社は1958年に現在レゴブロックとして知られているビルディングブロックを開発し，特許を取った。そこから同社の成長が始まる。レゴブロックは子供自身がブロックを組み合わせてユニークなモデルを作ることができるので，ビルディングブロックの代名詞となった。その後，レゴ社は教育システム，テーマパーク，アニメ，本，子供服などへ事業を拡大して世界最大の玩具メーカーとなった。

○レゴ社の試練

　レゴ社は世界最大の玩具メーカーになるまでに様々な試練に直面した。そのなかでも，ビルディングブロックのコモディティ化は，会社を存亡の危機までに陥れた。以下では，レゴ社がビルディングブロックのコモディティ化に直面した経緯について考察する。

　レゴブロックの特許登録が行われた1958年から特許の期限が切れた1988年までの30年間，レゴブロックは特許によって守られてきた。この間，他の玩具メーカーは類似品やコピー品を出してレゴ社に価格競争をしかけることはできなかった。このようなレゴブロックの特許も1988年には切れることになり，市場ではレゴ・クローンと呼ばれるレゴブロックのコピー製品が溢れるようになった。レゴ社はこのような製品を製造する中国やカナダなどの玩具メーカーに対して訴訟を起こしたが，敗訴することも多かった。これらのコピー製品はレゴブロックと互換性があるということを謳い文句にし，レゴの市場シェアを奪っていった。また，消費者もコピー製品を同社の製品と混同することも多かった。さらに，コピー製品の品質の悪さが同社のブランドにも影響を及ぼすようになった。その上，同社は子供に戦車や戦闘機など戦争用のモデルを販売しないという方針であったので，コピー製品を作る会社は戦車や戦闘機のモデルなどを**ニッチ市場**として捉え，数多くの製品を投入した。同時に，コンピュータの普及によりテレビゲーム機で遊ぶことが増え，レゴブロックの販売の減少に拍車がかかった。

　このような流れを止めるため，1990年代の後半に積極的に多角化が進められ，レゴランドの拡大，テレビゲームの開発，アニメ映画の製作が行われた。しか

▷ **ニッチ市場**（Niche market）
市場全体のなかでも，特定の顧客にターゲットを絞って製品差別化が行われる市場。

し，このような多角化は経営資源の分散化とコスト増加となり，レゴ社は2003年に莫大な赤字を計上し，経営危機に直面した。

○ユーザーイノベーションの導入

経営危機を乗り越えるため，レゴ社はコンサルティング会社出身のクヌッドストープ氏を社長として迎えた。同氏は様々な改革に着手するが，なかでもユーザーとの関わりによる製品開発を重視した。その結果，彼が就任した2004年以降，レゴ社の売上は右肩上がりに伸びていった。

レゴ社がユーザーとの関わりによる製品開発を進める最初のきっかけとなった製品は，マインドストームである。マインドストームはセンサー，モーター，ギヤ，プログラムが組み込まれたコンピュータ制御モジュール，レゴブロックでできた電動ロボットである。マインドストームのターゲット層は主に大人であったため，発売後に大人のレゴファンが増えた。彼らはコミュニティをつくり，マインドストームに関する情報や知識を共有していた。

しかし，電子機器に専門知識を有する一部のユーザーは，マインドストームのセキュリティ上の問題を見つけ，ネット上でハッキング方法を公開した。レゴ社は最初これらのハッカーを提訴することを検討したが，対象のユーザーは多く，また訴訟は消耗戦になる可能性があった。そこで，同社は訴訟を諦め，これらのユーザーを開発に参加させながら，マインドストームの性能と機能の向上を図った。これをきっかけに，レゴ社は自社独自で商品を開発し，市場に販売する姿勢を改め，常にユーザーを製品開発に参加させる戦略に転換した。

○ユーザーイノベーションの拡大

ユーザーを開発プロセスに取り込む戦略は，レゴ社が多角化してきた事業分野にも導入された。レゴ社はレゴブロックをテーマにした映画事業を行っているが，アニメ作品のアイデアをユーザーから得るため，スマートフォンのアプリであるレゴムービーメーカーを開発した。ユーザーはこのアプリを使用すれば，レゴ人形やレゴブロックを用いて映画を撮影することができた。また，レゴ社はユーザーがこのアプリで作った作品を自由に同社のウェブサイトに投稿できるようにした。同社はサイトに投稿されたユーザーの作品から得たヒントに基づいて，アニメのストーリーの一部を製作した。

レゴ社はユーザーが実物のレゴブロックがなくても，バーチャル空間で好きな対象物を組み立てることができる**3次元CADソフト**であるレゴデジタルデザイナーを開発した（**資料Ⅶ-3**）。レゴデジタルデザイナーを用いれば，ブロックの色や形を自由に選択でき，またレゴ人形もつくることが可能であった。ユーザーはレゴデジタルデザイナーをダウンロードして作成したレゴの作品の電子ファイルをレゴやユーザーのコミュニティのウェブサイトに投稿できた。ユーザーは他のユーザーが作成した作品が気に入った場合，その作品の電子ファイルをダウンロードすることができた。さらに，ダウンロードした電子ファ

▷ 3次元 CAD ソフト
⇨ Ⅶ-5 「モノづくりとデジタル技術」。

資料Ⅶ-3 レゴデジタルデザイナー

出所：レゴデジタルデザイナーを用いて筆者作成。

イルに基づいて実物のレゴを組み立てるため，同社は販売店のホームページで
ユーザーがブロックのピースの品番を入力し，必要な数のブロックのピースを
注文できるようにした。

　さらに，レゴ社はレゴアイデアというウェブサイトを日本で始めたので，ユ
ーザーはこのサイトでレゴ社が商品化してほしいアイデアをプロジェクトとし
て提案できた。そして，他のユーザーが提案したプロジェクトをウェブページ
上で閲覧し，評価できるプロジェクトのレビュー欄が設けられた。このレビュ
ー欄で，高く評価したユーザーが1万名以上に上ると，レゴ社はそれを商品化
し，その売上額の一部をユーザーに還元した。ユーザーは自分でデザインした
作品をレゴ社のホームページに投稿し，それを販売することも可能であった。
この中で，売れ行きが良い作品については，レゴ社がユーザーからその作品の
ライセンスを購入して商品化した。これまでユーザーが提案してレゴマインク
ラフト，ドクターフー，ウォーリーなどが商品化された。つまり，レゴ社は数
万にも上るレゴユーザーコミュニティが提供したアイデアを活用しながら，ユ
ーザーを開発へ直接参加させることで様々な製品開発を進め，高い企業業績を
上げてきたのである。

　レゴ社はユーザーのなかから選ばれた代表者が同社とユーザーと間のコミュ
ニケーションを仲介するような代理人役を担うレゴ・アンバサダー制度を始め
た。また，同社はレゴブロックの組立に優れたノウハウと技術を有するユーザ
ーにレゴ専門家という認証を付与する制度を設けた。レゴ専門家に選ばれたユ
ーザーは，フルタイムやパートタイムのレゴ社の職員として働くことができた。

　以上，見てきたようにレゴ社は自社中心の製品開発戦略からユーザーがレゴ
ブロックと楽しく遊びながら，斬新なアイデアを同社に提案できるようにソフ
トウェアやウェブサイトなどのようなプラットフォームを提供する戦略にシフ
トした。この結果，ユーザーイノベーションが起こり，同社の市場シェアは大
きく伸びた。

モノづくりとデジタル技術

① 開発リードタイムの短縮

　モノづくりの競争力を高めるためには，開発リードタイムを短縮し，競合メーカーより先に優れた商品を市場に投入する必要がある。開発リードタイムとは，新製品のコンセプトづくりのための最初の会議が開かれた時点からその製品が初めて市場に発売された時点の間の期間を指す（藤本，2001）。開発リードタイムを短縮すると，顧客に製品を納入する納期短縮につながる。また，市場が形成しつつある時点で競合メーカーより先に製品を導入すると，**先発の優位**の獲得が可能となる。

　次に，モノづくりの世界でフロントローディングとデジタル技術がどのように開発リードタイムの短縮に貢献しているのかについて検討する。

② フロントローディング

　フロントローディング（Front-Loading）とは，設計技術者，生産技術者，営業マン，部品メーカーの技術者等が開発の後期段階で設計変更を引き起こす可能性がある問題を，開発の前期段階の検討会議で徹底的に洗い出し，後期段階のトラブルを事前に防ぐことで開発リードタイムを短縮する手法を指す。次に，フロントローディングがなぜ開発リードタイムの短縮につながるのかについてより詳細に考察することとする。

　製品開発プロセスで，一般的に最も問題が多く発見されるのは，開発の後期段階である量産ラインの立ち上げや量産試作の段階である。しかし，開発の後期段階で問題が見つかると，製品の材料や設備の手配と**金型**の製作をし直す必要があり，開発コストの増加とつながる。言い換えると，製品の後期段階に近いほど，製品設計の大きな変更や改善に対する制約要因が増える。したがって，開発の前期段階でできるだけ図面と機能の検討時間を長くとり，製品の材料，製法，仕様について徹底的に検討して完成度の高い図面を設計すると，量産試作と金型の製作回数を減らすことができ，開発リードタイムを短縮できる。そのため，多くの企業は開発後期で起こりうる問題を前倒しして洗い出すフロントローディングを進めている。

▷先発の優位
　新製品を競争相手より早く発売することで企業が享受できる優位。他社よりもいち早く市場に製品を投入すると，特許の取得や業界規格の設定を通じて技術のリーダーシップを取りやすくなる。また，自社の製品ブランドが市場で新製品を代表するブランドとして確立される可能性が高い。さらに，競合企業より先に行われた大規模な設備の先行投資は，市場シェアを一気に高め，競合企業の新規参入を防ぐ効果がある。
⇨ ⅩⅣ-2「ビジネスにおける情報システム」も参照。

▷金型
材料の特性を利用して製品を大量に成型できる型。金型の種類は多岐にわたるが，鉄板を曲げて成型するプレス金型，プラスチックの原料を射出して成型する射出成型金型，溶かした金属を型に流し込んで成型する鋳型などがある。

③ デジタル技術によるモノづくり

　近年，フロントローディングが製造業の全般に広がりを見せている背景には，デジタル技術の急速な発展がある。製品開発プロセスは従来の開発プロセスと**デジタル技術を駆使した開発プロセス**に大別できる。以下では，従来の開発プロセスとデジタル技術による開発プロセスについて比較分析する。

　まず，従来の開発プロセスはデジタル技術を用いない開発プロセスである。このプロセスの前期段階では，企画構想，設計，設計図面の検討会議が順に行われる。開発後期における設計変更は，開発コストを大幅に増大させるため，開発後期で予測される問題を前倒しして集中的に解決する必要がある。このことから，企業は開発部門，生産部門，営業部門など後期段階にかかわる人々を集めて開発初期段階から図面の検討を繰り返すことが多い。図面が確定すると，何回か実物試作が繰り返された後，本格的に量産ラインの立ち上げに入る。

　しかし，現代のモノづくりでは，設計段階でのデジタル技術として3次元CAD（Computer Aided Design）技術が普及し，開発プロセスが変化しつつある。3次元CADソフトとは，3次元空間上で立体の対象物を設計できるソフトのことを指す。3次元CADデータがあれば，CAE（Computer Aided Engineering）ソフトを用いてバーチャル試作が可能になる。CAEソフトとは，実物試作を作らずにコンピュータ上のバーチャル空間で精度の高いシミュレーションを行うソフトのことを指す。このようにCAEソフトの活用で仮想実験が行われると，実物試作の回数が減少し，さらなる開発リードタイムの短縮が可能となる。

④ AIとIoTによるモノづくり

　近年，AI（Artificial Intelligence）とIoT（Internet of Things）によるデジタル技術が製造業に大きな変革をもたらしている。AIとは，知的判断，画像認識，言語や音声の認識などのような人間の脳や神経が行っている機能をコンピュータで実現したプログラムのことを指す。また，IoTとはコンピュータのプログラムとサーバーを通じて様々なデバイスをネットでつなぐ技術であり，21世紀の製造業に革命的な進化をもたらしている。主に，PythonやC＋＋などで書かれたサーバーのプログラムにより，センサー，カメラ，電気リレースイッチなどを制御し，工場間の機械設備を連携できるようになっている。**資料Ⅶ-4**で示したラズベリーパイというパソコンには，IoTを可能にするため，様々な電子デバイスとつなぐことができる制御用のピンと電極が容易されている。また，サーバーに設けたクラウドにあるストレージと協業用のアプリにより，部門間の開発と生産協業が迅速かつ効率的に遂行できるケースが増えている。クラウドストレージを用いれば，どこにいてもネット上のファイルが更新でき

資料Ⅶ-4　ラズベリーパイというリナックスパソコン

るため，簡単に共同作業ができる。AI が人間の脳を模倣した機能を果たせるようになった背景には，機械学習と深層学習により，コンピュータが人間のように知識を蓄積できるようになったことがある。機械学習とは，コンピュータがアルゴリズムに基づいてデータを反復的に分析することで，そこに潜んでいる定型化されたパターンや法則を見つけ出すことを指す。他方，深層学習は人間の神経を模倣した機械学習の一種で，最初に入力された複数の情報が何層にも重なった神経のネットワークを通過することにより，次第に集約化されていくことで，目標とした最終結果に到達することを意味する。

　実際，AI プログラムがどのようなデータ処理プロセスを経て結果を予測しているのかについて考察するため，ワイン鑑定用の AI の事例を取り上げる。最初は機械学習用のワインデータを用意する必要がある。まず，ワインを評価する際に必要な基礎的なデータとして，ワインの糖度，酸味度，二酸化硫黄量などといった基準データ（X 値）が求められる。次に必要なデータは，それぞれのワインの糖度，酸味度，二酸化硫黄などの高低により，ワインの等級がどのように判断されたかという鑑定結果のデータ（Y 値）である。鑑定結果のデータは，ワインの鑑定家であるソムリエが，それぞれのワインの糖度，酸味度，二酸化硫黄量などの高低に基づいてどのようにワインを実際鑑定したのか，というデータを収集すれば作成できる。これらの学習用データから最適な鑑定結果が得られるかどうかを確認するため，複数のアルゴリズムのなかから精度の高いものを選択する必要がある。アルゴリズムの選別後は，学習用のデータを入力し，アルゴリズムを用いて機械学習を実施する。機械学習が終了した時点で，実際鑑定したいワインの糖度，酸味度，二酸化硫黄量などといった基準データを入力すると，AI が自動的にワインの等級をつけることになる。

　モノづくりの世界では AI と IoT を用いた開発が増えており，代表的なものとしては工場の自動化が挙げられる。生産ラインでは，AI が不良品の発見や製品の数のカウントなどを行っている。また AI による画像認識機能とセンサーがインターネットを通じてつながり，工場のラインの遠隔操作や無人管理が可能になった。

　AI と IoT が普及するようになった背景にあるのは，パイソン（Python）というプログラミング言語の普及がある。パイソンは文法が簡単であるため，プログラムが書きやすく，コードの可読性も高いメリットを有している。その上，プログラムの中で使用できるモジュールも数多く用意されているので，パイソンは今や AI と IoT によるアプリや製品の開発に最も幅広く使用される言語となった。さらに，近年パイソンで書いたコードがうまく機能しなかった場合，プログラマー同士がお互いに質問と回答をしあう Github のようなプログラマーのコミュニティサイトが広がっており，初心者でもプログラムの開発が容易になっている。パイソンはインターネットのウェブページ上にあるデータを大

量に収集し，統計分析をするデータマイニングの世界でも威力を発揮している。データマイニングを進めるためには，データを大量に収集する必要がある。パイソンは様々なウェブページを解析し，必要とするデータを自動的に収集するウェブクローリング（Web Crawling）にも活用されている。

Exercise

○理解できましたか？

1）探索型と深掘型イノベーションは企業にどのような成果をもたらすでしょうか。

2）トヨタ生産方式では，在庫とかかわる費用がどのようにとらえられているのでしょうか。

○考えてみましょう！

1）ユーザーイノベーションと深い関係のある産業には，どのような産業があるのかについて考えてみましょう。

2）アーキテクチャ的イノベーションとしてとらえられる製品開発の事例を挙げてみましょう。

勉学へのガイダンス

○はじめて学ぶ人のための入門書

延岡健太郎『MOT 技術経営入門』日本経済新聞社，2006年。

　技術革新を競争戦略の視点から分析した基本入門書。

藤本隆宏『生産マネジメント入門Ⅰ・Ⅱ』日本経済新聞社，2001年。

　本書は主に自動車産業の事例分析を通じて生産システムのオーソドックスな理論を概観している。

○本章をより理解したい人のための書物

門田安弘『新トヨタシステム』講談社，1991年。

　豊富な現場の事例を用いてトヨタ生産システムの要点をわかりやすく説明しているトヨタ生産システムに関する入門書。

新宅純二郎・天野倫文『ものづくりの国際経営戦略』有斐閣，2010年。

　グローバル競争の視点からモノづくりの国際比較分析を行った研究書。

○進んだ勉学を志す人のための書物

Katila R. and G. Ahuja, "Something Old, Something New : A longitudinal study of search behavior and new product introduction," *Academy of Management Journal*, 45(8), pp. 1183-1194, 2002.

　イノベーションの形態を探索型と深掘型に分け，探索型と深掘型イノベーションの融合が企業業績に及ぼす影響について分析した研究論文。

Henderson R. and K. Clark, "Architectural Innovation : The Reconfiguration of Existing Product Technologies and the Failure of Established Firms," *Administrative Science Quarterly,* 35, pp. 9-30, 1990.

　アーキテクチャ・イノベーションが起きた際に，なぜ大手企業が組織慣性に陥り，市場の変化に適応できなくなるのかについて分析した研究論文。

Von Hippel E., "Lead Users : A Source of Novel Product Concepts," *Management Science*, 32(7), pp. 791-805, 1986.

　いかにユーザーを製品開発プロセスにコミットさせてイノベーションを起こせばよいのかについて体系的に分析した研究論文。

（朴　泰勲）

デジタル・マーケティングとは

デジタル・マーケティングとは何か

　近年，デジタル社会，デジタル経済，そして，デジタル・マーケティングといった用語を耳にする機会が増えている。特にビジネス分野では，「DX（デジタル・トランスフォーメーション）」や「デジタル・マーケティング」という言葉が流行している。2000年代以降，EC（電子商取引），ビッグデータ，AI（人工知能），5G，モバイル・インターネットなどのデジタル技術が急速に発展し，デジタル・マーケティングは大きな注目を集めている。しかし，デジタル・マーケティングについて，「漠然と理解しているつもりだが，Webマーケティングとの違いがはっきりしない」，「今さら聞けないが，もう少し詳しく知りたい」と思う人も少なくないだろう。

　デジタル・マーケティングはまったく新しい言葉ではなく，従来の「マーケティング」に「デジタル」という言葉が付加されたにすぎない。この2つの言葉の意味をよく理解していれば，デジタル・マーケティングを自ずと説明できるだろう。「マーケティング」は，英語の「market」に「ing」をつけたもので，「市場活動を行うこと」と理解できる。顧客のために製品を開発し，店頭に並べ，消費者に販売することは，すべて市場活動と見なされる。

　産学協同の学会として世界的にも有名な **AMA** は，マーケティングを次のように定義している —— *Marketing is the activity, set of institutions, and processes for creating, communicating, delivering, and exchanging offerings that have value for customers, clients, partners, and society at large.* ——これを日本語にすると，マーケティングは，「価値ある製品・サービスを提供するための活動・仕組みであり，顧客，クライアント，パートナー，社会にとって価値あるものを，創り・伝え・届け・交換するための，様々な活動・プロセス・組織」となる（2017年承認）。

　一方，「デジタル」は，「連続的」という意味のアナログに対して，「離散的」という意味で，すべての情報は「0」と「1」という数字で表される。人間は数字を0から9までと理解するのが自然であるのに対して，コンピュータの世界では「0」と「1」の2進数が一般的である。つまり，デジタルとは「世の中に存在するモノやコトが，コンピュータで処理できる形に変換された状態」を広く意味する。したがって，消費者行動や市場のすべての要素を数値として

▷AMA（American Marketing Association）
アメリカ・マーケティング協会。マーケティングの研究や実務に関心を持つ学者や専門家が参加する世界最大の組織。1937年に設立され，本部はアメリカ・シカゴにある。

定量化し，コンピュータの強力な計算能力を用いて市場活動を行うことは，デジタル・マーケティングに対する最も直感的な解釈である。言い換えれば，デジタル・マーケティングとは，直感的には，インターネットやIT技術，AIなどのデジタル技術を活用したマーケティング活動全般と考えることができる。

② デジタル・マーケティングの二枚の看板

資料VIII-1はAmazon Goの広告を示している。デジタル・マーケティング事業の代表例として，Amazon Goは，画像認識，顔認識，センサー技術，**ディープラーニング**，AIなどのテクノロジーを用いて，消費者がどう店内を回遊し，どういったプロセスを経て，どのような購入結果に至ったかまで，すべての情報をデータ化している。そして，店内で取得したデータをインターネット経由で瞬時に他の機器と共有し，在庫情報や購入金額情報の同時反映や，シームレスな決済を実現している。

Amazon Goのようにデジタル・マーケティングを活用することで，メーカー側では，消費者が製品を購入する際の検討プロセスや，自社製品の売れ行きの時系列的変化を知り，消費者のニーズや製品に対する認知プロセス，競合他社との競争状況を理解できる。また，店舗側では，どのような消費者がどのような商品を購入しているかだけでなく，消費者が店舗内を移動する際にどのようなルートで行動しているか，商品を購入する際にどのように情報を見ているか，心理的感情はどのように変動しているかすべて捉えることができる。こうした情報を活用することで，効果的な商品陳列や，ターゲティング広告，プロモーションを実施することが容易になり，カテゴリーマネジメントや棚割りに大いに役立ち，小売の効率化を実現できる。そして，消費者側も，スマートな広告情報を受けて，レジの待ち時間なしのスムーズな買い物により購買体験の向上が期待できる。

Amazon Goの広告におけるデジタル・マーケティングの特徴を分解すると，2つの要素が確認できる。1つ目は「データ化」で，消費者の認知，感情，意思決定プロセス，購買結果などをすべてデータ化し，市場活動や消費者行動に対する理解を，従来の「勘」や「経験」で行うのではなく，すべてデータに基づいて意思決定を行っている。2つ目は「**オムニチャネル化**」で，これまでのリアル店舗だけではなく，インターネット通信技術やソーシャルメディア等のデジタル媒体を通じて，リアル店舗とインターネットの情報を連携させ，製品やサービスを販売・宣伝することを特徴としている。

資料VIII-1　Amazon Goの広告

出所：Amazon（https://www.amazon.co.jp 2022年8月20日アクセス）。

▷Amazon Go
Amazon.comが運営する無人店舗。消費者はレジに並ばずに商品を購入することが出来るなど部分的に自動化されている。2020年6月現在，全米4都市で26店舗を運営する。https://www.youtube.com/watch?v=NrmMk1Myrxc より広告を視聴できる。

▷ディープラーニング
人間の神経細胞の仕組みを再現したニューラルネットワークを用いた機械学習の手法の1つ。現在では画像認識や音声認識，翻訳などさまざまな分野で大きな成果を生み出している。

▷オムニチャネル（Omnichannel）
複数の販売チャネルを活用した上で，さらにリアル店舗とインターネットの境界を融解する試み。顧客の行動についても，包括的・双方向で捉えようとするところがポイント。

2 デジタル・マーケティングの背景

1 デジタル・マーケティングが注目される背景

　これまでのマーケティングでは，店頭でのプロモーション，テレビCMやカタログ広告などを利用した「マス・マーケティング」が主流であった。しかし，デジタル時代の到来により，消費者の購買行動が大きく変化したため，「デジタル・マーケティング」の考え方が台頭してきた。

　デジタル時代の重要な特徴は，すべてがデータを介して接続されている「データドリブン」である。衣食住・交友関係・健康状態・買物・移動などの消費行動情報に加え，天候・交通情報などの環境情報やビジネスに関するあらゆる情報がデジタルデータとして記録されている。特にECやIoTの発展により，消費や生産の効率化が進み，経済活動が飛躍的に拡大している。世界デジタル経済白書（2022年版）によると，世界主要47カ国のデジタル経済付加価値額は2021年には38.1兆ドルに達し，GDP全体の約45％を占めるとされている。経済に大きな影響を与えた現代のイノベーションとして，モバイル・インターネット，AI，IoT，クラウド技術，ロボット，3D印刷などが挙げられる。これらのデジタル技術は数年前から存在していたが，複数の技術の融合やオンライン・オフラインの統合により，その影響力は益々大きくなっている。こうしたテクノロジーの進化により，シェアリング・エコノミーやプラットフォーム・ビジネスが台頭し，テックベンチャーへの投資やエコシステムの構築などの新たな経済活動も広がっている。

　資料Ⅷ-2は「デジタル・マーケティング」をGoogleでワード検索したトレンド結果を示している。米国・中国・日本では，2013年以降の検索数が継続的に上昇する傾向が見られ，ビジネス実務において高い関心が集まっていることがわかる。特に2010年以降の10年間にわたり，デジタル・マーケティングは，ほぼすべての主要なビジネス上の意思決定に関与してきた。消費

▷IoT
Internet of Things の略称。モノのインターネットと訳される。スマート家電のように，モノがインターネットに接続する技術。

▷1　それぞれ，Digital Marketing（米），数字营销（中），デジタル・マーケティング（日）で検索した結果。

資料Ⅷ-2　デジタル・マーケティングのワード検索トレンド

（人気度の動向）

凡例：中国　日本　アメリカ

出所：Google Trends の結果をもとに筆者作成（2022年3月15日検索）。

者行動を理解するために，現在多くの企業が様々な新しいデジタルテクノロジーやデータを積極的に活用し，デジタル・マーケティングやDX戦略に取り組んでいる。

　デジタル・マーケティングが注目される理由は，大きく2つある。

　1つ目は，スマートフォンやタブレットなどデバイスの多様化と普及である。スマートフォンやタブレットの普及により，インターネットにアクセスするユーザーが幅広い層へと広がったことは，デジタル・マーケティングが注目される理由の1つとなっている。顧客が情報を得てサービスや商品を購入し，サポートを求め，自らも発信する一連の流れは，スマートデバイスを使って行われることが一般的になりつつある。さらに，いつでも，どこからでもインターネットにアクセスできるようになったことで，情報収集のタイミングも大きく変化した。現在，オンラインの仕掛けによってリアル店舗への来店をはじめとしたオフラインでの行動を促す「O2O」から，オンラインとオフラインを融合させる「OMO」と呼ばれる概念に基づいたマーケティングへの移行が進んでいるともいわれており，顧客が従来とは異なるアクションをとるようになったことで，従来通りのマーケティングでは成果が挙がらないケースが増え，デジタル・マーケティングへの移行が進んでいると考えられる。

　デジタル・マーケティングが注目される2つ目の理由は，情報源の多様化である。スマートフォンやタブレットなどのデバイスの多様化と普及に伴い，顧客の情報源も検索エンジンやSNSなど多様化している。例えば，公式情報よりも，インフルエンサーや一般の人によるSNSでの発信情報を判断基準とするケースが増え，企業が描いたストーリー通りに購買行動が進展しないことも少なくない。こうした顧客が頻繁に利用する情報源をしっかりと網羅し，デジタル・マーケティングで継続的かつ包括的なアプローチをとることにより，ブランドに対する強力なファンを獲得できる。

　また，パンデミックを巻き起こした新型コロナウイルス感染症も，企業がデジタル・マーケティングへシフトする要因の1つと言われている。コロナ禍により，世界各国で外出が制限され，教育活動や仕事はテレワークが推奨されるなど，対面でのコミュニケーションが著しく制限されるようになった。特に，飲食店などの来店型産業は大きな打撃を受け，新たな顧客との接点を模索せざるをえなくなり，デジタルシフトに取り組んでいる。B2Bビジネスにおいても，これまでのリアルイベントや展示会に代わってウェビナーが増加したり，デジタル広告を取り入れたりと，潜在顧客との関わり方が変化してきた。これに伴い，ZoomやCiscoのようなデジタル技術を駆使したマーケティングに取り組む企業も増えている。

▷O2O
Online to Offline の略称。オンラインで広く情報発信をし，集めた見込み客をオフラインへ誘導して購買を促す施策のこと。
▷OMO
Online Merges with Offline の略称。オンラインとオフラインの統合のこと。

デジタル・マーケティングの特徴

① デジタル・マーケティングと Web マーケティングとの違い

　デジタル・マーケティングと似た名称に，Web マーケティングやコンテンツ・マーケティングなどのマーケティング手法がある。中心となる技術がインターネットであり，オンラインを中心に施策を展開する点も共通していることから，違いがわかりにくく混同されがちである。

　Web マーケティングとは，名前の通り，Web サイトを主軸として展開するマーケティング活動であり，Web を活用して顧客との繋がりや購買などの成果を上げるための諸施策と捉えられている。例えば，Web サイトの構築，SEO 対策やリスティング広告による Web サイトへの誘導，Web 上の情報を利用したアクセス解析や効果測定などは Web マーケティングの応用例である。

　一方，Web マーケティングに比べて，デジタル・マーケティングのカバー範囲は広く，Web サイトやソーシャルメディアに限らず，リアル店舗でのデジタルサイネージ広告や，O2O，OMO，およびオムニチャネルを活用した市場活動も含まれる。

② デジタル・マーケティングとコンテンツ・マーケティングとの違い

　コンテンツ・マーケティングとは，コンテンツ（情報の中身）を発信して，エンゲージメントや購入などの結果を改善するための諸施策のことである。自社サイトに代表されるオウンド・メディアでの情報発信が中心となるが，近年，Twitter や Instagram などの SNS 上の公式アカウントや YouTube，TikTok などの動画プラットフォームの活用もコンテンツ・マーケティングとされる。

　それに対して，デジタル・マーケティングは，あらゆる種類のデータやタッチポイントを利用するマーケティングである。考えられるタッチポイントと利用されるデータとして，Web サイト，ブラウザ，検索エンジン，SNS，メール，モバイルアプリ，ビッグデータ，VR，クチコミサイト，デジタルサイネージ，デジタルの消費者の会員情報と検索・購買履歴，Web サイトやアプリにアクセスした際の位置情報などが挙げられる。また，スマートフォンや IoT を利用するスマート家電のようなデバイスから得られるデータの活用も，デジタル・マーケティングの範疇に入る。

　したがって，資料VIII-3 に示すように，Web マーケティングとコンテン

ツ・マーケティングは，ともにデジタル技術を利用することから，デジタル・マーケティングの一部と位置づけられている。顧客とのあらゆるタッチポイントを包括的に取り込めるデジタル・マーケティングは，Web マーケティング以上に顧客一人ひとりとより深い関係を築き，企業のブランドや商品・サービスに対する潜在顧客や強力なファンを獲得するチャンスを広げる手法と考えられるだろう。

資料Ⅷ-3　デジタル・マーケティングと Web マーケティングの関係

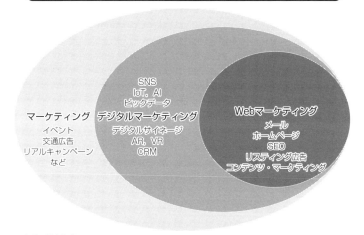

マーケティング
イベント
交通広告
リアルキャンペーン
など

デジタルマーケティング
SNS
IoT，AI
ビックデータ
デジタルサイネージ
AR，VR
CRM

Webマーケティング
メール
ホームページ
SEO
リスティング広告
コンテンツ・マーケティング

出所：筆者作成。

3 デジタル・マーケティングの特徴

　情報技術の進歩は，製品，チャネル，広告などの変革を促進してきた。メディアは従来のテレビや雑誌からデジタルに発展し，チャネルはオフラインからO2O や OMO に移行してきた。従来型マーケティングに比べて，デジタル・マーケティングは次のような特徴を持っている。

　高度な技術：Amazon Go のように，店内に AI 技術を導入し，顧客に利用させることで，消費者の識別，商品選好，感情変化，消費記録に関するあらゆる情報をデータにし，それを集計した上でビジネスの自動化を実現する。

　インタラクティブ性：デジタル時代では，消費者は情報の受信者だけでなく，発信者でもある。いかに消費者をブランド価値構築プロセスに直接関与させるかは，企業にとって大きな課題になる。

　ターゲティングの的確性：顧客属性，製品特徴，消費履歴等の情報を活用することで，顧客の製品，価格，広告に関する選好を正確に測定できる。

　プラットフォームの多様性：デジタル時代では，複数のプラットフォームを同時に利用することが可能であるため，企業はどのプラットフォームでどのようなビジネスをするかという意思決定が必要となる。

　コンバージョン（購買転換）率の重視：データ収集・解析技術の発展により，市場活動に対する消費者の認知，感情，態度などはすべて数値データとして捉えられ，マーケティング効果は素早く確認できるようになった。

　またリアル社会においては，情報の質的水準となる「リッチネス」と情報の到達範囲などの量的水準となる「リーチ」がトレードオフの関係になっているが，デジタル社会では，「情報」と「モノ」を分離できるようになり，リーチを広げることによって，幅広い商品から個々の顧客に最適なレコメンデーションが可能となり，リッチネスも同時に高めることができる。

▷コンバージョン（conversion）
転換の意味を持つ英単語。マーケティングの分野においては CV とも略され，EC サイト上で獲得できる最終的な成果。

デジタル・マーケティングの発展段階

 ## マーケティングの変遷

　マーケティングの概念は時代とともに変化する。1960，1970年代に市場は需要が供給よりも多い「成長期」にあり，マーケティングで複雑な戦略立案プロセスは必要とせず，企業から消費者に商品・サービスを「届け」，消費者の「認知」を高める仕組みを作ることが重要であった。すなわち，「需要過多」な市場成長期において，大量生産・大量消費を前提としたマス・マーケティングが主流であった。マス・マーケティングとは，新聞やテレビ，ラジオ，雑誌などのメディアを通して，不特定多数を対象として行うマーケティングである。

　成長期を経て，1980年頃からは，供給が需要を上回り，市場は「成熟期」を迎える。消費者が製品・サービスを使用するうちに，独自の好みが形成され，消費者を細分化する必要性が生じてきた。この時期のマーケティングでは，マス・マーケティングから，顧客の立場や志向を踏まえたマーケティングへとトレンドが移り変わり，流通よりも顧客との関係性を重視した考え方に変化していった。こうした背景から，環境分析，STP戦略，マーケティング・ミックスといったマーケティング戦略立案が必要となり，「**マーケティング・マネジメント**」が提唱された。

　インターネットが普及し，消費者自身が情報を入手できるようになった1990年頃から，消費者に価値とベネフィットを提供できるマーケティングが求められるようになった。こうした流れにのって台頭してきたのが，顧客を呼び込む集客のプロセスから，商品やサービスを勧めて購入に繋げる販売までを，すべてオンラインで行うWebマーケティングである。Webマーケティングでは，広告の集客効果やページ閲覧履歴などを詳細に確認し，施策の改善に活かすことが可能になった。

　日本では2012年頃から，様々な形態のECが存在し，オムニチャネル化も推進されてきた。特に，IoTの導入・発展により，従来は目に見えなかった消費者行動をデータとして捉えることができるようになった。この時期は「デジタル・マーケティングへの変革期」と呼ばれ，従来のマーケティング・マネジメントを大きく進化させることになった。

　2017年以降，多くの企業が多様なデジタル技術を駆使して，消費者行動を時系列でビッグデータとして収集・蓄積してきた。近い将来，デジタル・マーケ

▶マーケティング・マネジメント
フィリップ・コトラー氏が1967年に提唱したマーケティング理論。⇨ Ⅷ-5 「デジタル・マーケティング・マネジメント」も参照。

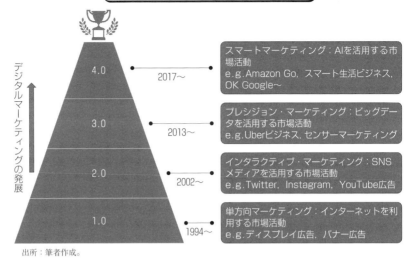

ティングが企業内に浸透し確立していくことが予想される。こうした「デジタル・マーケティングの確立期」において、企業は一人ひとりの消費者と繋がることができ、One to One マーケティングを実施できるようになると考えられる。

２ デジタル・マーケティングの発展

資料VIII-4　デジタル・マーケティングの発展

デジタルマーケティングの発展

4.0　2017～　スマートマーケティング：AIを活用する市場活動　e.g.Amazon Go, スマート生活ビジネス, OK Google～

3.0　2013～　プレシジョン・マーケティング：ビッグデータを活用する市場活動　e.g.Uberビジネス, センサーマーケティング

2.0　2002～　インタラクティブ・マーケティング：SNSメディアを活用する市場活動　e.g.Twitter, Instagram, YouTube広告

1.0　1994～　単方向マーケティング：インターネットを利用する市場活動　e.g.ディスプレイ広告, バナー広告

出所：筆者作成。

インターネット技術の進化に伴い、デジタル・マーケティングの形態も進化している。**資料VIII-4**に示すように、デジタル・マーケティングは、これまで1.0から4.0までの段階を経てきた。

デジタル・マーケティング1.0の時代は、主に1990年代後半から2002年までとなる。この時期は主に Web1.0に基づく単方向のマーケティングとなり、インターネットを利用した情報提供などの市場活動であった。ディスプレイ広告や、Web ページのバナー広告はその時代の代表例として挙げられる。

デジタル・マーケティング2.0の時代は主に2002年からの10年間である。この時期は、Facebook や Twitter などのソーシャルメディアツールが登場し、Web 2.0に基づく双方向、あるいはインタラクティブ・マーケティングが盛んに行われるようになってきた。SNS における「いいね！」「コメント」「シェア」などのエンゲージメント機能を活用したソーシャル・マーケティング活動はその代表例である。

また、2013年からのおおよそ５年間は、デジタル・マーケティング3.0の時代と言われ、ビックデータと高度なアルゴリズムの活用に基づいた**プレシジョン・マーケティング**の実施は、この時期の特徴である。Amazon の「おすすめ商品」のように消費者の購買履歴や特徴に対する解析により、必要な情報を的確に提供できるようになった。また、リアル店舗における **RFID** の活用のようなセンサー・マーケティングや、IoT の利用が始まったのもこの段階である。

そして、2017年以降、デジタル・マーケティングは Amazon Go や Hey Siri のような AI を代表とする4.0——インテリジェント・マーケティングの時代を迎えた。AI を活用した市場活動はその特徴として、スマート化を重視することによって、消費者の体験をさらに向上させることとなった。

▷プレシジョン・マーケティング

精密マーケティングとも呼ばれ、企業と顧客との関連性を深く追及し、適切なターゲット顧客に対し、適切なチャネルで適時に適切なメッセージを伝達するマーケティング手法。

▷ RFID

電波を用いて IC タグの情報を非接触で読み書きする自動認識技術。複数の IC タグを離れた位置から一括で読み取り、人やモノの位置の見える化を実現できる。

5 デジタル・マーケティング・マネジメント

1 マーケティング・マネジメント・プロセス

▷フィリップ・コトラー
アメリカの経営学者で，現代マーケティングの権威として広く知られている。「近代マーケティングの父」や「マーケティングの神様」とも評されている。
⇨ Ⅴ-2 「経営戦略の様々なフレームワーク」，Ⅷ-4 「デジタル・マーケティングの発展段階」も参照。

　マーケティング活動をする際には，いくつかの必要なプロセスがある。**フィリップ・コトラー**が提唱し，現在も主流となっているプロセスは，「環境分析」「戦略立案」「戦略実行」「戦略管理」によって構成され，これらの繰り返しとされている。

　環境分析は，マーケティング活動を行うための市場環境を把握することである。消費者のニーズを調べたり，競合他社の状況を調べたりすることが一般的である。例えば，消費者のニーズがほとんどなく，あるいは似たような製品を提供する競合他社が多数存在する場合，新製品を開発して市場に投下しても効果は薄いだろう。

　戦略立案は，「戦略」と「具体策」に分けられる。「戦略」とは，どのような消費者に，どのような製品・サービスを，どのように提供するかという計画である。具体的には，セグメンテーション（S），ターゲティング（T），ポジショニング（P）という3つの要素があり，通称STP戦略と呼ばれている。「具体策」とは，STP戦略を実現するために，どのような製品を開発し，いくらで販売し，どのような広告を投下し，どこで販売するかという具体的な意思決定である。この具体策は，製品戦略，価格戦略，プロモーション戦略，およびチャネル戦略という4つの内容で構成されているため，一般に「マーケティング・ミックス」または「4P」と呼ばれている。

　戦略実行とは，立案されたSTP戦略や4Pを実際に実行し，マーケティング戦略が機能するかどうかを確認・検証することである。戦略管理とは，戦略実行の結果に基づいて戦略を修正し，再立案，再検証，再修正することである。このことから，マーケティング・マネジメントは繰り返して実施されるものということができる。

　デジタル・マーケティングは，STP戦略と4Pのあらゆる側面から従来型マーケティングを進化させたものである。従来のマーケティング・マネジメントに比べ，オムニチャネルを利用し，特定のターゲット顧客に対して確実なプロモーションを展開し，成果の定量化を時系列的に実現できることがデジタル・マーケティングの特徴である。例えば，従来のマーケティングは販売成果のみに焦点を当て，それを踏まえて経営戦略を策定するが，デジタル・マーケティ

ングは消費者の行動プロセスにも注意を払い，購入履歴から消費習慣や価値観にまでアプローチし，高度なモデリングを通じて顧客の全体像を作成する。また，従来では，経営者の経験に基づいて戦略を立案することが多かったが，デジタル・マーケティングはビックデータと AI に基づいて，ビジネス成果を向上させる。

② STP 戦略

マーケティングでは，企業は事業機会を特定した後，「どのような事業を展開するか」を具体的に意思決定する。広範囲のマーケティング戦略として，企業はまず「誰に」「どのような価値を」「どのように提供」するか決定する。こうした意思決定は，セグメンテーション，ターゲティング，ポジショニングの3つの部分からなるため，STP 戦略とも呼ばれている。

○セグメンテーション

セグメンテーションとは，消費者やブランド，企業などをいくつかの「同質」と見なしうるグループに分けることであり，市場の「細分化」とも呼ばれる。消費者を例として簡単に説明すると，セグメンテーションは「市場がどのような消費者によって構成されているのか」まとめることである。

マーケティングにおけるセグメンテーションの基準変数は複数あるが，中でも「地理的情報」「**デモグラフィック情報**」「心理的情報」および「購買行動情報」は最もよく利用される4つである。そのため，セグメンテーションには多様な結果が存在する。例えば，消費者を「男性」と「女性」，「大人」と「子供」に分けることができるし，「節約志向」と「高級志向」のように分けることもできる。セグメンテーションをすることで，企業は特定の市場のニーズに合わせて「楽に」製品やサービスを製造・販売することができ，市場活動の効率も向上させることができる。

しかし，従来型マーケティングとデジタル・マーケティングでは，セグメンテーションの形成方法が真逆である。従来型マーケティングにおけるセグメンテーションは，どのような変数を使おうとも，市場「全体」から個々の「セグメント」へという方向性である。一方で，デジタル・マーケティングのセグメンテーションは，消費者の購買前，購買時，購買後のあらゆる情報をデータ化するため，膨大なデータから消費者一人ひとりの顔が見えるようになる。そのため，デジタル・マーケティングの出発点は「個人」になる。こうした消費者「個人」を理解した上で「セグメント」を形成するため，そのセグメントに対する理解はより充実したものになる。

○ターゲティング

セグメンテーションで分けられた「セグメント」の中で，どのセグメントに注目すべきか決めることを「ターゲティング」と呼ぶ。ターゲティングの段階

▷デモグラフィック情報
顧客を分析する指標として用いられる人口統計学的な属性のこと。具体的には性別・年齢・居住地域・職業・年収・学歴・家族構成などを指す。

においては，企業が各セグメントの魅力度と，それらのセグメントにアプローチするための自社の能力を評価する必要がある。したがって，ターゲティング戦略を行う際に，重要なポイントは次の3つである。

①特定セグメントの市場規模と成長性があること。

②特定セグメントの魅力が測定可能であること。

③特定セグメントにアプローチできること。

マーケティングでは，「集中戦略」「市場専門化」「製品専門化」「選択的専門化」および「完全総合化」の5つのターゲティング戦略が一般的に利用されている。

従来型マーケティングに比べて，デジタル・マーケティングでは，消費者のあらゆる情報がデータ化されるため，セグメントごとの将来性や，それぞれのセグメントにおける消費者のニーズを把握しやすく，ターゲティング戦略をより正確に実施できる。

○ポジショニング

ターゲットとするセグメントを決定したあと，企業はターゲット消費者に自社ブランドと競合企業のブランドとの違いを理解してもらい，自社のブランドを選んでもらうよう，自社製品・サービスの違いや訴求ポイントを明確にするような差別化を図る工夫が必要である。こういった工夫を「ポジショニング」と呼ぶ。

ポジショニングにおいて，どのポジションにあるブランドを消費者が好むか分析し，どのような製品・サービスを顧客に提供するか決める必要がある。

企業が製品・サービスのポジショニング戦略を立てる際に，**ポジショニング・マップ**を利用することは効果的である。少し主観的ではあるが，自社のブランドが競合他社に対してどのような位置にあるのかを明確に示すことができるため，ポジショニング・マップは市場のギャップを明らかにし，競争の激しい場所を示すためよく利用される。ポジショニング・マップを作成する際に，まずは製品・サービスを評価するための軸を決めなければならない。**資料Ⅷ－5**は自動車ブランドのポジショニング・マップであるが，自動車ブランドを評価する際に，「デザイン」と「金額」といった2つの要素を評価軸として，各ブランドのポジションを評価する。こうしたポジショニング・マップを利用することで，自社製品と競合他社製品を含む各製品がどのような位置付けにあるかを明らかにするほか，新ブランドを立ち上げる機会を特定するのにも役立つ。

ポジショニング戦略に関して，デジタル・マーケティングと従来型マーケティングとの間に明確な違いはない。しかし，従来型マーケティングに比べて，デジタル・マーケティングでは，分析に用いるデータが膨大なため，製品・サービスを評価するための軸を幅広く抽出することができる。そのため，どの軸とどの軸を用いてポジショニング・マップを作成し自社ブランドのポジション

▷ポジショニング・マップ
企業側の視点ではなく，消費者の認識から作成されるもののため，「知覚マップ」と呼ばれることもある。

を理解するか慎重に考える必要
がある。

③ マーケティング・ミックス

マーケティング・ミックスと
は，STP戦略を実行するため
の具体策と位置づけられ，構成
要素である製品（product），価
格（price），流通（place），販売
促進（promotion）の頭文字をと
って「4P」とも呼ばれる。

○製　品

消費者のニーズや欲求を満た
すために，企業はどのような製
品を開発するか考える。STP
戦略では，ターゲット消費者に
訴求するポイントはすでに確立

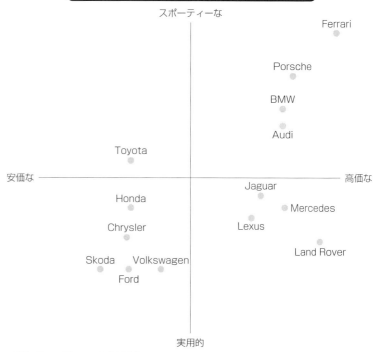

資料Ⅷ-5　自動車ブランドのポジショニング・マップ

出所：Simon Kingsnorth〔2016〕『Digital Marketing Strategy: An Integrated Approach to Online Marketing』p. 19 Figure 1.2をもとに筆者作成。

されているため，その訴求ポイントを実現する製品・サービスを開発すること
が一般的である。

「製品戦略」に関して，デジタル時代には，消費者のニーズは多様なデータ
から捉えられるため，そのデータから，製品を求める際の消費者の様々な動機
や使用習慣を理解することが，適切なデジタル・マーケティングを行う上で重
要なポイントになる。また，従来の製品・サービスのほか，デジタル財やイン
ターネットに接続された製品である「IoT」の理解も，デジタル・マーケティ
ングにとって必要不可欠である。

○価　格

2つ目のPは「価格戦略」である。製品戦略の方針が決まれば，製品原価
も確定する。企業は，消費者の需要を満足させることと，自社の利益の最大化
を考慮し，製品・サービスに対して適切な価格を設定しなければならない。価
格戦略では，価格弾力性や製品ポジショニングを理解することは考慮すべき点
でもあるが，**消費者の支払意思**を求めることも重要なポイントである。製品原
価と消費者の支払意思の上限範囲が明らかになれば，最適な価格戦略の方針も
確定できる。支払意思に関連する要因は，ブランド価値，品質，消費者クチコ
ミなど数多くあるため，「割引」や「特典」のようなマーケティング上で採用
できる戦術も多く存在する。

デジタル・マーケティングでは，価格.comのような価格比較のコンセプト

▷消費者の支払意思（Will-
ingness to pay）
製品・サービスに対して消
費者が自ら喜んで支払う価
格のこと。

や，キャッシュバック，クーポンサイトの導入により，消費者行動が変化している。また，ビックデータの活用や AI による解析・予測により，消費者のニーズや価格に対する反応を時系列で測定できるようになり，「**ダイナミック・プライシング**」もデジタル・マーケティングの価格戦略の1つの大きな特徴となっている。

○流通チャネル

マーケティングでは，生産者から消費者に至る製品の一連の経路のことを「流通チャネル」と呼ぶ。STP 戦略により，ターゲット顧客が明らかになっているため，製品・サービスを最適に届けるチャネルも明確になるはずである。

デジタル・マーケティングの二枚の看板として，「データ化」と「オムニチャネル化」が認識されている。ここでの「オムニチャネル」の構築は，デジタル・マーケティングの最も大きな進化の一つである。従来型マーケティングは，シングルチャネルやマルチチャネルを利用して，リアル店舗かインターネットを利用して消費者に製品・サービスを提供するが，デジタル・マーケティングでは，企業が消費者と接するリアル店舗とインターネットを統合し，チャネルをまたいだ購買を可能にし，どのチャネルでも消費者に最適な購買体験を提供することができる。現在，国内外の様々な企業がオムニチャネル化に取り組んでいる。しかし，オムニチャネルは，単にマーケティング上の問題だけではなく，ロジスティックスやサプライチェーンの問題でもあるため，その実現は容易ではない。

○プロモーション

消費者が製品に対する情報をどのように入手するかを考慮して，企業は適切なプロモーション活動を行う必要がある。プロモーションとは，広告・販促活動などを通じて消費者と双方向のコミュニケーションを行い，消費者の商品・サービスに対する認知・態度・ロイヤルティなどを高め，購買を促す手法のことである。

デジタル・マーケティングの発展に伴い，プロモーションは，マス・プロモーションから，セグメントプロモーションを経て，One to One プロモーションの実現へと進化してきた。One to One マーケティングは以前から提唱されてきたが，消費者一人ひとりの購買行動に関する詳細なデータを得ることができず，それぞれの消費者に合わせたプロモーションをかけることはできないため，限られたターゲットに対して，限られたプロモーションでしか実現できなかった。デジタル・マーケティングでは，消費者一人ひとりの行動を，蓄積されたビッグデータから識別し，AI に基づいて深く理解することができる。そして，ユーザー ID に紐づけた上で，ブラウザ，メール，アプリなどを媒体として，一人ひとりの消費者に個別にプロモーションをかけることができるようになってきた。

Exercise

○理解できましたか？

1）デジタル・マーケティングの二枚の看板とは何ですか。

2）デジタル・マーケティングはどのような特徴を持っていますか。

3）デジタル・マーケティングと Web マーケティングの違いは何ですか。

○考えてみましょう！

1）YouTube 広告に比べて，Twitter や Instagram 広告の長所と短所について述べてみましょう。

2）STP 戦略とマーケティング・ミックスについて，デジタル・マーケティングはどのように進化しているか述べてみましょう。

勉学へのガイダンス

○はじめて学ぶ人のための入門書

恩蔵直人監訳『コトラーのマーケティング入門〔原書14版〕』丸善出版，2022年。

マーケティングの神様であるフィリップ・コトラーによる，最も初心者向けの入門書。マーケティングとは何かという基礎的な内容から，近年重要性が増しているデジタルマーケティングまで，豊富な事例とともに懇切丁寧に解説されている。

西川英彦・澁谷覚編著『1 からのデジタル・マーケティング』碩学舎，2019年。

デジタル・マーケティングをはじめて学ぶ人向けに書かれた入門テキスト。アマゾンや食べログ，メルカリ，無印良品など身近な企業ケースを通して，デジタル・マーケティングの概念や理論を説明している。

○本章をより理解したい人のための書物

恩蔵直人監修『コトラー＆ケラーのマーケティング・マネジメント 第12版』丸善出版，2014年。

マーケティングを本格的に学ぶためのマーケティング上級テキスト。世界のトップ・ビジネススクールで広く採用されている。口絵や図表を原著のままとし，原著に極めて忠実な訳書とした点が特徴。

牧田幸裕『デジタルマーケティングの教科書』東洋経済新報社，2017年。

STP 戦略やマーケティング・ミックスの側面から，デジタル・マーケティングは従来型マーケティングをどう進化させるのか，その全体像をわかりやすく示している好著。

お見せするの

○進んだ勉学を志す人のための書物

フィリップ・コトラー『コトラーのマーケティング5.0　デジタル・テクノロジー時代の革新戦略』朝日新聞出版，2022年。

コロナ禍で急速に進んだデジタル化に対応するためのマーケティング戦略を伝授し，DX をいかにして活用するかをマーケティング全般にまでカバーしているフィリップ・コトラーの最新著書。

Simon Kingsnorth, *Digital Marketing Strategy : An Integrated Approach to Online Marketing,* Kogan Page, 2016.

デジタル・マーケティングの戦略と応用に関する網羅的なテキスト。理論概念から実践手法まで総合的に解説している。

（李　　振）

サービスの基礎と特性

1　交換とリレーションシップ

　企業は，マネジメント手法を駆使して組織内部を管理すると同時に，マーケティング手法を駆使して組織外部との交換を創出・維持し，リレーションシップを構築することを試みる。交換の創出・維持とは，企業が生産した財（goods）を消費者が金銭的・非金銭的犠牲を払って入手し，そこから使用の喜びを得るような関係を生み出し継続することをいう。交換を続けていくことで消費者が企業との心理的あるいは惰性的な結びつきを知覚したとき，それを指してリレーションシップが構築されたという。交換についてもリレーションシップについても，企業が市場へ売りに出す財こそがトリガーとなる。

2　サービスとは

　企業が市場へ売りに出す財のなかには，有形の財と無形の財がある。前者は有形財，商品，あるいは製品と呼ばれるものであり，形があるがゆえに，触れることができる。他方，後者は無形財あるいはサービスと呼ばれるものであり，形がなく触れることができない。こうしたサービスが，本章で主として扱う財である[1]。サービスは，「人間の行為であり，演技であり，何かを成し遂げようとする努力」であると定義される。

　サービスの交換に際して，消費者が効用を得た結果として，必ずしも金銭的な支払いが必要であるとは限らない。例えば家電量販店や洋服小売店で見られるように，有形の製品を消費者に買ってもらう際の従業員による無償の情報提供サービスが存在する。そのような情報提供サービスは，製品を買ってもらうよう消費者に対して販売促進を行うという意味で販促的なサービスと呼ばれ，一般にサービスという学術用語の範囲内に含まれるものである[2]。

3　サービスの特性：無形性と同時性

　サービスは，製品と分かたれる4つの特性を有している。それが，無形性，同時性，変動性，および消滅性である。サービスは，前述のとおり，製品と異なり形がなく触ることもできない。この点を指して，サービスは無形性を有するという言い方をする。この無形性が，多くの議論の出発点となる。
　サービスの無形性は，サービス企業が市場を拡大するとき，特有の難しさを

▷1　読者の簡便のため，サービスは無形財，製品は有形財という二分法を用いているが，そうではない場合もある。⇨Ⅹ-4「サービス志向のビジネス」も参照。

▷2　米国マーケティング協会（AMA）のウェブサイトでは，マーケティングの学術用語の解説が多数検索可能。⇨Ⅷ-1「デジタル・マーケティングとは」も参照。

有するということを示している。例えば，製造企業が生産する有形の製品は単純な輸出ができるが，サービスは形がないので，単純な輸出ができない。

　形がないということは，従業員がサービスを提供すると同時に消費者はそのサービスを消費しなければいけないことになる。この点を指して，サービスは生産と消費の同時性を有するという言い方をする。多くの美容サービスや外食サービスにおいて観察されるように，同時性は，従業員や消費者といったサービスへの参加者の活動の重要性を示している。注意すべきことに，従業員だけでなく消費者もまた，サービスの品質に影響を与えている。十分にテーマパークを楽しむためには，消費者自身の楽しもうとする姿勢が不可欠であり，この点で，同時性は，サービスのプロセスの重要性をも示している。

　サービスの無形性や同時性は，サービスへの評価を他者に伝える難しさを含意する。他方，製品は手元に残すことができるので，その良さを他者に伝えることは容易である。よって，手元に残らないサービスの良さを他者に伝えるためには，消費者がどれほど満足したかが重要視される。

④ サービスの特性：無形性と変動性

　サービスに形がないと，サービスの品質は一定ではなくなる。この点を指して，サービスは品質の変動性を有するという言い方をする。とりわけ品質の変動に大きな影響を与えるのは，従業員である。この点で，変動性は，同時性と同様，サービスへの参加者の重要性を示している。また，品質が変動すると，低い品質のサービスを受けた消費者の不満をまねくおそれがあるため，ヒト以外の部分でできる限り同一のモノから成り立つ空間を作る必要がある。レストランを訪れる消費者は，食べ物だけでなく，外装や内装，清潔さや食器の美しさに対しても評価を下しているのである。この点で，変動性は，サービスにおける物理的な環境の重要性を示している。

　サービスの変動性は，従業員によるサービスの失敗が起こりうるということを示している。そうした失敗の補填すなわちリカバリー活動をいかに推進するかという点は，サービス企業に特有の課題である。また，消費者がサービス品質に変動があるということを知っている場合には，再度購買しても同じ満足が得られるのかがわからないので，満足と再購買の間の関係が不明確になる。

⑤ サービスの特性：無形性と消滅性

　サービスに形がないということは，サービスはその都度で消えてしまい，手元に残らないことになる。この点を指して，サービスは消滅性を有するという言い方をする。空いているときのテーマパークの乗り物の空席を，混雑しているときに利用することができないのは言うまでもない。この点で消滅性は，サービスのプロセスの重要性を示しているだろう。

▷3　サービス・マーケティングでは，マーケティングの4つのPである価格（Price），製品（Product），広告（Promotion），流通（Place）に加えて，参加者（Participants），プロセス（Process），物理的な環境（Physical evidence）の3つのPが追加され7Pとなる。⇨ XI-3 「アントレプレナーの素顔」も参照。

2 サービスの分類と交換関係

1 サービス分類：事業分野による分類

　人間を分類するのに民族や国籍や性別といったいくつかの基準があるのと同様に，サービスを分類するのにもいくつかの基準がある。それは例えば，サービスの事業分野による分類，サービスの対象顧客による分類，およびラブロック（Lovelock, C・H）による分類などである[1]。いうまでもなく，完全に相互に排他的な分類を行うことは難しく，あらゆる分類方法が完璧なものではないということも念頭におく必要がある。

　まず，事業分野によるサービス分類については，当のサービスが「何」を行うものかということに焦点を合わせる。おおむね以下のように分類される。

　　医療／金融／プロフェッショナル／教育研究／ホスピタリティ，観光／スポーツ，芸術，エンターテイメント／通信／流通，物流，レンタル・リース／修理・保守／行政，準行政，非営利

スラッシュ（／）ごとに分けられた事業領域によって，おおまかにサービスを理解することが可能となる。

2 サービス分類：対象顧客による分類

　次に，対象顧客によるサービス分類については，当のサービスが「誰」に向けられているかということに焦点を合わせる。サービスを享受している対象はすべて顧客であるが，その顧客が最終消費者であれば消費者向けサービス，顧客が企業であれば企業向けサービスと呼ぶことができる[2]。

3 サービス分類：ラブロックによる分類

　最後に，サービス研究の先駆者のひとりであるラブロックが1983年に行った研究における分類については，以下の**資料Ⅸ-1**に示されるように，サービスの客体とサービス行為の性質の2かける2の表によって示される[3]。

　サービス行為の性質は，有形か無形かに分けられる。医療や貨物輸送は，サービスのプロセスにおいて明確に成果の確認が可能であるが，教育や銀行ではそうであるとは限らない。サービスの直接的な客体は，ヒトかモノかに分けられる。医療や教育はヒトに対して行われるが，貨物輸送や銀行は貨物や資産などのモノに対してサービスが行われる。

▷1　Lovelock, Christopher H. (1983), "Classifying Services to Gain Strategic Marketing Insights," *Journal of Marketing*, 47(3), pp. 9-20.

▷2　企業間の取引における顧客と企業消費者間の取引における顧客を混同しないよう注意。⇨ Ⅹ-6 「顧客関係管理とは」も参照。

▷3　**主体と客体**
この場合，主体（subject）はある行為（サービス）を行う従業員であり，客体（object）はある行為（サービス）と分割できない受け手であり，具体的には消費者や財・無形資産である。

資料IX-1　ラブロックによるサービス分類

サービス行為の性質	サービスの直接的な客体	
	ヒト	モノ
有形の行為	身体が対象： ヘルス・ケア，医療／旅客輸送／美容院，理容院／フィットネス・クラブ／レストラン	財その他の物理的所有物が対象： 貨物輸送／修理，保守／施設管理／クリーニング／景観維持，造園／獣医
無形の行為	精神が対象： 教育／放送／情報／映画／博物館，美術館	無形の資産が対象： 銀行／法律／会計／証券／保険

出所：Lovelock（1983）p. 12. 邦訳は筆者。

 ## 4 サービスの交換関係

　サービスについて，その抽象的な定義は，その本質の理解を助けてくれる。また，その具体的な分類は，ある1つの示唆をわれわれに与える。それは，伝統的な多くのサービスにおいて，サービスの提供者は企業それ自体ではなく，企業に属する従業員であるという点である。製品の交換関係を模式化する場合には，消費者と企業という二者間になる一方，サービスでは，**資料IX-2**において示されるように，消費者，従業員，および企業の三者間の交換関係を識別することができる。

　従業員によるサービス提供を受けた消費者は，従業員個人にではなく企業に対して代価を支払い，それを受け取った企業は，売上の一部を従業員に給与として提供する。これが資料IX-2における時計回りの交換関係である。企業が投下する戦略に基づいて従業員が職務を遂行するなかで，消費者はサービスを消費する。これが反時計回りの交換関係である。

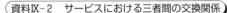
資料IX-2　サービスにおける三者間の交換関係
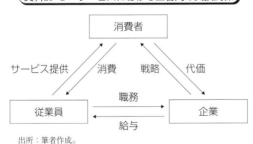
出所：筆者作成。

3　消費者と従業員

1　サービス品質

　サービスにおいては，消費者，従業員，および企業がトライアングルを形づくる。それを二者ずつの関係に分割すると，消費者と従業員，消費者と企業，および従業員と企業という3つの交換関係を見出すことができる。本節では，消費者と従業員の交換関係について概観していきたい。

　消費者行動論の立場から消費者のサービス評価を考えるに当たっては，サービス品質という概念を理解する必要がある。一般に，**知覚**サービス品質は，「サービス全体の卓越性や優越性に対する消費者の判断」と定義され，端的に表現すれば，客からみたサービスの良し悪しである。知覚サービス品質は消費者による判断なのだから，実際の品質とは異なっている場合がある。そうした企業側と消費者側の知覚のギャップを埋めるために，従業員や消費者を教育したり，サービス提供のプロセスを明確にしたり，あるいはサービス提供の場を美しくしたりする必要がある。

2　顧客満足

　サービスは無形であり，かつ生産と消費が同時であるという特性を有している。よってサービスは，形として示せる製品とは異なって，その品質の良し悪しを他者に伝えることが難しい。そこで，当のサービスを消費した人物がそれに満足したかどうか，ということが重要になる。この「サービスの良し悪しに対する顧客の最終的な主観的評価」が顧客満足である。顧客満足は再購買やクチコミにつながると考えられるため，その形成過程を解明することは重要である。ただし一般には，製品への満足よりもサービスへの満足の形成過程のほうが複雑であり，それゆえ，サービスへの顧客満足に関する研究は活発である。

　人が何かを評価する際には，何らかの判断基準があったほうが楽である。サービスについても，事前に消費者が抱いていた期待が判断基準となると考えられている。すなわち消費者は，サービス品質の期待値とサービス品質の成果値を比較することで顧客満足を形成する。そして，成果が期待より高ければ期待以上だということになり，満足になる。逆に，成果が期待より低ければ期待はずれだということになり，不満足になる。この様子は，以下の**資料Ⅸ-3**に示されているとおりである。

▷消費者行動論
消費者行動論（consumer behavior）とは，消費者の購買意思決定プロセスや，そのプロセスと企業のマーケティング戦略とのかかわりを分析する学問領域。マーケティングの各論のなかで重要な位置を占める。
▷知覚
知覚（perception）という語は，ある特定の立場のプレイヤー（例えば，消費者）の主観的な判断という意味で，消費者行動論においてしばしば用いられる。

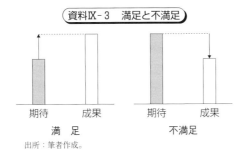

資料Ⅸ-3　満足と不満足

期待　成果　　　　期待　成果

満　足　　　　　　不満足

出所：筆者作成。

3 サービスの失敗とリカバリー

　サービスは人によって提供されるという側面があり，ゆえに品質が安定しにくい。特定のレストランで何回か食事をすると，従業員に横柄な態度をとられたり，注文品がなかなか提供されなかったりする，という事態がいずれ必ず生じる。こうした消費者の期待を極端に裏切るようなサービス活動は，サービスの失敗と呼ばれる。失敗を取り戻せなければ，企業は顧客を失う。したがって，このような失敗をもち直すための活動，すなわちサービス・リカバリーは，サービス企業に特有の，かつ重要なマーケティング課題なのである。

　リカバリーに対する最終的評価は，リカバリー満足と呼ばれる。リカバリー満足も顧客満足と同じように，リカバリー成果と何らかの判断基準を比較したうえで形成されると考えられている。この場合，その判断基準は，**失敗の大きさ**となる。**資料Ⅸ-4**に示されているように，消費者は，サービスの失敗の大きさとリカバリー成果を比較する。レストランで洋服に飲み物をこぼされたとき，失敗を犯した従業員が単独で口頭で謝罪するだけでは失敗は埋め合わされず，リカバリー満足は比較的低いものとなるだろう。そうではなく，クリーニング代をレストラン側が負担し，次回割引クーポンを付けて従業員が上司とともに謝罪するならば，リカバリー満足は比較的高いものになりうるのである。

▷失敗の大きさ
失敗の大きさが埋め合わされた度合いは，埋め合わせられれば失敗を受けていない他消費者と等しい品質を獲得できるという意味で，衡平（equity）と呼ばれる。

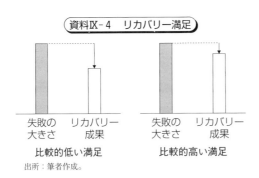

資料Ⅸ-4　リカバリー満足

失敗の　　リカバリー　　　失敗の　　リカバリー
大きさ　　成果　　　　　　大きさ　　成果

比較的低い満足　　　　　比較的高い満足

出所：筆者作成。

4 消費者と企業

1 顧客ロイヤルティ

　消費者（consumer）は，ひとたびあるサービスに満足すると，それを繰り返し購買することで顧客（customer）となるかもしれない。そこでの交換関係は，消費者と従業員ではなく企業全体との取引というイメージであるととらえられる。そこで本節では，そのような消費者と企業の関係について見ていく。

　消費財市場における**リレーションシップ・マーケティング論**の立場からサービスを考えるとき，顧客ロイヤルティの概念を理解することが必要となる。ロイヤルティとは，「カテゴリー内のひとつ以上のブランドに対する，態度および行動についての優先的反応」と定義される。端的に言えば，同じものを好きでい続けたり買い続けたりするような消費者行動のことである。

　しかし，サービスにおいて品質は安定しにくく，また，消費者はその変動性を知っている。それゆえ，企業にとってはロイヤルティを獲得するのが難しくなる。消費者は，満足したからまた通おう，という単純な処理ではなく，満足したことで次回も同じくらいのサービスをしてくれるはずだからまた通おう，といったやや複雑な処理を行う。そのようなやや複雑な処理をパス図という因果図で表したものが，**資料Ⅸ-5**である。矢印の上のプラス記号は，矢印の出発点と到達点の2つの概念が同じ動きをすることを示している。すなわち，顧客満足が高ければ，**信頼**，**関係的価値**，および**コミットメント**も高く，そして顧客ロイヤルティも高い，という関係が描かれている。

　このように，サービスにおいては，顧客満足が顧客ロイヤルティに及ぼす影響がシンプルなものではなく，**媒介変数**を伴ったやや複雑なものとなる。サービス企業の経営者は，信頼，関係的価値，およびコミットメントを意識したうえで顧客満足のマネジメントを行う必要があるという点で，製造企業よりも困

▷リレーションシップ・マーケティング論
売り手と買い手は，1度ずつの離散的な市場取引から，徐々に関係的な交換関係（リレーションシップ）を形成することがある。リレーションシップ・マーケティング論は，売り手と買い手のリレーションシップの構築や継続を分析し，その対象には，生産財市場と消費財市場がある。

▷信頼
信頼（trust）とは，ここでは「次も同じくらいの品質のサービスが得られるだろう」と消費者が考えること。

▷関係的価値
関係的価値（relational value）とは，ここでは「また来る面倒さを考えても，来続けることがプラスだろう」と消費者が考えること。

▷コミットメント
コミットメント（commitment）とは，ここでは「このお店の評判が良くなれば自分ごとのように嬉しいし，悪くなれば自分ごとのように悲しい」と消費者が考えること。

▷媒介変数
AがBに及ぼす影響について，AがCに影響を及ぼして，CがBに影響を及ぼすとき，Cは，AがBに及ぼす影響の媒介変数（mediator）であるという。

資料Ⅸ-5　パス図：顧客満足と顧客ロイヤルティ

出所：筆者作成。

難なマーケティング環境にいると考えられるのである。

❷ 市場拡大戦略

　企業の立場から見ると，自国内で顧客ロイヤルティを十分に確保したのちには，さらなる顧客の確保のために海外へと進出しようとする戦略を企てるかもしれない。そこで次には，企業が投下する市場拡大戦略の例として，海外市場への進出を考えてみたい。第1のポイントとして，製造企業と異なって，サービス企業では，市場拡大の際のオプションが少ない。それは，サービスが無形であることが多いゆえに，単純な輸出ができないためである。そこでサービス企業は，海外に進出する際，以下のような限られた戦略のいずれかを選択する。

　①ライセンシング…海外に進出する企業と現地企業との契約。進出しようとする企業は，商標，技術ノウハウ，生産プロセス，特許などを現地企業に与える代わりに，現地企業から使用料を貰い受ける。

　②ジョイント・ベンチャー…海外に進出する企業とパートナーとなる組織（現地企業，多国籍企業，現地政府など）と資本を投下しあうことで拠点を構築する。

　③完全所有子会社…海外に進出する企業が，資本を100％自社で保有する子会社を現地に設立する。

　第2のポイントとして，上記の3つのいずれかを選ぶ際のサービス企業に特有の難しさが挙げられる。例えば，外食サービス店の一般的なマニュアルから逸脱したローカルルールが多いような企業であれば，本店や本社から遠く離れた海外店舗にそのローカルルールを守らせやすいように，③完全所有子会社のような形式を選びやすい。これを，「**取引特定的な資産**の水準が高いとき，本社のコントロールしやすい形式を選ぶ」という。

　他方，進出して確実な売上が得られるのかどうかの判断が非常に難しければ，新店舗を本店や本社の思うままにできるかどうかではなく，コストが低く済むかどうかを重視して①ライセンシングのような形式を選びやすい。これを，「**需要の不確実性**が高いとき，コントロールのしやすさよりも，コストの低さが重視される」という。

　サービスでは，取引特定的な資産の水準も需要の不確実性も高い。そうした場合に，精緻な分析なくして②ジョイント・ベンチャーを選びがちな多国籍サービス企業も多いかもしれない。

▷取引特定的な資産と需要の不確実性
取引費用分析（transactional cost analysis）と呼ばれる分析法における重要な2つの分析基準が，取引特定的な資産と需要の不確実性である。

従業員と企業

サービス・プロフィット・チェーン

　製品を生産するのは製造企業であるが，サービスを生産するのはサービス企業ではなく，所属する従業員であることが多い。この点は，サービス企業の経営者を悩ませる特質のひとつである。そこで本節では，そのような従業員と企業の関係に着目してみたい。

　従業員とサービス企業との関係を考えるときに重要となるのが，サービス・プロフィット・チェーンである。サービス・プロフィット・チェーンとは，従業員の満足が起点となる組織内外における好循環な**因果連鎖**のことである。具体的には，以下の**資料Ⅸ-6**に示されているように，従業員が満足すれば，サービスの品質が高くなり，それゆえ顧客満足も高くなる。顧客満足が高まれば，企業はより儲かるようになり，儲かっている企業は従業員に対する福利厚生を充実させることができるため，従業員は満足する。ここで因果関係は一周し最初に戻る。生産と消費の同時性というサービス企業特有のマーケティング課題こそ，従業員の意識の高まりへの注目をもたらしているのである。

② インターナル・マーケティング

　消費者を丁寧にもてなすことによって顧客満足が高まるのであれば，それは従業員に対しても同様のことがいえるかもしれない。特にサービス企業においては，従業員を組織の内部顧客として見なすことがある。こうした従業員の顧客化を，インターナル・マーケティングと呼ぶ。具体的には，従業員に丁寧な職務教育を施したり，従業員が仕事をしやすいような職場の設計を考えたり，

▷**因果連鎖**
従業員満足（employee satisfaction）や顧客満足（customer satisfaction）のような変数（variables）の間の因果関係を描いているという点で，資料Ⅸ-6もまたパス図であるととらえることができる。因果関係に媒介変数が1つ以上含まれるとき，その因果は連鎖しているという。

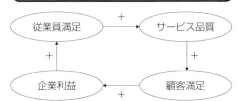

資料Ⅸ-6　サービス・プロフィット・チェーン

出所：James L. Heskett, Thomas O. Jones, Gary W. Loveman, W. Earl Sasser, Jr., and Leonard A. Schlesinger (1994), "Putting the Service-Profit Chain to Work," *Harvard Business Review*, 72(2), pp. 164-174 をもとに筆者作成。

報酬の増加や職務への再評価等の動機づけを与えたりすることである。

インターナル・マーケティングによってあらゆる従業員の**技術的スキル**や**対人スキル**を高めることができれば，サービス企業が抱える課題であるサービス品質の変動性という課題を解決できると考えられる。他方，経営者による従業員への権限委譲は，従業員が個人で重要な判断を下す傾向を強めるかもしれない。こうした労働条件のもとでは従業員の動機づけは高まるだろうが，それゆえに，各従業員のパーソナリティや価値観が職務に反映され，品質の変動性も高まってしまうおそれがある。

▷**技術的スキル**
従業員のサービス生産に関する熟練度のこと。
▷**対人スキル**
従業員のサービス提供に対する姿勢のこと。

Exercise

○理解できましたか？

　1）なぜサービスでは交換関係が三角形になるのか，まとめてみましょう。

　2）満足，サービスの失敗，ロイヤルティ等の概念とサービス特性との関わりを整理しましょう。

○考えてみましょう！

　1）顧客満足とリカバリー満足の形成プロセスについて，その共通点と相違点を考えてみましょう。

　2）ロイヤルティやサービス・プロフィット・チェーンのパス図に対して，論理的に批判してみましょう。

勉学へのガイダンス

○はじめて学ぶ人のための入門書

　小野譲司『顧客満足の知識』日本経済新聞出版社，2010年。

　　顧客満足の理解のための新書。平易な文章で，実践的な解説が多くわかりやすい。

　田中洋『消費者行動論』中央経済社，2015年。

　　消費者行動論の入門的なテキスト。サービスの概念に触れる前に読むための一冊。

○本章をより理解したい人のための書物

　池尾恭一・青木幸弘・南知惠子・井上哲治『マーケティング』有斐閣，2010年。

　　サービスに限らず，マーケティングの理論およびケースを網羅的に紹介するテキスト。

　山本昭二『サービス・マーケティング入門』日本経済新聞出版社，2007年。

　　コンパクトで読みやすいが，サービスの概念そのものについての解説が詳しい一冊。

○進んだ勉学を志す人のための書物

　C・グルンルース『北欧型サービス志向のマネジメント』（近藤宏一・蒲生智哉訳）ミネルヴァ書房，2013年。

　　北欧学派の代表的研究者によるテキスト。インターナル・マーケティングが特に詳しい。

　P・P・マグリオ他『サービスサイエンスハンドブック』（日高一義監訳）東京電機大学出版局，2014年。

　　長大なオムニバス書。タイトルに反して数式は少なく，用語集としても活用できる。

（千葉貴宏）

1 ビジネスモデルと事業システム

1 企業活動と顧客価値

　「ニュービジネス」という言葉を聞くと，何を思い浮かべるであろうか。直感的には「新しい商品やサービス」，すなわち，「今までになかった全く新しい商品やサービス」，あるいは「今まで市場に存在していた"もの"をさらによくした商品やサービス」，こうしたものを思い浮かべるかもしれない。

　企業活動の目的は，資源—例えば資金や材料そして人材—を投入することで，顧客あるいは消費者にとって，価値のある"もの"や"サービス"を提供することである。投入した資源そのものの価値よりも，企業活動を通して生まれた価値の方が高いこと，これを付加価値という。この付加価値を最大化するのが企業活動であると定義することができる（**資料Ⅹ-1**）。

　では，どのようにしたら，価値のあるものを産み出すことができるのであろうか。"機能"に着目してみると，高機能・多機能であればあるほど，顧客価値が高い，ということとなる。しかしながら，必ずしもこのような高機能化・多機能化が高い付加価値を産み出しているとはいえない[1]。「自分の好きな音楽が聴ければ良い」，「毎日聞くラジオ番組がある」，「音楽をダウンロードして，携帯している」，「昔のカセットや MD を再生させたい」など，顧客の望む機能は様々である。このように顧客の多種多様な要求に合わせて製品をつくり続けることは大変難しい。企業側としては，一昔前の携帯電話のように，できるだけ多くの機能を載せれば，色々なニーズをもつ顧客を多く取り込める，という考え方で製品開発をする場合がある。しかしながら，このようなやり方では，資料Ⅺ-1に示した投下資源に対する付加価値創出活動の面からは非常に非効率的になる。

▷ 1　電化製品や携帯電話では，これまで新しい機能がどんどん開発され，製品に付加されて搭載されてきたが，果たして消費者はどれだけそれらを使いこなせていただろうか。付加されてきた機能は，多くの消費者が本当に求めている機能だったのだろうか。開発や製造に必要となる資材や技術は高度になり，投入資本は多くなってくるが，それに対応した付加価値を提供できているのか疑問である。

資料Ⅹ-1　価値創造と企業活動の目的

付加価値

・資　　金
・材　　料
・人　　材
・開　　発
・マーケティング

投下資源

顧客価値

・商　　品
・サービス

付加価値を最大にすることが企業の目的

出所：筆者作成。

② 顧客価値を創り出す仕組み

さて，ここでは顧客価値について考えてみる。牛丼チェーン店では，カウンターで注文し，1分前後で注文の品を受け取ることができる。人が牛丼チェーン店に行く理由は，牛丼が目当てであるが，短時間にボリュームある物を食べられる，あるいは気楽，慣れている，と理由は人それぞれである。しかし，もし牛丼チェーン店で，注文した料理が届くのに30分もかかるサービスだったら，消費者はどのように感じるだろうか。おそらく，多くの客は注文して食べ始めるまでの時間が短いというメリットがないと牛丼チェーン店には行かないのではないだろうか。つまり，牛丼チェーン店は，味・価格・居心地などとともに，「スピード」という価値を顧客に提供することを求められているのである。

企業は製品やサービスという形で消費者・顧客に価値を提供することで存在している。しかしながら，企業は顧客に価値を与えつつ，自らも利益を得る仕組みをもつ必要もある。高い食材を使い，時間をかけて調理し，たくさんの人を24時間雇い，そして大量に材料の在庫をかかえるような経営をしたら，瞬く間につぶれてしまう。そこで，牛丼チェーン店で何よりも大事なのは，安い値段で，美味しい牛丼を，安価に提供する仕組みである。配膳の仕組みを考え，製造工程を工夫し，売り出し方を考え，原材料調達を調整する必要が出てくる。このようなものすべてが機能的に動くように工夫したもの，それが事業システムである。

③ 事業システム

1つの事業（ビジネス）は様々な部門が共同して活動することで成り立っている。事業を行ううえで，必要な部門をすべて揃えている企業もあれば，他の企業がもっている部門と連携して事業活動を行う企業もある。いずれにしろ，部門単位ではなく，「事業」の単位で顧客に価値を提供する仕組みを考えることが大事である。すなわち，事業システム単位で価値を創造し，それを顧客に提供する，**顧客価値連鎖**（バリューチェーン）という考え方である。事業システムは，事業の仕組み（＝ビジネスモデル）と言い換えることができる。

さらに，事業システムでは「持続的な成長」という考え方が重要である。単に技術的な優位をもつ企業が市場を支配したり，また優れた製品やサービスをもつ企業が今後も成長を続けていくとは限らない。製品やサービスというのは劣化し，陳腐化する。そこで企業が持続的に成長していくには，劣化・陳腐化を避ける仕組みをもっていることが重要である。それは，顧客に絶えず変動していく価値を持続的に提供し続けられる仕組みをもつということである。

▷顧客価値連鎖（バリューチェーン，Value Chain）
企業内の各部門の価値創造活動を連鎖的に結合し，最終的に顧客の価値に結びつけるもの。現在では企業内部だけではなく，企業外部との関係を分析することもバリューチェーンを維持するために重要となっている。

価値創造の仕組みをつくる時代へ

1　規模の経済

　X-1「ビジネスモデルと事業システム」では，企業の成果に影響を与えるのは，製品の競争力だけではなく，事業の仕組みであることを示した。さらに，事業システムとは企業の基本的な戦略を表すものであり，顧客にどのような価値を提供し，競合他社に対する優位性を実現・維持することの可能な戦略をデザインし，実行していくことを示した。すなわち「ニュービジネス」とは，新しい事業の仕組みをつくることを意味している。

　では，事業システムとはどのようなものがあるのだろうか。代表的なものとして，**規模の経済**と呼ばれるものがある。これは，大量に生産する，販売する，あるいは購入することで，コスト削減が期待できる仕組みをもつことを特徴としている事業システムである。製造業においては，生産量が増えることで**学習効果**が期待でき，その結果生産コストの削減が期待できる。製造業に限らずとも，一般的に，大口購買によるコストダウン，人件費・在庫費用・設備費・事務費等，共通的に必要な固定費の分散効果が期待できる。そのため，従来から多くの企業がこのモデルを基に事業拡大を行ってきた。前節で例に挙げた牛丼チェーン店も，店舗数を増やし続け規模の経済を追求することで，競争力を強化している。しかしながら規模の経済には大きな問題がある。そして，これが現在，ビジネスのあり方を変えざるを得ない大きな要因となっている。

2　事業環境の大きな変化

　現在起きている事業環境の変化が，規模の経済のかかえる問題点をより明らかにしている。そこで企業が直面している事業環境についてまとめてみる。まず，市場に向き合うことの難しさが増してきている。従来，市場は，例えば，年齢・世代，そして居住地・勤務先のようなパラメータで設定され，それに基づいてマーケティング活動が行われてきた。しかしながら，市場の成熟により，消費者の嗜好が多様化し，「何かを所有する」ことよりも，「価値観」や「意味」といったものが重要視されるようになってきた。消費者の嗜好変化が激しいため，市場の変動が激しく，市場が急速に立ち上がり，急速に収縮する。そのため企業は，市場動向を予め予測するのが困難である。需要を少なめに見積もると**機会損失**が生じ，多めに予測すると売れ残りの在庫処分に企業業績が

▷規模の経済
⇨ V-3「ポジショニング・アプローチ」，V-7「GAFAとプラットフォーム戦略」，Ⅶ-3「イノベーションと企業業績との関係」。

▷学習効果
ある業務が頻繁に繰り返して実行されることにより，その経験と習熟効果により生産性が増すこと。

▷機会損失
売り手側の意思があるにもかかわらず，需要に対して供給することのできない状態。売りたいのに売る物がない状態である。その結果，潜在的な売上を失うことになる。

大きく左右される。市場の成熟化と価値観の変化により市場が細分化することで，小さな市場が多く存在すると同時にそれぞれの市場が予測の難しい行動をとる。

　次に競争環境である。現在の競争環境の特徴として，国内だけでなく，国外を含めた国境を越えた競争が行われており，また同業だけでなく，他業界からも市場に参入してくる。その結果，企業は新しい制度に対応しなければならなくなっている。国際的なルールに対応した仕組み，他業界との競争に伴う新たな市場構造への対応が求められている。さらに企業の社会的関わり，環境問題，貧困問題，**フェア・トレード**のような新しいルールにも対応していく必要がある。

　技術的な要因も企業のビジネスのあり方に大きな影響を与えている。急速な技術進展が様々な面でみられ，競争優位をもった製品やサービスを開発しても，それが市場に受け入れられるとわかった途端，他社が速やかに真似し，追随する。さらに新しい製品やサービスが開発されてしまうため，競争優位が長く続かない。特に**ICT技術**の発展は，企業の事業システムに大きな影響を与えている。

③ 新たな事業システムの構築へ

　このように，最近の企業活動は多くの側面を勘案して実行せざるを得ず，ビジネス自体の大規模複雑性化が特徴として挙げられる（**資料X-2**）。成功するためには大規模な投資が必要だが，市場の変化が激しいため，投資を十分に回収できない。すなわち，規模の経済という事業システムが機能しなくなってきているのである。規模の経済は，その性格上“量”を追求することから，市場予測が異なる場合，売れ残りや機会損失による損害が大きくなる。また，組織が肥大化する傾向のため，大規模な組織を管理する技術的な難しさが生じ，人件費の高騰も起こり，結果として，コストが増えてしまう。最大の問題は，市場の変化に対応することが難しい点である。多品種・少量生産の仕組みだけではなく，市場の動きに柔軟に対応できる生産システムと製品開発力，そしてつくり上げた製品を市場に迅速に届ける流通チャネル，すなわち市場の動きに合わせて柔軟に適応できる事業システムをつくり上げることが求められている。

▷**フェア・トレード（Fair trade）**
発展途上国の製品を先進国と同等の価格で購入することで，途上国の労働・生活環境向上を意図した運動のこと。⇨Ⅱ-6「株主の行動変化：株主による積極的発言」も参照。

▷**ICT技術（Information and Communication Technology）**
コンピュータと通信技術を総称した情報通信技術のこと。

資料X-2　経営環境の変化と経営の大規模複雑化

市場構造　　競争構造

経営の
大規模複雑化

技術構造　　制度構造

出所：筆者作成。

いろいろな事業システム

$\boxed{\text{X-2}}$「価値創造の仕組みをつくる時代へ」で示したように，規模の経済に依存したビジネスのあり方では，企業が持続的に顧客価値を提供するのが難しくなってきている。そのために，それに代わる新しい事業システムの開発が求められている。以下で説明する事業システムを組み合わせることで新しい顧客価値を創造する試みがある。

1 スピードの経済

スピードの経済は，牛丼チェーン店のように，スピードに着目することで顧客価値を高め，**競争優位源泉**とする事業システムである。顧客が必要なときに，必要なものを手に入れることによる，顧客価値の向上である。小売業において，在庫管理は重要な経営課題であり，在庫を減らすことが経営上の大きな焦点となる。スピードの経済を使う事業システムをもつことで，売上を維持しつつ，在庫を減らすことができる，すなわち，**投資効率**を高めることができる。また営業面でも，売れ残りのロスを削減することができ，機会損失を避けやすくなる。

この事業システムを使えば，商品の実験も行いやすく，製品転換が容易になるメリットがある。新しい製品を開発してもそれが市場に受け入れられるかどうかわからない。また，非常に変化の激しい業界，例えばファッション業界では，ちょっとした色やデザインの違いが大きく売上を左右することがある。このような場合，実験的に製品を並べて，市場に受け入れられることがわかれば本格的な生産，もしだめな場合は早急に撤退することが可能となる。

2 集中特化と外部化

次に集中特化と外部化という2つの事柄を組み合わせた事業システムである。集中特化は，言葉通り経営の焦点を1つの事業あるいは業務に絞り込む戦略であり，外部化とは，絞り込んだ業務で補えない業務，すなわち自社にとって非本質的な業務，不得手な業務を外部に委託することをいう。そのメリットは次のことにある。1つは，企業の伸縮に対する自由度を高めることができることである。先に述べたとおりに，市場の不確実性から，それに対応して市場の動きに連動した事業システムを組む必要がある。需要が旺盛なときには生産設備を増やし，減退している場合には縮小することが理想である。しかしながら自

▷**競争優位源泉**
競合企業より競争優位に立てる源のこと。「強み」といわれることも多い。研究開発力，マーケティング力，生産能力，などが挙げられる。

▷**投資効率**
投資に対しての利益で表現されるが，小売業において在庫投資の回転率を上げることが重視される。そのために，売れる商品を販売するとともに，実需要に対して精度を上げることが要求される。

社設備で行われる限り，安易な人員削減や設備の閉鎖は経営上・社会的にも大きな問題を引き起こす。ところが，集中特化と外部化のシステムを用いることで，需要が旺盛なときは外部委託の量を増やし，減退しているときは減らすことが可能となる。

また，自社にとって得意分野ではない業務は，専門的で競争力のある企業に外部委託できるため，競争力を高めることができる。同時に，委託先は契約により変更できるため，委託先選定に，競争原理を取り入れることができる。また，事業領域を絞り込むことで，組織が身軽になることから，意思決定のスピードが上がり，スピードの経済のもつ特徴を活かすことができる。

しかしながら，欠点もある。事業領域を集中し過ぎていると，もし急激な技術革新や事業のイノベーションが発生しその事業自体が時代遅れになった場合，企業の存続は大変難しくなる。また，当然ながら限定された顧客を相手にすることとなり，その結果，特定の顧客に過度に依存する傾向がみられ，特定顧客の要望に対応し続ける結果，新たなビジネス領域を見逃してしまう。

③ 範囲の経済（組合せの経済）

イノベーションは，全く新しいところから産まれるのではなく，資源の組合せで起こる。**範囲の経済**がもつ事業システムは，このように資源を組み合わせる，あるいはその資源を他の領域に拡張することで行われる事業システムである。例えば，「ブランド」もその例である。1つの**ブランド**[◢]で多数のサービスを提供している場合は範囲の経済を適用しているよい例である。小売業においては，様々なアイテムを購入できる大型スーパーや，専門店の集積であるショッピングモールも範囲の経済を活かした例である。

さて，そもそも“資源の組合せ”といっても，顧客価値を高める必要があることはいうまでもない。それとともに重要なのは，それぞれの資源に関連があることである。範囲の経済の代表的な例として挙げられるのが，電鉄会社の戦略である。かつての電鉄会社は，その沿線に住宅地を造成し，遊園地や野球場，さらにターミナルに百貨店を置くことで，新しいレジャーや住環境をつくり上げることに成功していた。しかし，現在はどうであろうか。顧客の価値観の変化により，百貨店や遊技場の相互関連が低くなっている。組合せに関連のない“多角化”は，範囲の経済に適合しない。現在では，「**駅ナカ**[◢]」や「駅ビル」のように，主に「通勤に利用する」鉄道利用客に対して，価値創出することで成功する例がみられる。その他に，ネットサービスは，例えばYahoo!や楽天，Amazonは，課金機能，ブランド力，情報システム，物流等の共通的な機能をもち，その機能上で様々なサービスを展開し，広告収入や出店料，物販でビジネスを成り立たせている。

▷**範囲の経済**
⇨ VII-3「イノベーションと企業業績との関係」，また V-7「GAFAとプラットフォーム戦略」。

▷**ブランド**
製品やサービスの意味付けを行い，顧客への価値を明確化し，その価値を適切な手法を通して伝えることで，顧客との間に強固な関係を形成し，維持することである（池尾他『マーケティング』有斐閣，2017年，413頁を参照）。

▷**駅ナカ**
JR東日本のエキュートに代表される，駅構内に展開する商業施設のこと。定義によっては，改札内での商業施設となる場合もあるが，広義には鉄道事業者が運営する駅構内で展開する商業施設をいう。駅構内のスペースを貸し出すのではなく，鉄道事業者が商業施設の開発・運営にかかわることが特徴である。飲食・物販だけでなく，理容・美容や保育所等のサービス提供への注目が集まっている。

サービス志向のビジネス

1　取引財とビジネス：物財とサービス財

▷**物的な財**（goods）
物理的な"物"であり，手に触ったり，見ることができる"物"である。所有や利用によりわれわれに利益を与えてくれる。

▷**サービス財**（service）
われわれに行為やパフォーマンスにより利益を与えてくれるもの。物的な財と異なり，手で触ったり，見ることはできない。

　消費者が購入するのは，「**物的な財**」よりも「**サービス財**」の方が多い。**資料Ⅹ-3** に示すように，パソコンや車を購入した場合でも，それら「物財」を購入する費用より，その他の「サービス」に支出する割合の方が高い傾向がわかる。サービス産業は，現在，日本経済の約7割（GDP・雇用ベース）を占め，今後も日本経済の成長に大きな役割が期待されている。このように，われわれの消費行動そして経営活動を理解するには，「サービス」の取引について理解することが大変重要である。

　サービスについては，これまで形があるもの（有体財）と形のないもの（無体財）の性質の違いが，ビジネスのあり方にどのように影響を与えるのか，という研究がされてきた。有体財と無体財の大きな特徴として，まず挙げられるのは，所有権が移転するかどうかである。またサービスは事前にテストすることができないために，購入する前にその品質を知ることができないこと，さらには顧客がそのサービスの生産プロセスに入り込むこと，標準化や品質コントロールが難しいこと，在庫として貯めておくことができないこと，が挙げられる。

　美容院を例にみてみよう。髪の毛は，自分の所有物なので当然のことながら

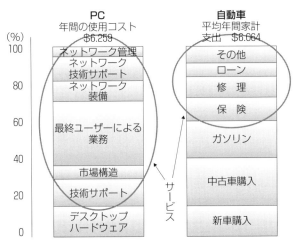

資料Ⅹ-3　消費者が費やすPCと自動車関連の費用項目

出所：Wise, Richard & Baumgartner, Peter, *Go Downstream*, HBR, 1999, p. 135より加工。

所有権は移転しない。顧客は美容師に自分の注文を伝え，カットしている間でも，細かく指示・要望できる。しかし，初めて訪れる店の場合，実際にどのように自分の髪の毛を切られてしまうか，予め知る方法がない。そして，髪の毛を切るという行動は時間を変えて全く同じに再現することはできないという，取引の同時性をもつ。人間の髪型は，人の好みや流行，職業などにより同じ物はないために，すべての人に対して個別に対応する必要がある。[41]

サービスと物財の取引で，サービスは"無形"，物財は"有形"と単純に理解すると混乱することになる。例えば，外食産業を例に考えてみよう。ある著名な料理人を雇って，料理を作ってもらうのは，その調理活動中の料理を作るプロセスを買うことになるから，サービスを買っている，と考えることになる。ところが，でき上がった料理を買ってくる，あるいはそのレシピを買ってくる，ということになると，これは物財を買ったことになる。同じように研究開発では，研究者・技術者の研究活動は研究開発プロセスであるため，サービス生産活動と見なすことができる。しかしながら，その成果物である例えば特許を買うというのは物財になる。この場合，「見える」・「見えない」という区分で判断すれば，特許は見えないからサービスという分類になるが，それは誤りである。このように，活動プロセスとその活動結果を区別することがサービスと物財を見分けるうえで有効となる。このプロセスの売買がサービスである。

② サービス財とプロセスの取引

サービスは，プロセスの取引関係である。ここで，売り手と買い手との間に意思の疎通を行い，顧客が望んでいることは何か，それを聞き出し，サービス化するというプロセスが生まれる。これは協働関係であり，個々の顧客に合わせて個別対応を行うことである。例えば，レストランでワインを頼む状況を考えてみる。今日の料理と，一緒に来た人の好み，そして最も大事な予算との兼ね合いをソムリエに相談することができる。ソムリエは，お客と相談しながら，最適なワインを選び出してくれる。選び出されたワイン（＝"結果"）ではなく，選び出す"プロセス"が大事だから，これはサービスといえるだろう。

次にパソコンのソフトウェアを考えてみる。ソフトウェアの開発には，マーケティング部門，研究開発部門，販売部門等，多くの部門がプロセスに関わっている。しかし，ソフトウェアメーカーは，多くの人が必要だと思われる機能をパッケージ化して，ソフトウェアを販売している。すなわち，顧客は，その開発・製造・営業プロセスを買うのではなく，そのプロセスの"結果"としてのソフトウェア買うことになる。そのためにこれはサービスではなく，"物財の取引"と考えなければいけない。ソフトウェア購入＝物財の購入には違いないが，その考え方に注意しなければいけない。

▷1　サービス財の特徴
サービス財のこうした特徴は，①無形性（Intangibility），②不可分性（Inseparability），③バラツキ性（Heterogeneity）そして④無在庫性（Perishability）の4つに分けることができる（Zeithaml, Valarie A., Atul Parasuraman and Leonard L. Berry（1985）"Problems and Strategies in Services Marketing," *Journal of Marketing,* 49（2）pp. 33-46より）。

サービス・イノベーション

1 ビジネスのサービス化傾向

　さて, X-4「サービス志向のビジネス」では, サービスと物財の違いについて説明してきたが, 最近のビジネス動向では, このサービスと物財の取引を明確に線引きするのが難しくなってきている。「サービス」がよりその適用範囲を広げた結果, 取引のサービス化が進んできているのである。

　もう一度レストランを例として取り上げてみよう。レストランはサービス業に分類されることが多いが, 提供する価値の点から再考してみる。レストランには, メニューがあり, 顧客はそこから自分の好きな物を頼む。メニューは, そのレストランが調理した結果であり, 形が決まっており, 誰もが頼むことができ, 誰に対してでもほぼ同じ物が出てくる。その延長線上が, **中食**である。レストランと同じ物を, 百貨店やコンビニで購入できる。これは, "結果" としての取引であるから, "物財" とみていいことになる。

　レストランには, ウェイターやウェイトレスがお客に "サービス" するが, それは "物財" に付属的なサービスでしかない。では, レストランのサービス化とはどのようなものであろうか。漁港にある食堂では, その日獲れた食材が並べてあり, お客は, そうした食材と味付けを選び, 自分好みの料理を作ってもらうことができる。予め決められた選択肢のなかから, 自分好みのものを作ってもらう, これはマス・カスタマイズと呼ばれる考え方である。昨今, **クラウドコンピューティング**あるいは **SaaS** と ICT 産業でいわれているサービス化もこれと同じである。これまでは, ソフトウェア会社が顧客に販売していたのはソフトウェアであった。これに対し, 顧客が望むアプリケーションと呼ばれるサービスを複数用意し, 顧客の要望に合わせて, それらのアプリケーションを統合し, 顧客に合ったサービスを提供するのである。このように, サービス化には, サービスの提供プロセスを改革することと, 個々の顧客に合わせる個別化が重要な要素となってくる。

2 サービスの "見える化"

　サービス提供プロセスの改革においては, サービスプロセスの "見える化", が重要となる。物財の生産過程と異なり, サービスの生産過程の特徴として, ①サービスの製造プロセスに顧客が入り込む必要があること, ②品質に関して

▷**中食**
外食と家庭食の中間にあるものとして, スーパーや百貨店の食料品売場などで, 惣菜や弁当などを買って, 家庭で食べる形態のこと。

▷**クラウドコンピューティングと SaaS**
インターネット上にあるサーバから, 各種サービスを提供する形態である。特にアプリケーションサービスを提供する形態を SaaS（Software As A Service）と呼ぶ。

顧客毎に求められるレベルが異なること，③定常状態で生産できないこと，が挙げられる。すなわち，サービスを生産し，顧客に提供するプロセスは，プロセス自体が複雑であり，さらにそのプロセスが個々に異なっていることから，物財の生産・販売と異なり，定量化して，標準化されたプロセスにすることが非常に難しいのである。このことから，サービスプロセスの改革の第一歩として，サービス提供のプロセスを"見える化"する，すなわち測定する方法を考え，定量的にそのプロセスを明らかにする必要がある。

❸　サービス・イノベーションの目的

　サービス・イノベーションの目的を考えてみよう。スーパーのレジ業務の効率化を例として取り上げる。顧客価値としてスーパーのレジ待ちをなくすことは重要だが，スーパーのオペレーションコストを勘案すると，単にレジ機械を増やし，レジ係を大量に雇用する，という方法は採れない。まず始めることは，お客をレジで待たせている時間とその状況を明確にし，レジ待ちとスーパーの業務オペレーションとの関係を明らかにすることである。どのような時間帯に客が何人待っているのか，そのときの各レジの状況は，ということが明確にできれば，対策を立てやすくなる。さらに入店した客数とレジ待ちの関係，すなわち入店した顧客が何分後にレジに向かうのかといった状況がわかれば，スーパー側は対策を立てやすくなる。

　対策を行うプロセスではスーパーの業務自体を変える必要が出てくるだろう。例えば，解決方法として，普段レジ係とは異なる仕事をしている従業員は，入場客数が一定以上になった場合，その仕事を終わらせてからレジ業務の応援に向かう，そしてレジ待ちが解消されれば，元の職場に戻る，というオペレーションの改善が可能となる。結果，サービスプロセスの効率化を行い，生産性を向上できる部分が明確になる。一番大事なことは，サービスの生産性向上を，サービス自体の質的な向上につなげることである。レジ業務を省力化することで，実は顧客個々への対応を行うサービスカウンターの人員に回したり，対面販売の導入を可能とし，売場のディスプレイや商品配置のようなマーチャンダイジング活動により注力することができる。

　このように従来のサービスの提供プロセスを"見える化"し，科学的に分析を行うことで，サービス提供プロセスの効率化そして生産性の向上が期待できる。サービス・イノベーションは，サービス提供プロセスの効率化を目的とするだけではなく，効率化によって，業務プロセスの見直しを行った結果，新たなサービスオペレーションが生まれ，そして業界のビジネスプロセス自体にも変化が起こることも目的としているのである。

▷1　例えば，あるレジはレジ待ちが発生しているにもかかわらず，空いてるレジも存在する状況，また時間帯によっては，レジを開けているにもかかわらず，レジ待ちが発生しない状況，が観測されれば，レジ待ちの状況とレジ係のオペレーションに問題のあることがわかる。

6 顧客関係管理とは

▷1　顧客第一主義のように企業が既存の顧客の要望を聞くことを最も重視して対応すると，市場やビジネス環境が大きく変化した場合，新たなイノベーションに対応できないだけでなく，既存顧客への対応に注力するあまり，新たなビジネスの環境に適合できなくなり，その結果，市場の価値が失われることになる。

▷ BtoC と BtoB
BtoB（Business to Business）は企業間の取引，BtoC（Busines to Consumer）は企業と一般消費者間の取引のことを示す。

▷価格メカニズム
商品の価格により需要と供給の関係を調整することである。すなわち，価格以外の要素では競合企業と差別化できない状況を指すことになる。

▷ロイヤルティ・プログラム（Loyalty program）
優良顧客の維持，そして一般顧客を優良顧客にするため，サービス利用や購買量に応じて，様々なインセンティブ（特典）を提供するマーケティング施策。例えば，クレジットカードでは，カード利用額に応じて，ポイント還元，値引き，キャッシュバック，景品引き換えなどの様々な特典が受けられる会員向けサービスを提供している。その他にも

1 顧客価値と顧客関係管理

　サービスを様々な業務プロセスのつながりと考え，1つ1つのプロセスを「見える化」し，測定することは，単にコストを削減するという効率化だけでなく，顧客満足の実現という観点からどのような業務のあり方が望ましいのか，ビジネスの仕組みそのものの見直しが進むことを示した。これは，顧客価値の向上のみならず，サービスの個別対応による顧客との関係性を介して，新たな顧客価値が"共創"されることにもなる。

　新たな顧客価値を創り出すためには，顧客との関係を管理することが重要となってきている。これは，"顧客第一主義"とは異なる。「顧客志向」と呼ばれる考え方は，現在の顧客から表出したニーズを満たすことを目的としており，極めて短期的で即応的な性質をもつ。顧客関係管理では，顧客と企業の間で関係性を築くことで，新たな顧客価値を創り出すシステムを構築するという考え方が重要となる。

　「顧客」には，BtoC 取引における一般消費者を指す場合と，企業と企業が取引を行う BtoB 取引における顧客企業を指す場合がある。そもそも企業と消費者との間の取引における関係性と企業間関係の関係性は異なる意味をもつが，本節では，企業と消費者との間の関係性を考える。企業が広告を出すことで，消費者を引きつけて自社製品購入につなげる，実はこの一連の行為も消費者という顧客との関係性をつくることになる。このような関係性構築の目的は，価格メカニズムから自立し，顧客と関係性をつくることで自社製品購入に結びつけることを意図している。お客との関係をつくるためにいろいろなプロモーションを動員する。つまり，自社の製品やサービスを売るための手段として，関係性を活用するというやり方である。

　次に，ポイントカードシステムに代表されるロイヤルティ・プログラムを考えてみる。それは1回のホテル利用や航空利用によって顧客数増加を図るよりも，継続的取引によって，長期間にわたり同一顧客から収益性を追求することを目的としている。すなわち，顧客に継続的に購買を促す，さらには継続的購買を通じて当該企業にロイヤルティを喚起することを目的としているのである。ロイヤルティ・プログラムの概念は，購買の蓄積に対して報酬を与えるものである。商品やサービスの購買毎にポイントがつき，蓄積されたポイントに応じ

て，ディスカウントあるいは，サービスのアップグレードが期待される。顧客への報酬の与え方は様々であり，航空会社のマイレージに提携する小売店での購買によってポイントが加算される，あるいはクレジットカード利用のポイントによって，航空会社のマイレージに加算されるといった，企業間提携によるロイヤルティ・プログラム（Affiliate Program）が多くなってきている。これまでは自社内に閉じて行われてきたロイヤルティ・マーケティングの実践から，より多様な特典の提供を求めてポイントの交換，他社サービスコードでのポイント付与などが拡大している。これによりサービスの一種であったポイントが利用範囲を広げ，電子マネーとの垣根を低下させ，貨幣化しつつある現状もある。

ロイヤルティ・プログラムは，顧客の購買蓄積を確認するために，個々の顧客のプロフィールと購買データを必要とし，データを蓄積するデータベース，データを収集分析する ICT 技術と密接に関連する。そして，CRM と連携することで，①顧客の継続的な購買を促すプロモーション的側面と，②顧客データを収集することでマーケティング戦略を支援する，という 2 つの側面をもつことになる。

❷ CRM（Customer Relationship Management）

CRM は，企業がもつ様々な顧客接点から入手できる顧客の購買履歴や個人情報，生産や売上，商品に関するデータ顧客情報を蓄積し，それを活用することによって，顧客との関係を深めていく経営手法である。特に，自社への貢献度という観点で顧客を分類し，顧客との関係を育成し，生涯を通じての顧客価値を増大していくことを目的としている。

1990年代，CRM が登場した初期は，顧客中心志向の経営という視点から，顧客の属性情報と履歴情報を活用し，データを分析し，各企業毎に顧客に対して分類別（セグメンテーション）にキャンペーンやロイヤルティ・マーケティングを行っていた。そこではいかにロイヤルティの高い顧客を維持・増大するか，逆に低い顧客には，効率よく低コスト対応するかを課題として考えて分析をしていた。同じ時期に始まったのがポイントサービスであった。例えば，銀行では定期預金や住宅ローン等の取引に対してポイントが加算されて，ATM 手数料や振込手数料の割引，融資の金利優遇など，自社のサービスでポイントを提供していた。この意味では自社に閉じたサービスになっていたし上顧客へのサービスの強化と維持を目的としていた。

現在 CRM に代表される顧客関係管理手法は，ロイヤルティの形成，マーケティングや経営上の意思決定を支援する目的だけではなく，関係性をもつことで新たな顧客価値を発見する機能が着目されている。顧客を操作対象とするものから協働関係を築こうとする考え方，お金以外で顧客を引きつける，顧客との関係性から新しい顧客価値を創り出す，といったことが注目されているのである。

▷ 航空会社（マイレージ・プログラム），小売店（フリークエント・ショッパー・プログラム）などに利用されている。

▷ 2　カルチュア・コンビニエンス・クラブが運営する「T ポイント」サービスでは，DVD 等のレンタルで有名な「TSUTAYA」だけでなく，外食産業から引っ越しサービスまで幅広くポイントを貯め，利用することができる。同様に三菱商事が開発・運営する「ポンタ」サービスも，コンビニエンスストアからレンタルビデオ店まで多様な企業で，ポイント交換をすることができる。これらのポイントサービスでは，ポイント運営会社がポイントを金銭化して，提携企業とやりとりを行う。

新たな顧客関係管理へ

1　新たな CRM への着目と顧客価値創発

　これまで，企業内に蓄積されている顧客に関する情報を収集し，分析することが CRM の焦点となっていた。しかしながら，真に企業戦略の目的に合った CRM 構築は難易度が高く，多額の投資に見合うだけの成果が得られないという見方もあった。例えば，ロイヤルティ・マーケティングにしても，必ずしも企業と消費者の関係性を示していないということである。継続して買い続ける，あるいは利用し続けるという消費者の購買行動を価格メカニズムを離れて，企業のロイヤルティとみることができるかどうかは，難しいところがある。本来，消費者との取引は匿名性が高く，消費者にとっては，代替選択肢が数多く存在するなかで企業と消費者の関係性を深めるのは難しい。

　CRM で着目されるものとして，顧客と企業間をつなぐインターフェースとしての役割が挙げられる。例えば，顧客からの電話問い合わせや営業活動から得られた顧客情報を ICT 技術を援用してデータベース化し，**コールセンター**や営業業務の高度化（**SFA**）として活用している。顧客に関する情報は，電子データだけではなく，紙やエクセルファイル等様々な媒体に存在している。しかしながらそうした情報には，文字や数字で簡単に表現できない営業ノウハウ等の**ナレッジ**となるものも含まれる。そうした情報は，解釈を行って一般的な法則性を見いだし，直ちに経営的に有用なものとなるものばかりではない。CRM は企業に存在する様々な業務プロセスから発生する，顧客に関する情報の収集を自動化して蓄積し，それらを一元管理する。そしてこれらの情報には，組織の構成員がアクセスすることが可能であり，CRM は，収集された情報や分析されたナレッジを組織構成員で共有するためのインフラとなる。

2　CRM の新展開

　このように情報収集プロセスが自動化され，様々な情報が収集されるにつれ，それらデータベースに蓄積された情報をうまく活用できないかということが注目されるようになる（アナリティカル CRM）。さらに顧客に関する静的なデータではなく，インターネットサイトで消費者が行う発言や行動を取り込み，マーケティングや企業戦略に活用しようとする動きも出始めている。こうした動的なデータを元に，現在の振る舞いをリアルタイムで分析して**レコメンデーショ**

▷**コールセンター**（callcenter）

企業において，主に顧客からの電話対応を行う部署。

▷ **SFA**（Sales Force Automation）

ICT 技術を使い，営業活動を効率的に行うシステム。

▷ **ナレッジ**（Knowledge）

単なる情報やデータではなく，体系立った知識や知見のことをいう。業務を遂行する上で得られたより実践的なノウハウやスキル，さらに問題の解決に役立つ知見等，簡単に得ることのできないもの。

▷**レコメンデーション**（recommendation）

インターネット上のオンライン販売などで，ユーザー（閲覧者）が訪れたホームページや実際に購買した商品を分析することで，ユーザーの興味や嗜好に合わせたお勧め商品・情報を表示するサービス。

▷**ソーシャル・ネットワーキング・サービス**（Social Networking Service, SNS）

Facebook や Twitter, LINE 等に代表されるコミュニティ型の Web サイト。

▷ 1　CRM における顧客関係戦略

ンを行うことが可能となる。企業に関する情報を他のサイトから結びつける。例えば，**ソーシャル・ネットワーキング・サービス**（SNS）を含めて，それらと連携をして CRM をつくるということが大変注目されている。

　現在の CRM は，単に情報提供するレベルから，経営・マーケティングの意思決定を支援するレベルへと転換してきている。消費者行動分析だけでなく，営業部門において，CRM は様々な分析ツールとして使うことができる。そして従来であれば些末な情報だったものを，リアルタイムで入手し，企業の戦略レベルまでもっていくとき，それを企業の戦略にどうやって結びつけていけばいいのかということが現在の課題となっている。それと同時に，CRM で非常に重要なのは仕事を創発する仕組みをもつことであろう。関係性のなかからサービス・イノベーションを見つけ出していく，すなわち，お客との関係のなかから新しい兆候，創発をつかみ，新しい顧客価値を実現することが大事になってくる。

CRM を戦略的に活用する場合の特徴は，顧客に関する知識を得ることである。そのために，様々な顧客接点で収集されたデータがシームレスに統合されること，そしてそれを分析する手法の開発が重要となる。企業各部門に散在する様々なデータから，顧客の離反率，プロモーションに対する反応，類似する顧客クラスター化，顧客が並行して購入する商品の傾向など，顧客の行動についての知見が得られる。

Exercise

○理解できましたか？
　1）身近なビジネスの事業システムを考えてみましょう。
　2）サービス・イノベーションを説明してください。

○考えてみましょう！
　1）"物財" と "サービス財" の例をいくつか挙げてみましょう。
　2）皆さんが使っている SNS である Facebook や Twitter，LINE をどのように顧客関係管理に使うことができるか，考えてみましょう。

勉学へのガイダンス

○はじめて学ぶ人のための入門書
　加護野忠男・井上達彦『事業システム戦略：事業の仕組みと競争優位』有斐閣，2004年。
　　事業システムの基本的な概念と考え方について，具体的事例を基に解説した基本的な教科書。
　A・オスターワルダー，I・ピニュール『ビジネスモデル・ジェネレーション　ビジネスモデル設計書』（小山龍介訳）翔泳社，2012年。
　　新しいビジネスのアイデアを現実的なビジネスモデルにするためのフレームワークを提供している。
○本章をより理解したい人のための書物
　南知恵子・西岡健一『サービス・イノベーション――価値共創と新技術導入』有斐閣，2014年。
　　興味深い事例と理論をわかりやすく説明しており，サービス中心となるこれからのビジネスにおける新しい概念を理解するために必要な本。
　C・ラブロック，L・ライト『サービス・マーケティング原理』（小宮路雅博監訳）白桃書房，2002年。
　　サービスマーケティングを理解する上で必要な理論を網羅的に説明したテキスト。
○進んだ勉学を志す人のための書物
　R・P・フィスク，J・ジョン，S・J・グローブ『サービス・マーケティング入門』（小川孔輔他翻訳）法政大学出版局，2005年。
　　世界中で読まれている，サービスマーケティングを研究する人たちの必読書。
　南知恵子『顧客リレーションシップ戦略』有斐閣，2006年。
　　サービス部門を対象に新しいビジネスのあり方について顧客関係管理から明らかにした本格的な研究書。

（西岡健一）

ベンチャーとは

1　ベンチャーとは何か

　ベンチャー企業，ベンチャー・ビジネス，ベンチャー支援といった言葉に代表されるように，「ベンチャー」という言葉を一度は耳にしたことがあるだろう。世界的に活躍する自動車や家電メーカー，ITサービスなどの大企業も，「かつてはベンチャー企業であった」と表現されることもある。革新的な取り組みをしている中小企業は，全てベンチャー企業だと解釈する人もいる。ベンチャー企業かどうかの妥当な判断基準はあるのだろうか。何らかの基準，例えば企業規模や年齢，企業特性で，ベンチャーか否かを見極められるだろうか。結論から言えば，ベンチャー企業を厳密に定義することは難しい。中小企業は，企業規模（従業員数や資本金）といった定量的な判断基準が法的に定められているので，一応の定義はできる。しかし，ベンチャー企業を定義する定量的な基準は存在しない。ベンチャーとは，より曖昧性の強い概念である。

　それでは，ベンチャー・ビジネス（Venture Business）とは，いったい何を意味するのだろうか。この言葉は，1970年に通商産業省（現在は経済産業省［経産省］）によって創造された和製英語である。さらに，1971年に出版された『ベンチャービジネス──頭脳を売る小さな大企業』（清成忠男・中村秀一郎・平尾光司，日本経済新聞社）の中で，「研究開発集約的，またはデザイン開発集約的な能力発揮型の創造的新規開発企業」と具体的に定義づけられた。

　その後，ベンチャー・ビジネスは様々な形で表現された。**金井一頼**は，それらの定義の共通項を以下のようにまとめている。

①リスクを強調する定義

②革新性を強調する定義

③成長を強調する定義

④アントレプレナーシップを強調する定義

▷1　中小企業の法的定義について，その範囲が**資料XI-1**のように定められている。

▷**金井一頼**（1949-）
大阪大学大学院名誉教授。本文中の金井（2002）は，金井一頼・角田隆太郎『ベンチャー企業経営論』（有斐閣，2002年）の本を指す。

資料XI-1　中小企業基本法における中小企業の法的定義

	製造業	卸売業	小売業	サービス業
資本金	3億円以下	1億円以下	5,000万円以下	5,000万円以下
従業員	300人以下	100人	50人	100人

出所：中小企業庁。

　ベンチャーとは，アントレプレナーシップ（企業家精神・行動，能力）と表裏一体の存在であり，「企業家」活動の一部である「起業」に焦点を絞り，進んで革新性（イノベーション）を伴う活動を展開する事業，企業と考えよう。またその活動のベースには，志やビジョン・ミッションの大きさと強さがあることを強調したい。

❷　ベンチャーの重要性

　ベンチャーが今なぜ，重要なのか。第1に，ベンチャーのイノベーション力が，国の経済発展に大きな意味合いを持つことが指摘できる。「企業の寿命30年説」というものがある。商品やサービスだけでなく，企業にも寿命があり，優良企業としてピークを超えて失速するのが，おおよそ30年ほどという経験説だ。日本には100年超の長寿企業が多く存在しているので，あくまでも平均的な考え方だが，同じように，特定の市場や産業にも寿命がある。半導体DRAM，パソコン，家電液晶テレビ，携帯電話といった日本の経済をけん引していた先端産業が，みるみるうちに失速した。その様子は，「産業の突然死」と表現されることもある。グローバル競争の中で，技術や製品・サービスの**陳腐化・コモディティ化**が急速に進み，今ある商品・サービス，市場，企業，産業のライフサイクルが短くなっている。したがって，新しい革新的な商品・サービス，企業，産業を創造することが，経済発展には不可欠である。

　第2に，新しい事業，企業，産業が創造され成長すれば，それは雇用創出につながる。新たな雇用創出には，新市場・産業創造が必要不可欠である。ベンチャー企業の創造や，既存企業の新規事業創出が求められている。

　第3に，ベンチャーに関わる**ステークホルダー**（利害関係者）すべてに，ベンチャー創造は大きな意味合いを持つ。ここでは，顧客と企業家に対する意義を考えてみよう。顧客にとって，ベンチャー・ビジネスとは，既存市場では満たされないニーズを満たしてくれる，新しい商品・サービスの創出を意味する。新商品・サービスとは「顧客の問題解決をしてくれるもの」と換言できる。さらに，顧客の問題解決とは，①不満を解決してくれる価値創造，②さらなる快適さや幸福感を生み出す，生活の質を上げてくれる価値創造を意味する。その新価値創造をベンチャー・ビジネスが担うことで，ベンチャーは社会的な存在意義を認められることになるだろう。

　企業家自身にとっては，経済的な成功（金銭的報酬）だけでなく，能力の発揮，自己肯定感の増強といった**非金銭的報酬**も大きなやりがいにつながる。すなわち，自己実現の機会として，大きな意味があるだろう。

▷**陳腐化・コモディティ化**
「陳腐化」とは目新しい要素がなくなること。「コモディティ化」は，業界内のどの商品・ブランドも基本的に機能・品質に差異がみとめられなくなる傾向のこと。コモディティ化によって，業界は低価格競争に陥る。⇨ Ⅶ-4「イノベーションにおけるユーザーの役割」も参照。

▷**ステークホルダー（利害関係者）**
⇨ 序-6「企業の社会的責任」，Ⅳ-3「インセンティブとモチベーション」。

▷**非金銭的報酬**
「内在的報酬」と同じような意味である。

日本のベンチャーとアントレプレナー

① 日本のベンチャーを取り巻く現状

　2008年のリーマン・ショックに始まる世界金融危機以降，一時的に世界のベンチャー投資（後述）は枯渇したといわれている。また**資料XI-2**でみるように，起業自体の動きも低迷した。しかしながら，その後2年余りで，潮目が変わったことがみてとれる。2010年以降は，ソーシャル，スマートフォン，クラウドといった成長テーマが出てきて，ベンチャーの動きが活発化している。ネットや通信のインフラが整い，以前よりも低コストで起業できる環境が整ってきているからだと考えられる。

　それでも，日本の開業率は，世界の調査対象国の中で最下位をさまよっている。日本のベンチャー活動は，必要とされているにもかかわらず，各国と比べて低調に推移している（資料XI-2）。日本では，様々な分野で，より一層のアントレプレナーシップの発揮が期待されている。

▷1　資料XI-2の「総合起業活動指数」とは，各国の18〜64歳人口に占める，企業家（起業準備・創業後42カ月未満の経営者）数の比率である。GEMの2012年度までの最新調査データをもとに作成している。

　「GEM」とは，Global Entrepreneurship Monitor の略で，米国バブソン（Babson）大学と英国ロンドンビジネススクール（London Business School）が中心となって，世界的なネットワークで実施されている調査である。1999年から世界規模のアントレプレナー調査を行っている。

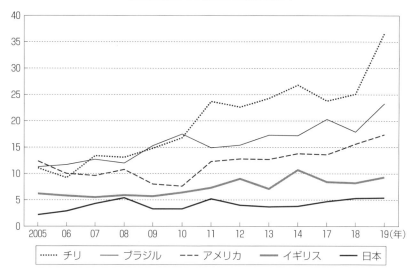

資料XI-2　総合起業活動指数の推移

出所：GEMデータをもとに筆者作成。

2　日本のベンチャー・ブーム

　日本では，戦前から度重なる不況期においても，強い企業へと育った優良ベンチャーが生まれてきた。また現在まで，3度の大きなベンチャー・ブームが訪れ，今は第4次ベンチャー・ブームに入ったといえるかもしれない。

　第1次ベンチャー・ブームは，高度経済成長期の1970年から73年に起こった。その特徴は，自動車や電機を中心とする加工組立型産業の周辺に研究開発型のベンチャー・ビジネスが多数生まれたことである。

　第2次ベンチャー・ブームは，第2次石油ショック後の1983年頃から86年にかけて生起している。この時期は「ベンチャー・キャピタル・ブーム」とも呼ばれ，多数のベンチャー・キャピタルが設立され，エレクトロニクス，バイオ，新素材といった高度先端技術関連のベンチャー・ビジネスが設立された。

　第1次・第2次の旧世代ベンチャー・ブームと，第3次以降のベンチャー・ブームでは，大きな違いがみられる。1993年から2005年にかけて起こった第3次ベンチャー・ブームでは，多様なベンチャー支援体制が，国や自治体を中心に積極的に整備された。法制度や規制緩和，各種優遇制度改革など，官主導による，ベンチャー育成強化が効果を発揮しはじめる。現在の第4次ブームでは，民間においても，積極的なベンチャー育成の支援が登場している。ベンチャーの発掘，育成，ネットワーク化のイベントの数は急増して，ベンチャー・キャピタルの出資・投資活動も盛んになりつつある。

3　アントレプレナーとアントレプレナーシップ

　アントレプレナー（Entrepreneur）とは（起）企業家を指し，アントレプレナーシップ（Entrepreneurship）とは，企業家精神・能力とそれに基づく一連の活動を包括した言葉である。言い換えれば，アントレプレナーシップとは，イノベーションを遂行する活動であり，イノベーションに挑むマインドセット（考え方），態度，能力・スキル，行動様式とプロセスといった要素を含む言葉である。

　イノベーションには，新しい製品・サービス開発だけでなく，**ビジネスモデル**や組織の変革，時には地域社会の変革といった，多種多様なものが含まれる。イノベーションとは，①多種多様な経営資源を獲得して（input），②それらを組み合わせて新たな結合や編集を行い，新価値を創造して（through-put），③新たな方法で新価値提供して（output），④社会に変化を起こす（impact）という，企業活動の一連のプロセスのどこかで，革新的な変化を起こそうという取組みである。

▷2　本章では，「企業家」に統一する。

▷ビジネスモデル
「ビジネスモデル」とは，簡単に言ってしまえば，「儲ける仕組み」である。「顧客に価値を提供する仕組み」とも言い換えられる。⇨ X-1 「ビジネスモデルと事業システム」も参照。

アントレプレナーの素顔

 ## BOOKOFF

　ブックオフコーポレーション株式会社は，1991年8月に坂本孝が創業した会社である。1990年5月に中古本販売のBOOKOFF直営1号店を神奈川県相模原市にオープンし，会社設立後数カ月で，BOOKOFFの全国フランチャイズチェーンを展開し，破竹の勢いで成長した。取り扱う中古品目も，子供用品，スポーツ用品，アクセサリー，衣料と拡大して，2000年には中古劇場（リユース業態大型複合店舗：現BOOKOFF SUPER BAZAAR）をオープンする。2005年3月に東証一部上場企業となり，大企業の仲間入りを果たした。

　坂本がBOOKOFFを起業したのは，50歳の時である。彼は，旧態依然としていた，中古本販売に目をつけた。旧態依然の中古本屋とは，絶版になっていて入手困難な本を仕入れる「目利き」が勝負の世界であり，目利きになるには10年の修業が必要とされていた。坂本は，この中古本業界に，新しいコンセプト，「素人だけで運営できる店づくり」を掲げて新規参入する。そして，従業員満足（ES: Employee Satisfaction）と顧客満足（CS: Customer Satisfaction）を追求するビジネスモデルを生み出した。BOOKOFFのビジネスモデルには，それまでの業界の常識を覆す差別化要因が随所に見られる（**資料XI-3**）。

　①売れる本を集める：見た目の美しさ，新しさ。

　②値づけの統一ルール：定価の1割で仕入れ，半額で売る。6カ月以上売れ残った時，もしくは在庫が5冊以上になった時には，古い本から105円に下げる。

資料XI-3　BOOKOFFのビジネスモデル

	仕入れ	値付け	販売	マーケティング
中古本屋	▶目利き（10年以上の経験） ▶セリ（レアな高額書品中心） ▶高く買う顧客視点	▶入手困難本ほど高価 ▶目利きの裁量価格	▶店主との対面	▶店主との交流 ▶古書を発掘「古書高価買取」 ▶専門書等のニッチ・ターゲット
BOOKOFF	▶素　人 ▶皆に売れる本を仕入れ（鮮度と見た目） ▶売る顧客視点も	▶統一ルールの価格 ▶鮮度と美しさでマニュアル価格	▶アルバイトやパート中心の現場 ▶フランチャイズ展開	▶コンセプトやキャッチコピーのユニークさ ▶安さ，わかりやすさ ▶マス・マーケティング

出所：筆者作成。

③売る側も顧客：売る人にもメリットを提供。「古書高価買取」ではなく「読み終わった本，お売りください」。

④全員参加型の経営：アルバイトやパートにも権限移譲。現場の意見を運営マニュアルへ反映。

❷ 俺のフレンチ

2009年，69歳の時に坂本はバリュークリエイト株式会社（現在は俺の株式会社）を設立して，飲食業界に参入する。「俺のイタリアン」や「俺のフレンチ」という新業態レストランをオープンした。資本金1億5,000万円，従業員約350名の規模にまで成長している（2013年6月末）。飲食店の素人集団で，試行錯誤の末にたどり着いたモデルが，「俺の〜」シリーズの飲食店である。

「人件費をジャブジャブ使いなさい，材料費をジャブジャブ使いなさい」。坂本は，一等地で，腕のいい職人が出す「高い商品力」で，顧客の胃袋を満足させること（CS）と従業員満足（ES）を最大限に追求した。

ミシュランの星付きレストラン出身のシェフを引き抜いて，同社は，今や日本で一番多くのミシュランガイド認定店出身の有名シェフを抱える。そして，フォアグラやオマール海老といった一流の素材を使った料理を，1,000円台という低価格で顧客に提供する。原価率は通常の飲食店平均が20％程度のところを，45％以上かけている。それを可能にしたビジネスモデルとマーケティングの4Pのポイントは，下記のとおりである。

①仕入れ：一流の素材。素材選びは各シェフの裁量。原価率60％までは，シェフの自由裁量に任せる。

② Place：小規模店，都内の一等地に出店。俺のフレンチ1号店は銀座。

③ Product：一流のシェフによる一流の料理，一流のソムリエ等のサービス。

④ Price：平均客単価3,000円。超低価格。原価率45％。

⑤ Promotion：立地力，商品力，CSからくる口コミ。パブリシティ。

⑥店舗設計：「立ち飲み」スタイルがメイン。門にシェフの大きな写真。

このように，まず顧客に提供する価値，従業員（シェフ含む）に提供する価値を考え抜いて，その価値提供のコンセプトを明確にしてから，実現するための創意工夫を社員一丸となって考えつくして，同社のビジネスモデルは構築された。

優秀なシェフを惹きつけるためには，魅力的なコンセプトとビジネスモデルが必要である。「飲食業界に革命を起こそう」「皆の力を結集してオンリーワンの会社をつくろう」「世界に冠たる日本の味をつくる職人集団アーティストになろう」という志から生まれたユニークなビジネスモデルと提供価値，そしてシェフに店舗運営を大幅に任せる権限移譲は，ESを向上させている。また時期や店舗ごとにメニューが異なるなど，店舗の個性を生み出してもいる。

▷1　素人集団とは，飲食店経営の経験がないメンバーたちが創業チームだったことを意味する。

▷4P
⇨Ⅷ-5「デジタル・マーケティング・マネジメント」，Ⅸ-1「サービスの基礎と特性」。

4　新事業創造とマネジメント

1　アントレプレナーシップ・プロセス

　これまでみてきたとおり，新事業創造から成長の中核となるのは，アントレプレナーシップ（企業家精神・活動）である。金井は，先行研究を検討した上で，企業家活動とビジネスモデルを関連づけた「起業（新規事業創造）と成長のプロセス」を説明している。

　新規事業創造の中核となる企業家活動（アントレプレナーシップ）とは新価値創造であり，事業機会をつくりだすか，もしくはそれを適切に捉えて追求するプロセスである。それは「企業家」が，「事業機会を認識」して，必要な「資源」を獲得し，「ビジネスモデル」を構築する一連のプロセスである（**資料XI-4**）。別の角度からみると，そのプロセスには，①改革と，②安定・発展という2種類のプロセスも含まれている。

　　①改革のプロセス：既存の業界常識からの逸脱と新市場創造という，新しいビジネスモデルを創造する。

　　②安定・発展のプロセス：企業家のマネジメントによって資源，事業機会，ビジネスモデルの3要素がうまく噛み合い，ビジネスモデルが高度化する。

2　成長プロセスとマネジメント

　ベンチャー企業の成長プロセスを，①スタートアップ期，②急成長期，③安定成長期，④発展拡大期の4ステージで表現すると，ステージごとに必要とされる企業家活動と重点開発分野が異なることがわかる（**資料XI-5，XI-6**）。

　①スタートアップ期：企業家（チーム）が独自の事業構想を描き，創業するステージ。多くは限定市場において売上が軌道に乗るまでの時期を指す。新しいビジネスモデルを構築しようと模索して，小さな失敗を繰り返しながらも，素早く学習して，正しい解へとたどり着くという市場発見的なアプローチである**リーン・スタートアップ**を志す時期でもある。生き残りをかけて四苦八苦する時期となる。

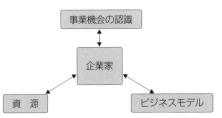

資料XI-4　アントレプレナーシップのプロセス

事業機会の認識

企業家

資源　　　ビジネスモデル

出所：金井・角田（2002）62頁をもとに筆者作成。

▷リーン・スタートアップ
（Lean Startup）
エリック・リース（Eric Ries）の同名の著書で有名になったコンセプトである。日本語版は2002年刊行（日経BP社）。仮説をもって市場にどんどん参加して，小さい失敗を繰り返すという試行錯誤のなかで，素早く学習して，修正を加えながらビジネスモデルを作りあげる起業の仕方を，リーン・スタートアップという。

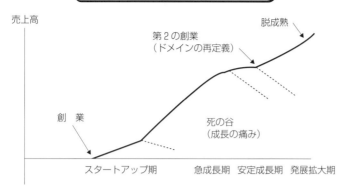

資料XI-5　ベンチャー企業の成長プロセス

出所：金井・角田（2002）64頁をもとに筆者作成。

資料XI-6　成長プロセスとマネジメント

成長ステージ 経営スタイル	⑴スタートアップ期	⑵急成長期	⑶安定成長期	⑷発展拡大期
企業家活動 プロセス	改　革	安定・発展	安定・発展	改　革
戦略上の重要 開発分野	市場と製品	資源とオペレーション	マネジメント・システム	企業文化 新事業開発
資金調達	信用なし 3F(Founder, Family, Friend) 義理人情投資	信用低い **エンジェル**◁ ベンチャー・キャピタル(VC)（第1次） 特定の金融機関 株式上場（V向け）	信用確立 VC増資 民間金融機関 株式上場（店頭）	
組　織	創業のための組織 非公式 システムの欠如 自由奔放な精神		プロフェッショナル組織 公式的 確立されたシステム 規律のある利益志向	

出所：筆者作成。

　②急成長期：売上や従業員数が急激に伸びて，経営資源や組織のマネジメントがそれに追いつかないステージ。この時期にもたらされる主要な経営課題は，生き残るためというよりは，成長することによってもたらされるものが多い。ビジネスモデルを高度化して，安定した組織構築を目指す時期である。

　③安定成長期：第2ステージの爆発的成長の中で，ベンチャー企業からベンチャー的な風土をもつ，プロフェッショナル企業へと移行するステージ。このステージの後半では，これまでの事業の延長線上ではさらなる大きな成長を望むことが困難となり，脱皮が求められる。

　④発展拡大期：これまでの事業延長からの脱皮を目指して，組織的には，プロフェッショナル企業への移行を確かなものとするステージ。戦略的には，事業の**脱成熟化**，もしくは新事業開発といった手段でさらなる成長を目指す時期に入る。**ドメイン**の再定義が求められる時期である。

▷エンジェル
⇨ XI-6 「ベンチャーの組織運営」。

▷脱成熟化
「脱成熟化」とは，事業の成長の鈍化（見込み）に直面した時，成長力を回復するために，新事業への進出や，既存事業を新たな戦略で再活性化すること。

▷ドメイン（domain）
ドメインとは，企業もしくは事業の戦略的な生存領域を意味する。⇨ III-4 「変化とマネジメント」も参照。

ベンチャーの戦略

1 事業アイデアからビジネスモデル構築へ

　新事業開発を行う時，そのきっかけとなる事業アイデアについて，「アイデアはユニークなものでなければならない」という思い込みは捨てた方がよい。誰かが思いつくアイデアは，他社も考えつくという認識が必要である。事業アイデアは，ベンチャー創造の契機となるので重要ではあるが，最も重要なことは，それを発展させ，実行すること，そしてうまく事業化することである。

　事業アイデアを創出して，それを実現可能な事業機会に変えて，ビジネスモデルを構築していくプロセスをみてみよう。

2 事業アイデア創出方法

　アイデアは，とにかく量産してみる必要がある。「量は質の母」である。アイデアの「発散」と「収束」を繰り返す中で，アイデアの質を高めることができる（**資料XI-7**）。この繰り返しで，事業アイデアは，事業機会，ビジネスモデルへと具体化して，それにあわせて，企業家は経営資源マネジメントを行う。

　BOOKOFFと俺のフレンチの事例で考えてみよう。ここからは，ブルー・オーシャン戦略の考え方を援用する。

　ブルー・オーシャン戦略とは，2005年にW・チャン・キム教授とレネ・モボルニュ教授が提唱した戦略コンセプトである。彼らは，多くのプレーヤーが激しく競争している既存の市場空間を「レッド・オーシャン（赤い血の海）」と呼ぶ一方，成功を収めるには，その外に競争のない新しい市場「ブルー・オーシャン」をつくり出すべきだと主張した。新たな市場「ブルー・オーシャン」を作り出す上で，取り除く，増やす，減らす，付け加えるという4つの方法を示している（アクション・マトリクス）。ここでは，この考え方を取り入れなが

▷ブルー・オーシャン戦略
この戦略は，低コストと差別化を同時に実現することを目指した戦略でもある。
⇨ V-5 「ハイパー・コンペティション下の経営戦略」も参照。

資料XI-7　事業アイデアの創造法

アイデアの発散　←　　→　　アイデアの収束	
アイデアをたくさん，どんどん出す	アイデアを分析して絞り込む
質より量	質を高める
自由な発想	フレームワーク思考 クリティカル・シンキング
右脳思考	左脳思考

出所：筆者作成。

資料XI-8 アイデア創造の方向性検討シート

① Focus (減らす，絞り込む)	② Combine (足す，結合する)	③ Change (変える)
◆取り除く 業界常識に反して，完全に削って，なくすものは？	◆増やす 業界標準と比べて大胆に増やすべきものは？	◆変更する 順番や性質を変えるところは？
◆減らす 少なくするものは？	◆付け加える 業界にこれまでなかったものは？	◆入れ替える 順番や性質を入れ替えると？

注：上記でアイデアを出す上では，以下の切り口で考えてみよう。下記は，アイデアの収束の時にも用いられるフレームワークであるが，アイデア出しの時は，少し，いい加減に下記を使ってみよう。
▷① WHO：顧客（市場），② WHAT：顧客に提供する「価値」，③ HOW：価値提供「方法」の3軸。
▷ビジネスモデル（他企業とのネットワークを含む）。
▷代替産業，同じ業界内の他の戦略グループ，他業態・業界，海外などの先行事例。
出所：筆者作成。

資料XI-9 BOOKOFFの戦略キャンバス

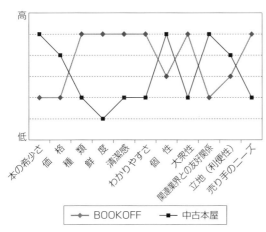

出所：筆者作成。

ら，以下のアイデア出しのフレームワークを提示する（**資料XI-8**）。

アイデアの「収束」では，有名な**KJ法**以外にも，経営学で学ぶ様々なフレームワークや理論が役立つ。資料XI-8を用いて，アイデアを発散させて，たくさんのアイデアが出たとしよう。今度は，そのアイデアを精査して，質を高める必要がある。例えば，ブルー・オーシャンが生み出されるような新市場戦略として成立するアイデアかどうか，その事業化が可能かどうか，図示化して，市場の境界線を引きなおしてみる。その図を，戦略キャンバスと呼び，それぞれの線を価値曲線と呼ぶ。BOOKOFFの事例を，イメージとした描いたものが**資料XI-9**である。このように，業界標準や代替業態と比べた戦略キャンバスをつくることで，事業アイデアを事業機会に，そして事業化へと具体化していくことができる。BOOKOFFの場合，このように価値曲線で示された「差別化のイメージ」をもとに，坂本氏がアントレプレナーシップを発揮して，資料XII-3のようなビジネスモデルを構築したと考えられる。

▷ KJ法
文化人類学者・川喜田二郎（1920-2009）が考案した創造的問題解決の技法である。1つのデータを1つのカードに要約して記述し，カードを似た内容ごとにグループ化して，グループにラベルをつけてまとめる。そして，それらの意味関係を解釈して，図解することで，意味や構造を読み取り，まとめていく方法である。

ベンチャーの組織運営

1 ベンチャーと人材，組織

　企業家活動は，団体競技でもある。企業家単独よりも，企業家チームでベンチャー創業した方が，成功確率が高まることはよく知られている。経営資源が集まりやすく，得意分野で分業でき，それによってイノベーションの能力が高まり，社会からの支援を獲得しやすくなる。「A級のアイデアやプランをもったB級チームよりも，B級のアイデアやプランをもつA級チームの方が，成功確率が高い」という通説もある。

　社員の少ないスタートアップ期では，一人ひとりの役割は大きくなる。したがって，最初の企業家チームの編成は極めて重要である。そこで，優秀な人材を呼び込むには，大企業にできない価値を，彼ら（ターゲットとする人材）に提供することが必要になる。具体的には下記のようなことが求められる。

　①志高く独自のミッション，ビジョンを掲げて，ターゲット人材の共感を得る。
　②活躍の場を与え続ける。戦略立案に巻き込む。
　③**ストック・オプション制度**など金銭的なリターンを準備する。

2 ベンチャーとお金

　リスクの高い事業に挑戦するベンチャーの資金調達は厳しい。特にスタートアップ期や急成長期の初期ステージでは，信用もなく，担保となる資産も持た

▷**ストック・オプション**
(Stock Option) 制度
会社が取締役や従業員に対して，あらかじめ定められた価額（権利行使価額）で会社の株式を取得することのできる権利を付与し，取締役や従業員は将来，株価が上昇した時点で権利行使を行い，会社の株式を取得し，売却することにより，株価上昇分の報酬が得られるという一種の報酬制度である。⇨Ⅱ-7「株主中心型コーポレート・ガバナンスの問題点」も参照。

▷**ビジネス・エンジェル**
(Business Angel)
インフォーマルベンチャ

資料XI-10　直接金融と間接金融

	直接金融 (Equity Finance)	間接金融 (Debt Finance)
資金調達	資金提供者から「直接」資金調達するもの	金融機関等から「借入」により資金調達するもの
代表的手段	3F マネー ビジネス・エンジェル ベンチャー・キャピタル（VC） 株式や社債の発行	金融（仲介）機関による融資
資金提供者	3F，ビジネス・エンジェル，VC，株主	最終的貸し手（金融機関に資金提供している者）
資金の性質	投　資	融資（借入）
リスクを負う主体	投資家	仲介する金融機関

出所：筆者作成。

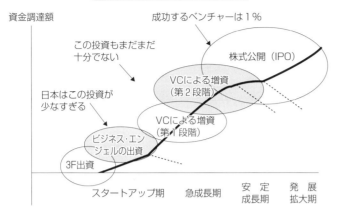

資料XI-11　ベンチャーと直接金融

資金調達額

成功するベンチャーは1％

この投資もまだまだ
十分でない

株式公開（IPO）

VCによる増資
（第2段階）

日本はこの投資が
少なすぎる

VCによる増資
（第1段階）

ビジネス・エン
ジェルの出資

3F出資

スタートアップ期　　急成長期　　安定　　発展
　　　　　　　　　　　　　　　　成長期　拡大期

出所：経産省資料をもとに筆者作成。

ないため，銀行をはじめとする民間金融機関の融資といった間接金融は期待できない。したがって，直接金融を活用することになる（**資料XI-10**）。

　ベンチャーの資金調達として，スタートアップ期の前，いわゆる種まき期から初期に必要とされる資金は，3F（Founder, Family, Friend）でまかなうことが多い。ビジネスモデルを構築して，それを含むビジネスプランを作成し，展開しはじめるスタートアップ中期には，多くの資金を必要とするが，リスクも高く信用もないため，**ビジネス・エンジェル**からの資金調達を必要とする。その後，**ベンチャー・キャピタル**（VC），**株式公開**（IPO）といった直接金融の方法が，ベンチャー急成長から安定成長期までに，主となる資金源である（**資料XI-11**）。

③ 大企業とベンチャーの関係

　ベンチャー企業とは，経営資源が相対的に少ない状態にある。だからこそ，ここまで見てきたように，ベンチャー企業が勝つためには，独自のビジネスモデルを構築して，独自の価値を提供する必要がある。

　一方で，ベンチャーには大企業にはない独自の強みもある。ベンチャーの方が，未開拓市場における新規事業創造に対して，大胆に挑戦できる点である。なぜならば，大企業のあらゆる仕組みは，既存事業に最適化されたシステムとなっている。リスクの高い新規事業に思い切った予算や人材配分がしにくい。よくわからない市場について，社内を説得するのも困難であり，時間もかかる。もし失敗すれば，落伍者の烙印を押されてしまう。チャレンジを高く評価して，ある程度の失敗は許容する人事評価制度と組織文化が構築されていなければ，大企業でチャレンジ精神を発揮する従業員が少なくなるだろう。

　また，日本の大企業には今後，もっとベンチャー企業の活力を活用して，協働していくことが望まれる。

ー・キャピタルとも呼ばれる。その大半は，個人の投資家を指す。アメリカでは，「過去に自らベンチャー企業などを創業した経験があり，その事業的な成功によって築いた個人資産を，今度は次の新しいベンチャー投資に振り向ける個人」と定義されている。真のエンジェルとは，投資と同時に，ベンチャー創業者のメンターとしての役割も果たす。

▷**ベンチャー・キャピタル（Venture Capital, VC）**
VCは2種類に分けられる。①企業初期に投資してハンズオン型投資で経営に関わる「クラッシック・ベンチャーキャピタル」と，②急成長期後期あたりから，IPOなどの転売目的で投資する「マーケット・キャピタル」である。日本は，米国に比べると，①のタイプが極めて少ないというのが現状である。

▷**株式公開（Initial Public Offering, IPO）**
会社の株式を証券市場で売買できるようになることであり，一般投資家からも資金調達できるようになる状態のことをいう。成功すれば，企業家チームに莫大な富を生み出す。

▷1　大企業がベンチャーの活力を活用する方法としては，①コーポレート・ベンチャリング（大企業がベンチャーを生み出す），②大企業がベンチャーをM&A（買収合併）等で取り込む，③新技術や市場の共同開発といった各種提携，④大企業がベンチャーに直接投資する「コーポレート・ベンチャー・キャピタル（CVC）」など，様々な方法がある。

新しいベンチャーの動き

1　ソーシャル・ビジネスとアントレプレナー

　世界的に，ソーシャル・アントレプレナー（社会的企業家），シビック・アントレプレナー（市民企業家），パブリック・アントレプレナー（公務員の企業家）など，社会的課題解決を最大の目的とするアントレプレナーシップが活発化している。社会問題を，ビジネス（事業）手法を用いて解決する企業家たちである。ソーシャル・ビジネスの創造には，①社会性，②革新性，③事業性の3点が必要とされる。

2　ソーシャル・アントレプレナーの事例

　地域のアントレプレナーが力を合わせて価値創造した事例として，三重県多気町の実践例，スキンケア商品「まごころコスメ」シリーズの新規事業創造を紹介しよう。三重県立相可高等学校生産経済科の学生たちがつくったNPO法人「植える美ing」と多気町にある企業，万協製薬株式会社は，地元産品を使用したスキンケア商品「まごころコスメ」シリーズを共同開発・販売している。

　多気町役場のまちの宝創造特命監の岸川政之は，町の資源を最大限活用するために，ネットワークを育み，通常では巡り合えない人々をつなぎ合わせて，町の活性化（宝創造）を担う。高校生NPOと万協製薬をつなげ，「まごころコスメ」事業創造の構想図を描いたのも，シビック（もしくはパブリック）・アントレプレナーの岸川氏である。

　万協製薬の代表取締役社長である松浦信男は，ソーシャル・アントレプレナーシップを発揮した。同社は，外用薬（クリーム剤，軟膏剤，液剤）専門の受託メーカーである。開発提案を含む「OEM生産（相手先ブランドによる受託製造）」の他に，2005年から地域の人たちと一緒に地域産品や廃棄対象資源（米ぬか，規格外真珠，間引きみかん等）を使った「地域貢献ブランド」を開発・生産・販売している。

　岸川氏と松浦氏がタッグを組み，地域活性化のために取り組んだのが，「まごころコスメ」シリーズの協働開発・販売である。ハンドクリーム，日焼け止め，リップクリームと6品目以上のラインナップを販売している。6カ月の共同開発期間には，高校生へのビジネス講義や販売マナーのレクチャーも行われた。使用する地元産品の選択，デザイン，ネーミングのすべては，高校生

NPOが主となって考案して，企業と何度もミーティングを開いて決定したものである。「まごころコスメ」シリーズは，累計2,000万円強の売上を達成した。[41] 地域活性化，若者育成，地域資源活用といった様々な価値創造を目指した新規事業開発は，全国各地で見られるようになってきている。

▷1 この事例は第9回日本パートナーシップ大賞を受賞した（NPO法人パートナーシップ・サポートセンター主催）。多気町の実践詳細については，岸川政之『高校生レストランの奇跡』伊勢新聞社，2011年，松浦信男『人に必要とされる会社をつくる』日本能率協会マネジメントセンター，2012年を参照。

Exercise

○ 理解できましたか？

　1）俺のフレンチの「戦略キャンバス」を描いてみましょう。

　2）BOOKOFFと俺のフレンチの事例で，成功要因をまとめてみましょう。

○ 考えてみよう！

　1）日本のベンチャーやアントレプレナーに関する最新の動向を調べてみましょう。

　2）日本のベンチャーやアントレプレナーシップを活性化させるために必要なことを考えてみましょう。

勉学へのガイダンス

○ はじめて学ぶ人のための入門書

　松田修一『ベンチャー企業（第4版）』日経文庫，2014年。

　　初学者にわかりやすく，網羅的に書かれた本。

　山田幸三・江島由裕『1からのアントレプレナーシップ』碩学舎，2017年。

　　大学初年度学生向けのテキスト。様々な事例に基づき，企業家活動プロセスが説明されている。

○ 本書をより理解したい人のための書物

　金井一頼・角田隆太郎『ベンチャー企業経営論』有斐閣，2002年。

　　ベンチャー経営について，事例やデータに基づきながら，理論的にバランスよくコンパクトにまとめられた本。中小企業研究奨励賞受賞作。

　岩瀬大輔『132億円集めたビジネスプラン』PHP研究所，2010年。

　　ライフネット生命保険（株）の共同創業者が，そのビジネスプランを示しながら，ベンチャー創業についてまとめている。

○ 進んだ勉学を志す人の書物

　ジェフリー・A・ティモンズ『ベンチャー創造の理論と戦略　起業機会探索から資金調達までの実践的方法論』（千本倖生・金井信次訳）ダイヤモンド社，1997年。

　　ベンチャー理論に関する古典的名著。ベンチャー先進国アメリカの豊富な経験に基づくノウハウを，事例を交えて解説。

　ウィリアム・バイグレイブ，アンドリュー・ザカラキス『アントレプレナーシップ』（高橋徳行・田代泰久・鈴木正明訳）日経BP社，2009年。

　　企業家教育の第一人者による起業ガイドブック。「アントレプレナーは教育によって育成できる」という意図が込められている。

（横山恵子）

測定のない経営は危険である

① 組織と問題解決

　企業をはじめとする組織は，目標をもち，それを実現するために日々活動している。こうした組織における経営管理とは何だろうか。経営学者の**サイモン**は，管理することと決定することは広い意味では同じであるとし，組織における経営管理者を意思決定者とした。そして，意思決定のプロセスを，情報活動，設計活動，選択活動，再検討活動という4つのステップでとらえ，各ステップにおける経営管理者の技能の重要性を論じた。

　本章では，意思決定や問題解決におけるデータ（事実）に基づく判断の重要性，およびデータを分析する技法の基礎となる統計的な考え方を学ぶ。

　なぜ意思決定を行う必要が生じるのだろうか。典型的な例として，組織に問題が生じている場合を挙げることができる。例えば，ある製品を作っている企業で，その製品の品質に関するクレームが急増した場合，企業はこのクレームに対処する必要がある。この状況では，現在の製品の品質水準がクレームを発生させない程度には高くないという問題が生じている。

　このように問題とは，現状と望ましい状態（理想）との間に違い（ギャップ）が存在する状態である（**資料Ⅻ-1**）。ある製品の市場（マーケット）における**占有率**（シェア）を伸ばしたい企業において，理想的な姿は「向上したマーケットシェア」であり，これに対してシェアが伸びていないという現状があれば，この企業においてはマーケットシェアに関する問題が生じていることになる。そしてこの問題を解決するには，対策を立案し，それを実行することによりギャップを解消する必要がある。

　問題を解決するためには，まずその問題があることに気づく必要がある。問題の定義から，問題を発見する段階で，問題の悪さの状態を把握する（現状把握）とともに，望ましい状態との間のギャップの大きさを正しく認識している

資料Ⅻ-1　問題の存在

必要がある。そのため現状把握においては，現状を測定する必要がある。それに対して望ましい水準を定めることにより，初めて問題を明確に定め，その大きさの程度に気づくことができる。

組織におけるこうした問題解決行動は，ふつう集団で行われる。そこで，教育や訓練により問題解決の手順や手法を共有し，さらにコミュニケーションするために共通の言語を獲得し，また，成功体験を共有しておくことが必要となる。そのとき，問題解決活動をストーリー（物語）としてとらえておくと，問題解決の手順を標準化し，共有することに役立つ。

企業の活動のみならず，私たち個人の活動も，不断の意思決定および問題解決のプロセスであり，経営システムはこのプロセスがうまく機能するようサポートするための仕組みである。

② 問題解決のストーリー

品質管理（QC）では，PDCAのサイクルや**MAIC**という問題解決のための標準的な手順が定められている。PDCAは，Plan（計画），Do（実施），Check（チェック），Act（処置）の頭文字を組み合わせたもので，このステップで問題解決を行うと（このことを比喩的にPDCAのサイクルを回すという），効率的で有効な活動が可能になるように工夫されている（**資料XII-2**）。また，MAICは，Measure（測定），Analyze（分析），Improve（改善），Control（管理）という4ステップを意味する。これは，米モトローラ社が，日本において成功した品質管理の考え方を研究して開発した**シックスシグマ**という経営革新の手法で用いられている手順である。

こうした手法は，元は工業製品の品質管理活動を中心とした考え方であった。しかし品質を考える対象を，より広く，仕事のやり方やそのプロセスと考えることにより，サービス業を含むあらゆる領域に適用可能となる。仕事の質を向上させるには，仕事のやり方を工夫する必要がある。

▷**品質管理**（Quality Control）
略称はQC。製品やサービスの質を向上させるための考え方や手法の体系。日本製品の国際的競争力を高めることに貢献した。1950年のデミング博士（W. E. Deming）による技術者や経営トップを対象とするセミナーが日本の品質管理活動の出発点である。1951年には，デミング博士の来日を記念して「デミング賞」が創設された。近年ではTQM（Total Quality Management）へと発展し，経営全体における質向上のための取組みとして体系化されている。

▷**MAIC**（マイック）
Define（定義）のステップをつけて，DMAICということもある。

▷**シックスシグマ**（Six Sigma）
アメリカのモトローラ社が開発した経営革新の手法。ゼネラル・エレクトリック社（GE）が導入し，成功したことにより脚光を浴びた。日本の品質管理の手法・考え方をアレンジしたもの。

資料XII-2 PDCAのサイクル

③ 事実に基づいて判断する

　では，こうした問題解決のプロセスにおいて共通している重要な点は何だろう。それは，各ステップにおいて，あくまで事実に基づいて判断する姿勢であり，測定への強い意志である。問題解決において，勘や経験といったもののみに頼るのではなく，事実に基づいて決定することが重要であるという考えがここにある。あらゆるものごとを評価するとき，それを事実やデータに基づいて行わなければ，判断を誤る可能性が高い。そのため，現状に関する「知らせ」である事実やデータに基づいて現状を把握しなければならない。データを取得するには，様々な形態での測定が必要となる。多くの企業は常にそうした努力を行っている。ちなみに，**経営**という言葉は，日本で古くから用いられてきた語であるが，測定を伴う営みとされている。

　なお，データは数値のみに限定されるわけではない。記号や言語によるデータは数値データと比べてはるかに豊かな情報をもたらす可能性がある。だからこそ，分析も難しくなる。テキストデータ，さらには音声や画像データの分析はインターネットの急激な普及とともに近年関心が高まっている分野の1つである。

　ではデータがあれば，"正しい"問題解決を行うことが可能なのだろうか。残念ながら実際はそれほど簡単ではない。なぜなら，正しい問題解決を行うには正しい**情報**が必要だからである。データは単なる数値や記号，文字の集まりにすぎない。これに対し情報は，問題解決を行う者を正しい決定に導く力をもつものである。

　個人や組織がもつ目的は異なる。よってその目的に合致した，現実を変革する力をもつ情報をデータから抽出する必要がある。データを分析し，結果を解釈するという作業を通して初めて正しい情報が得られる。こうした，データから問題解決に役立つ情報を抽出するための理論および手法の体系が統計学である。だからこそ，PDCA や MAIC においては，統計的手法をツールとして縦横に用いる必要性が強調されている。

④ 問題解決における仮説検証

　さらに問題解決では，問題の発見とともにそれを解決に導くための仮説を設定する能力が重要となる。すなわち，問題が何により規定されているかを仮説として提示し，それをデータにより検証する力である。単なる疑問ではなく，問題とその原因と考えられるものとの関係を仮説として表現し，データによって検証できる形にする必要がある。

　「なぜ，来客数が日によってばらつくのか」という問題を考えるとき，例えば，「天候によって異なるのではないか」，あるいは「曜日によって異なるので

▷経営
土地を測り，土台を据えて建築すること（松村明編『大辞林 第三版』三省堂）。

▷情報（information）
G・ベイトソン（Gregory Bateson）は，情報を「差異の知らせ」あるいは「ちがいを生む差異が，情報をなす」と定めている（グレゴリー・ベイトソン『精神と自然』（佐藤良明訳）思索社，1982年，92頁，134頁）。

はないか」といったように原因と考えられるものと結果との関係を定めてみることが仮説の設定である。このように仮説を設定することにより初めて，データに基づいて仮説を検証することができる。さらに，例えば売上高を考えるとき，何が何個売れたか，何と何が同時に売れているか，どういう人が何を買ったかなど，目的とする特性（この場合，売上高）と様々な**要因**との関係を検証できる形で仮説を設定する必要がある。これにより，最終的には目的とする特性をコントロールしたり予測したりといったことが可能となる。

▷要因
特性に影響を与えていると考えられる原因の候補。品質管理では，要因分析のステップで特性要因図という手法を用いて，様々な視点から網羅的に要因を洗い出す作業を行う。

⑤ 問題解決の各ステップでの手法

PDCA や MAIC などの問題解決の手順において有用な手法はいろいろある。また，様々な分野で汎用的に利用できる手法が整備されている。これらを技法として身につけ，利用するとよい。その代表的なものが QC 七つ道具である。QC 七つ道具には，層別，ヒストグラム，散布図，管理図，パレート図という基本的な統計手法および考え方に加えて，チェックリスト，特性要因図が含まれる。ここで層別というのは，男女別，業種別というような形にデータを分類するというデータ分析の基本的な考え方である。なぜなら，分けることにより比較ができ，違いを知ることが可能となるからである。

また，品質管理活動の適用領域の拡大とともに，従来の手法だけでは十分ではなくなり，特に言語データの整理や分析にまで踏み込んで新しく整備された手法が新 QC 七つ道具である。新 QC 七つ道具は，従来からある発想法や創造性の手法，**オペレーションズ・リサーチ**という経営工学の手法，統計学における多変量解析の手法などから有益なものを 7 つに絞り込み，改めて問題解決のツール集として提案されたものである。

▷オペレーションズ・リサーチ
⇨ XⅢ-1 「経営科学とオペレーションズ・リサーチ」。

これらの手法は，基本的には問題を調査し，要因を列挙し，分析することにより解決につながる方策を列挙し，それらを評価することで有効なものに絞り込む作業のためのものである。調査では，特性要因図，連関図，多変量解析，ベンチマーキングなどが利用可能であり，列挙では，ブレーンストーミングやチェックリスト，系統図の作成，評価では，グラフ，パレート図などが有効である。他に，階層分析法（AHP : Analytic Hierarchy Process）は，経験や勘といったあいまいなものを科学的に取り込み，同時に多くの目的を考慮することができる手法であり，評価のステップで有効に活用することができる。また，様々な評価基準があるときに，意思決定の主体が行う経営の効率性を公平に測定する手法である包絡分析法（DEA : Data Envelopment Analysis）も，ベンチマーキングと関連して，重要な分析手法の 1 つである。

理論のない測定は空疎である

1 統計的考え方の役割

　関心のある対象を分析するためには，対象に関する理論・モデルが必要である。そのため，対象の振る舞いをモデル化する必要がある。そのとき，自由気ままにモデルを創ることはできない。現実に即した，現実を説明するのに役に立つ**モデル**を創る必要がある（**資料XII-3**）。そのときに基礎となるのが，分析したい対象を観察したり測定したりすることによって得られるデータ（事実）である。ここでは，データの科学ともいわれる統計理論に入門する。

　統計学において，調査の対象は何らかの集まりであり，それを母集団という。これには，国や企業，組織，グループといったヒト・モノ・カネ・情報の集まり，あるいは製品やサービスなどの集まりや，それらを生み出す工場や店のプロセスなどが含まれる。統計学では，通常，母集団を構成するものすべてを測定することはしない。その代わりに母集団の一部からサンプル（標本）を取り出し，それを測定する。なぜなら，全数の調査は不可能であったり，時間や費用がかかったりするからである。

　サンプルを調査することによりデータを得る。そのデータに基づいて母集団の性質に関する情報を抽出する。この手法を総称して統計的推測という。統計的推測は検定および推定という手法からなる。これらの関係を図に表しておく（**資料XII-4**）。なお，図で「**無作為**に」とあるのは，母集団からサンプルを抜き出す際の方法を示す。これはサンプルが母集団を"正しく"代表するように抽出することを保証するための方法である。

▷モデル（model）
著名な統計学者のG・E・P・ボックス（G. E. P. Box）は，あらゆるモデルは間違っているが，有用なものがあると記している。

▷無作為（random）
集団のなかから個体を等しい確率で抽出すること。無作為であることを保証するために，通常，乱数を利用する。

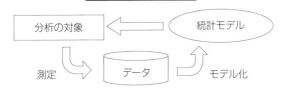

資料XII-3　モデルの役割

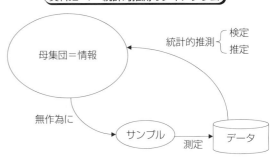

資料XII-4　統計的推測のダイアグラム

② あらゆるものごとは変動する

　関心のある特性が，調査や観測を行うたびに違う側面を示す（値が変化する）ことは日常的に経験していることがらである。例えば，ダイエットに関心をもつ人が，毎日体重や体脂肪率を測定するのは，日々これらの値が変化している可能性があるからである。工場で毎日同じ製品を作っていても，できあがりの品質は日・製品によって異なる。それは，製品づくりに利用している原料の品質の違いや作業時の条件の違い，環境の変化などの**条件変化**に製品の品質が影響を受けるからである。異なった品質の製品ができるからこそ，品質に関する問題が生じる。

　データはこうした変動するものを測定した結果であるから，当然データも変動する。データを分析する目的は，分析対象がもつ特性のこうした変動する姿を，変動するデータに基づいてとらえることにある。このとき，変動するものをとらえるための視点，すなわち理論・モデルが必要となる。そのための代表的な理論が統計学であり，データを分析する者は統計的な技法（ものの見方・考え方）を習得しておかなければならない。

　こうした変化する特性をモデル化したものが**確率変数**である（**資料XⅡ-5**）。このとき，単に変動するというだけではなく，あるパターンをもって変動していると考える。この変動のパターンを確率分布という（単に分布ともいう）。分布は，確率変数のどのような値がどの程度に出現しやすいかを定める頻度を示すものと考えればよい。

　確率変数には2種類のものを考えておく必要がある。なぜなら，**2種類のデータ**があるからである。1つは連続的な値で得られるデータ（連続データ）であり，もう1つは離散的な値で得られるデータ（離散データ）である（**資料XⅡ-6**）。連続データの代表的なものとしては，製品の長さや重さ，寿命といったものがある。これに対し，離散データとしては，事故の件数や不良品の個数，機械の停止回数，書類への記入ミス件数といったものがある。離散データは数えることにより得られるデータであり（計数データともいう），連続データは実数の値をとる（と考えることができる）データである。

▷条件変化

製造の4Mという言葉がある。これは製品の品質にばらつきを与える原因を，人（Man），機械（Machine），材料（Material），方法（Method）の視点から追求しようというものである。

▷確率変数

さいころを投げるときの出る目をイメージするとよい。さいころの出る目は1から6のどれかであることはわかっているが，どれになるかは，実際に投げてみないとわからない。データも，サンプルを抽出して測定してはじめて得られる値である。

▷2種類のデータ

現実には，データを測る尺度が名義尺度，順序尺度，間隔尺度，比例尺度のどれかによって，データの性質は変わる。これらの詳細については，例えば，中澤　港『Rによる統計解析の基礎』ピアソン・エデュケーション，2003年，21～25頁を参照。なお，入門レベルでは，本文で述べた2種類を考えておけば十分である。

資料XⅡ-5　データと確率変数の関係

現実		モデル
データ	⇔	確率変数

資料XⅡ-6　連続と離散

誤差の性質を知る

 データの構造

　私たちが関心のある特性を測定しても，測定時の環境条件等から真の特性の値を得ることはできない。これをデータのモデルとして表現すると，

　　　データ＝特性の真の値＋誤差

とすることができる。つまり，どんな測定器を用いても，測定した値には必ず誤差がある。どんなに精密な測定器で，それを精確に利用しても誤差が生じる可能性がある。測定器を用いる人，その用い方，環境条件によって測定値が変動する。こうした変動させる要因をまとめて誤差（error）と呼ぶ。誤差は，サイコロを投げるという試行のイメージでとらえることができる。投げるまでは，1から6のどれかの目が出るということはわかっているが，どの目が実現するかはわからない。実際に投げてはじめて，値が確定するという性質である。ただし，誤差の場合，その大きさは未知である。

 誤差の振る舞い

　ここでは簡単な例を取り上げ，誤差の性質をみておこう。例えばおにぎりを2個買ったとする。おにぎりには重量がグラム表示されているとする。2つのおにぎりの重さを測って，それぞれのグラム表示が正しいかどうか調べたい。天秤（てんびん）と分銅（重り）を用いて測定する。

　2つのおにぎりをA，Bと書き，Aの真の重さをa，Bの真の重さをbで表すことにする。測定の目的は，aとbの値を知ることである。2回しか天秤を使用できないという制約があるとき，どのように重さを計るのが良いだろうか。ここで，「良い」というのは誤差が小さいということを意味する。まずは普通の測定方法を検討する。

方法1　2つのおにぎりをそれぞれ1回ずつ測定する。

　おにぎりAの測定値をx_A，おにぎりBの測定値をx_Bと書くと，方法1の測定値は

$$x_A = a + \varepsilon_1$$
$$x_B = b + \varepsilon_2$$

という式（モデル）で表すことができる。このようなデータの成り立ちを示す式をデータの構造式という。ε_1 と ε_2 は誤差であり，この式が示すように，測定値に真の値（a や b）からのずれを生じさせ，ばらつきをもたらす量である。a や b 自身は，変動しない真の値である。なお，誤差に番号をつけて区別しているのは，A を測定する場合の誤差の値と B を測定する場合の誤差の値は異なる可能性があるからである。x_A および x_B が，2つのおにぎり A，B を1回ずつ測定するときに得る値，つまり，データである。

　おにぎり A の重さの測定は，真の重さ a を知るために行う。おにぎり A の測定値が x_A なのだから，a の重さは x_A グラムであるといってよいと思われる。しかし，このデータ x_A には誤差がくっついているため，真の重さ a とは異なる。残念ながら，誤差がある限り，真の値を知ることは不可能であるが，a を推定する値（推定値という）を $\hat{a}$（エー・ハットと読む）と記すとき，

$$\hat{a} = x_A$$

としているのである。同様に，$\hat{b} = x_B$ である。

　このように，データを集めたり，それらに基づいて分析したりするとき，測定した値には誤差が含まれるということを意識しておかなければならない。誤差が測定値に与えるばらつきの大きさの指標として通常，**分散**を用いる。誤差 ε_1 の分散を $V(\varepsilon_1)$ と記し，その値を σ^2 とするとき，ε_1 と ε_2 は同じ測定器の誤差なので，その分散の値は等しい，つまり，

$$V(\varepsilon_1) = \sigma^2, \quad V(\varepsilon_2) = \sigma^2$$

と考えてよいだろう。すると，推定値 $\hat{a}$，$\hat{b}$ に関して，

$$V(\hat{a}) = \sigma^2, \quad V(\hat{b}) = \sigma^2$$

となる。

③ 平均を求めるとよいことがある

　測定の際，データにこうした誤差が含まれるという前提で，真の値に関する情報を効率よく得ることができるように測定を工夫する必要がある。その工夫として，"平均を求めるとばらつきが小さくなる"という性質を利用することができる。つまり複数回測定して，それらのデータの平均を求める形にするわけである。

　このことを踏まえて，今の問題状況で平均を求めることができるように次のように工夫してみる。

方法2　1回目の測定では，おにぎり A と B の合計の重さを測る。2回目の測定では，A と B の差の重さを測る。

　具体的には次のようにすればよい。1回目の測定では A および B を同じ皿

> ε
> ギリシャ文字のイプシロン。誤差も，測定のたびに値は異なる可能性があるから，確率変数と考える。

> ▷分散（variance）
> ばらつきの大きさを表す指標の1つ。具体的にデータで説明する。
> 例えば，2組のデータ A$\{-1, 0, 1\}$ と B$\{-2, 0, 2\}$ があるとする。どちらのデータの平均値も 0 である。しかし，直感的には A と比べて B の方がばらつきが大きいと感じるだろう。これを数値で表現するものが分散である。平均からの各データのずれの度合いを集計することにより計算する。

> ▷ 1　$V(\hat{a}) = V(x_A)$
> $\qquad = V(a + \varepsilon_1)$
> $\qquad = V(\varepsilon_1)$
> $\qquad = \sigma^2$

に乗せ，合計の重さを計る（このことを$A+B$と記す）。2回目には，1つの皿にAを，もう片方の皿にBを乗せ，釣り合うようにどちらかの皿に重りを乗せる。これはAとBの重さの差を計ることに対応するので，$A-B$と記す。

$A+B$を測定したデータをx_1，$A-B$を測定したデータをx_2とすると，次のデータの構造式が成り立つ。

$$x_1 = a + b + \varepsilon_1$$
$$x_2 = a - b + \varepsilon_2$$

するとaとbの値は，それぞれ

$$a = \frac{x_1 + x_2}{2}, \quad b = \frac{x_1 - x_2}{2}$$

として求めることができるように思える。しかし実際には誤差があるため，

$$a = \frac{x_1 + x_2}{2} - \frac{\varepsilon_1 + \varepsilon_2}{2}, \quad b = \frac{x_1 - x_2}{2} - \frac{\varepsilon_1 - \varepsilon_2}{2}$$

となっており，誤差の分だけ本当の値からずれている。方法1の場合と同様に，

$$\hat{a} = \frac{x_1 + x_2}{2}, \quad \hat{b} = \frac{x_1 - x_2}{2}$$

と考える。しかし，この推定値においては，$\hat{a}$および$\hat{b}$に付随している誤差はそれぞれ $(\varepsilon_1 + \varepsilon_2)/2$，$(\varepsilon_1 - \varepsilon_2)/2$ であり，平均の形になっている。このとき分散の大きさは，測定値に含まれる誤差のばらつきの大きさσ^2の半分になることがわかっている。すなわち

$$V\left(\frac{\varepsilon_1 + \varepsilon_2}{2}\right) = \frac{\sigma^2}{2}, \quad V\left(\frac{\varepsilon_1 - \varepsilon_2}{2}\right) = \frac{\sigma^2}{2}$$

である（ここで，誤差の符号がプラスでもマイナスでも $\sigma^2/2$ になることに注意）。よって，推定値の分散は，

$$V(\hat{a}) = \frac{\sigma^2}{2}, \quad V(\hat{b}) = \frac{\sigma^2}{2}$$

となり，方法1の大きさの半分である。なお，誤差の性質に関して，一般には次の結果が成立する。

---

n 個の値の平均をとると，ある条件のもとで，分散は元の大きさの$1/n$になる。つまり

$$V\left(\frac{\varepsilon_1 + \varepsilon_2 + \cdots + \varepsilon_n}{n}\right) = \frac{\sigma^2}{n}$$

方法1と方法2の結果から，2回のみ測定する場合，各おにぎりを1回ずつ別々に測るのではなく，合計の重さ（$A+B$）を1回，差の重さ（$A-B$）を1回測ると，ばらつきの小さい値を求めることができるのである。すなわち方法

資料XII-7 測定の模式図

	a	b	
x_1	1	1	どちらも左に
x_2	1	2	左右にわけて

2の方が精度よく推定できることになる。また，方法2の場合には，Aを2回測定し，Bを2回測定する，すなわち計4回測定する場合の精度と同じであることもわかる。計4回測定する精度を2回の測定で達成している。

上記の方法2のモデルを，誤差を省略して模式化しておこう。左の天秤に乗せることを1，右の天秤に乗せることを2と表示すると**資料XII-7**のように表すことができる。

これまでは，おにぎりの重さを測るという単純な例を取り上げたが，もっと一般的な状況を考えてみよう。例えば，製薬会社で新薬を開発し，その効果を評価したい場合には，動物から人間までの様々な試験が必要となり，莫大な費用がかかる。そこで，少ない試験回数で効率的に効果を知ることが望ましい。そのための手法として**実験計画法**がある。

実験計画法に**直交表**という表がある。直交表の例を**資料XII-8**に示す。8行，7列の1と2が並べられた表である（L_8直交表という）。この表は資料XII-7の表を拡張した形になっている。

資料XII-8 直交表の例（L_8直交表）

No.							
1	1	1	1	1	1	1	1
2	1	1	1	2	2	2	2
3	1	2	2	1	1	2	2
4	1	2	2	2	2	1	1
5	2	1	2	1	2	1	2
6	2	1	2	2	1	2	1
7	2	2	1	1	2	2	1
8	2	2	1	2	1	1	2

次節では，新商品の企画において直交表を利用することを考える。

▷**実験計画法**
20世紀最大の統計学者とされるフィッシャー（R. A. Fisher）が確立した実験の方法および分析手法の体系。無作為化（ランダマイズ），ブロック分け（局所管理），繰り返しという3つの原理に基づく。

▷**直交表**
直交配列表ともいう。本文では L_8 を取り上げているが，他に，L_{16}，L_{32}，…，といった大きなサイズの直交表や，3水準の因子を取り扱うことのできる L_9，L_{27}，…，などがある。

新商品を企画する

1 企画のための手法

　新商品を企画する場合，その新商品が備えるべき属性は様々である。その新商品の諸属性のどういった面に消費者が魅力を感じるかを測定することは，商品の開発において重要である。本節では，XII-3「誤差の性質を知る」でみた誤差の性質を利用して，新商品の諸特性に関する消費者の好みを効率よく測定する方法を見てみよう。その際，調査及び分析が効率的に行えるよう，実験計画法の考え方を利用する。

　例として，メモリ内蔵タイプの**デジタルオーディオプレーヤー**を開発する状況を考えよう。このプレーヤーが備えるべき属性にはいろいろあるが，ここでは，形，重量，色，FMラジオ機能，ICレコーダー機能という5つを取り上げる。なお，音質や操作性，メモリ容量，再生時間といった他の重要な属性を取り上げることも可能である。消費者にとってこれら5つの属性のどれが，どの程度魅力を感じさせるものか（効用をもつか）を客観的にデータに基づいて評価できれば，その情報を商品開発に役立てることができる。

　形は「スティック型」と「薄型」，重量は「20グラム」と「50グラム」，色は「シルバー」と「ブルー」，FMラジオ機能は「なし」と「あり」，ICレコーダー機能も「なし」と「あり」を考える（**資料XII-9**）。こうした，調査や実験に取り上げる属性を，実験計画法では因子といい，各因子の変更の段階を水準という。形という因子の段階は「スティック型」と「薄型」の2つなので2水準である。すると，ここで取り上げた因子は全て2水準となっている。以下，表記を簡単にするために，5つの因子を$A \sim E$の記号で表し，2つの水準を数字1または2で表す。また，因子と水準の組み合わせを，因子の記号に水準数

> ▷デジタルオーディオプレーヤー（digital audio player）
> MP3等の形式の音楽ファイルや音声ファイルを内蔵メモリに記憶させ，再生することのできる携帯性に優れた軽量・小型のプレーヤー。

（資料XII-9　因子と水準の表）

属　性	因　子	水　準	
		1	2
形	A	スティック型	薄　型
重　量	B	20グラム	50グラム
色	C	シルバー	ブルー
FMラジオ	D	なし	あり
ICレコーダー	E	なし	あり

資料XII-10 因子の割付表

No.	A	B	C	D	E		
1	1	1	1	1	1	1	1
2	1	1	1	2	2	2	2
3	1	2	2	1	1	2	2
4	1	2	2	2	2	1	1
5	2	1	2	1	2	1	2
6	2	1	2	2	1	2	1
7	2	2	1	1	2	2	1
8	2	2	1	2	1	1	2

資料XII-11 データ表

No.	A	B	C	D	E			順位
1	1	1	1	1	1	1	1	7
2	1	1	1	2	2	2	2	8
3	1	2	2	1	1	2	2	1
4	1	2	2	2	2	1	1	5
5	2	1	2	1	2	1	2	4
6	2	1	2	2	1	2	1	2
7	2	2	1	1	2	2	1	6
8	2	2	1	2	1	1	2	3

を添え字として記す。たとえば，重量（B）の20グラム（水準1）なら B_1 と書く。

　これらの因子について，消費者の効用がどのようになっているかをデータを用いて評価するにはどうすればよいだろうか。5つの因子で各2水準の場合，すべての水準の組み合わせを考えると32個にもなる。32種類の概要や試作品を示して，アンケートを取るというのは1つの方法である。しかし，被験者の立場から考えると，32個の製品の違いに関してきちんと回答するのは大変で，いい加減になる可能性もある。これに対し，実験計画法の直交表の考え方を利用することによりこの状況を軽減することができる。

　この問題で前述の L_8 直交表を利用するには，表の上部の No. の右にある7つの空白部分に，A から E の因子の記号を適当に記入し（どの順でもどの位置でもよい），下にある数字を水準として取り，それら因子と水準の組み合わせを1つの製品候補（以下，サンプルと呼ぶ）とする。すると，No. 1〜8の8つのサンプルができる。例えば，**資料XII-10**の表のように因子の記号を記入したとすると，No. 1のサンプルは，A_1，B_1，C_1，D_1，E_1，すなわち，形はスティック型，重量は20グラム，色はシルバー，FMラジオの機能なし，ICレコーダーの機能なしの製品となる。空いている部分（列）は無視する。

　これらの8種類の属性をもつサンプルの試作品や模型，あるいは属性をカードに記したもの（コンジョイントカードという）等を被試験者に提示し，評価してもらう。評価には様々な方法がある。例えば10点満点で成績をつけてもらってもよい。しかし，こうした評価が難しいこともある。そこでよく用いられるのは，サンプルを評価の悪いものから順に並べてもらい，1，2，3，…，8という順位をつけるという方法である（以下，1が最も悪く，8が最もよいとする）。このような方法で，正確なデータ分析ができるのかという心配もあるかもしれないが，実は可能である。

▷1　$2 \times 2 \times 2 \times 2 \times 2 = 2^5 = 32$

▷**コンジョイントカード**
(conjoint card)
No. 1のサンプルのコンジョイントカードの例を次に示す。

> 形はスティック型
> 重量は20グラム
> 色はシルバー
> FMラジオ機能なし
> ICレコーダー機能なし

❷ 効用を評価する

　1人の評価者が，**資料Ⅻ-11**のように順位をつけ，評価したとしよう。因子 A の第1水準 A_1 の効果を a_1，A_2 の効果を a_2，B_1 の効果を b_1，B_2 の効果を b_2 というように記号で表すことにすると，サンプル No. 1 の順位7は，式

$$7 = a_1 + b_1 + c_1 + d_1 + e_1 + \varepsilon_1$$

の右辺の効果があわさって出てきたと考えることができる。ここで ε_1 は，誤差である。同様にして改めてすべてを列挙すると，次のようになる。

$$7 = a_1 + b_1 + c_1 + d_1 + e_1 + \varepsilon_1$$
$$8 = a_1 + b_1 + c_1 + d_2 + e_2 + \varepsilon_2$$
$$1 = a_1 + b_2 + c_2 + d_1 + e_1 + \varepsilon_3$$
$$5 = a_1 + b_2 + c_2 + d_2 + e_2 + \varepsilon_4$$
$$4 = a_2 + b_1 + c_2 + d_1 + e_2 + \varepsilon_5$$
$$2 = a_2 + b_1 + c_2 + d_2 + e_1 + \varepsilon_6$$
$$6 = a_2 + b_2 + c_1 + d_1 + e_2 + \varepsilon_7$$
$$3 = a_2 + b_2 + c_1 + d_2 + e_1 + \varepsilon_8$$

　A の同じ水準に注目し，他の水準の状況を見てみると，a_1 と a_2 のどちらにも，例えば，2個の b_1 と2個の b_2 があることがわかる。よって，上の4つの式の平均と下の4つの式の平均を求め，

$$\frac{7+8+1+5}{4} = a_1 + \text{「その他」} + \frac{\varepsilon_1 + \varepsilon_2 + \varepsilon_3 + \varepsilon_4}{4}$$

$$\frac{4+2+6+3}{4} = a_2 + \text{「その他」} + \frac{\varepsilon_5 + \varepsilon_6 + \varepsilon_7 + \varepsilon_8}{4}$$

これらの差を求めると，

$$1.5 = a_1 - a_2 + \frac{\varepsilon_1 + \varepsilon_2 + \varepsilon_3 + \varepsilon_4}{4} - \frac{\varepsilon_5 + \varepsilon_6 + \varepsilon_7 + \varepsilon_8}{4}$$

となる▷2。これにより，右辺には A の効果（a_1，a_2）と誤差のみが残った。

　誤差があるため，このままでは，$a_1 - a_2$ の値はわからない。しかし，"誤差の値はプラスの値で出たりマイナスの値で出たりするので，4つも合計して平均すればほぼ0に近いだろう" と考えてみよう。こう考えると，

$$\hat{a}_1 - \hat{a}_2 = 1.5$$

とすることができる▷3。同様に，次のようになる。

$$\hat{b}_1 - \hat{b}_2 = 1.5, \quad \hat{c}_1 - \hat{c}_2 = 3, \quad \hat{d}_1 - \hat{d}_2 = 0, \quad \hat{e}_1 - \hat{e}_2 = -2.5 \text{（つまり，} \hat{e}_2 - \hat{e}_1 = 2.5\text{）}$$

　$\hat{d}_1 - \hat{d}_2 = 0$ のように，2つの水準の効用の推定値の差が0ということは，FMラジオの機能はあってもなくてもよいということである。よってラジオの効用はないと判断できる。これに対し差が一番大きいのは因子 C であり，C_1 を選択すると C_2 に比べ効用は3だけ大きくなることがわかる。同様に，

▷2 「その他」は
その他 $= (b_1 + b_2 + c_1 + c_2 + d_1 + d_2 + e_1 + e_2)/2$
なので，差を求めることにより「その他」が消えることに注意しよう。

▷3 $\hat{a}_1 - \hat{a}_2$ の代わりに $\widehat{a_1 - a_2}$ と書くこともある。
　なお式では等号（＝）を用いているが，「ほぼ等しい」という感じである。

A_1 は A_2 に比べ1.5，B_1 は B_2 に比べ1.5，E_2 は E_1 に比べて2.5効用が大きい。また，最も大きな効用の因子は色，次いで IC レコーダー機能，形，重量の順となる。このように，5つの因子（各2水準）を取り上げたとき，8つのサンプルを作成し，それらを評価するだけで，すべての因子の効果を評価できる。

ここで紹介した手法は，品質管理や統計学では実験計画法や回帰分析の，マーケティングではコンジョイント分析と呼ばれる手法の骨子となっている。ここでは省略したが，実際には，誤差の大きさ（分散の値）の評価を行うとともに，各因子に効果があるかどうかを検定し，効果の大きさを推定するといったより詳細な分析を行う。また計算に関しては，エクセルやデータ分析専用のソフトウェアを用いて簡単に実行できる。

▷ 4　分析から得た情報をまとめると次のようになる。

魅力のあるメモリ内蔵の小型軽量デジタルオーディオプレーヤーは

・形はスティック型
・重量は20グラム
・色はシルバー
・FM ラジオ機能はあってもなくてもよい
・IC レコーダー機能はあり

である。

Exercise

○ 理解できましたか？

　1）PDCA のサイクルとは何でしょうか。

　2）平均を求めることの利点は何でしょうか。

○ 考えてみましょう！

　1）スマートフォンが備えるべき特性を列挙してみましょう。

　2）何か1つの製品についてコンジョイント分析を行ってみましょう。

勉学へのガイダンス

○ はじめて学ぶ人のための入門書

　豊田秀樹『紙を使わないアンケート調査入門──卒業論文，高校生にも使える』東京図書，2015年。

　　ウェブを利用したアンケート調査の方法から分析の手法までをフリーのソフトウェア「R」を用いて学ぶことができる。実際に自分でデータを集め，分析してみよう。

　逸見功『統計ソフト「R」超入門』講談社ブルーバックス，2018年。

　　統計学の学習にはソフトウェアの利用が必須である。世界標準の統計ソフト「R」を用いて検定・推定から回帰分析までを学ぶことができる。

○ 本章をより理解したい人のための書物

　デイヴィッド・サルツブルグ『統計学を拓いた異才たち』（竹内惠行・熊谷悦生訳）日経ビジネス人文庫，2010年。

　　統計学の約100年の歴史に関連した内容を29のトピックで物語風にまとめたもの。興味深いエピソードがたくさん紹介されている。

　東北大学統計グループ『これだけは知っておこう！　統計学』有斐閣ブックス，2002年。

　　統計学の内容をトピックスを中心に整理している。まず，第3章から読んでみよう。

○ 進んだ勉学を志す人のための書物

　入山章栄『世界の経営学者はいま何を考えているのか──知られざるビジネスの知のフロンティア』英治出版，2012年。

　　世界レベルの経営学における知のフロンティアはどこにあり，そしてそこでは，どのような形で統計学を用いて仮説を実証しているのかを知ろう。

　永田　靖『入門統計解析法』日科技連，1992年。

　　本格的に統計学を学ぶなら，この本が最適である。数学が苦手な学生は少し難しいと感じるかもしれないが，統計学を真に理解するには避けて通ることはできない。

（荒木孝治）

経営科学とオペレーションズ・
リサーチ

 オペレーションズ・リサーチとは

　オペレーションズ・リサーチ（以下，OR）は戦争を起源とする学問であり，数学や統計学を駆使して効果的な戦術や戦略を導き出すことが目的であった。特に，イギリスやアメリカは OR を用いて戦果をあげていた。その例の1つとして日本の神風特攻隊への対策が挙げられる。当時アメリカは日本の神風特攻隊により大きな損害を出していた。そこで，アメリカ海軍は特攻機に攻撃された艦のデータを集め OR 分析を行った。その分析により，艦の回避運動と突入成功率に関して**資料XⅢ-1**のような結果を得た。

回避運動	大型艦	小型艦
あり	0.22	0.36
なし	0.49	0.26

〔資料XⅢ-1　特攻に関する OR〕

出所：飯田耕司『軍事 OR 入門』三恵社，2008年。

　資料XⅢ-1 より，大型艦は回避運動を行ったほうが突入成功率は下がり，逆に小型艦は回避運動を行わない方が突入成功率は下がることを突き止めた。大型艦の回避運動が有効な理由は，大型艦は急な方向転換はできないので比較的安定した状態で特攻機を射撃できるためと考えられた。また，逆に小型艦の回避運動が有効でない理由は，小型艦は迅速な方向転換が可能であり艦の揺れなどにより射撃が安定しないためと解釈された。以上より，アメリカ海軍は大型艦には積極的な回避運動を行うように指示し，小型艦には急激な回避運動を避けるように指示を出した。その結果，特攻隊の突入成功率を下げることに成功した。

　戦後になって OR は経営の分野へ応用されるようになり，経営科学へと発展を遂げた。経営科学とは，企業や地方自治体などが解決を迫られている様々な問題に対して解決策を見つける学問である。次項では，現実に適用されている経営科学の事例を挙げる。

経営科学の事例

【事例1】スーパーマーケットでの商品の仕入れ量と時期の決定

　あるスーパーマーケットの店長は，ジュースの仕入れをどうするかを考えている。ジュースの売れ行きはほぼ一定であることがわかっている。スーパーマーケットで商品を仕入れる場合，ある程度の量をまとめて発注するのが普通である。しかし，一度に大量に発注すると多くの在庫をかかえることになり，無駄にスペースを消費してしまう。一方で在庫を抑えるために少量の発注を行うと，在庫切れのリスクがありジュースが売れる機会を失う可能性がある。さらに，少量発注を繰り返すことは多くの事務費用がかかったり，仕入単価が高くなったりする。そこで，店長は在庫切れを出さず無駄な在庫を少なくするためには，いつどれだけの量を発注すればよいのかを決めたい。これは，**経済的発注量**や在庫管理といった問題で，経営科学の分野ではこの問題を解決するためのいくつかの手段が提案されている。

▷経済的発注量
発注費用と在庫費用の和が最小になる発注量。

【事例2】ホテルにおける宿泊需要予測

　あるホテルの支配人は来月の従業員のシフトを決めたいと考えている。宿泊客が少ない場合には従業員の数を減らして人件費を安く抑えたい。しかし，従業員の数が少なすぎるとサービスの質の低下につながりホテルの評判を落としてしまう。したがって，支配人は宿泊客の数に対して適切な従業員数を割り当てる必要がある。宿泊客の中には直前に予約したり，予約しないで来る人もいる。一方で，従業員のシフトは1カ月から半月前には決めなければならない。そのため，宿泊客の人数を事前に予測することが重要になる。このとき，支配人は過去の同月の宿泊人数，天気，イベントなどのデータを用いて統計解析を行い，その結果を基に宿泊人数を算出する。これは需要予測と呼ばれるもので，商品販売などの場面でも用いられている。

【事例3】銀行のATMの設置数の決定

　ある銀行ではATMの設置を考えている。ATMの設置数を多くするとお客の待ち時間は減るが，設置費用と運用費用が高くなる。逆にATMの設置数を少なくするとお客の待ち時間は増えるが，設置費用と運用費用が安くなる。このとき，お客を待たせ過ぎずに，設置・運用費用を安くするためには何台のATMが必要かを決定しなければならない。事前データとして，時間ごとのお客の人数と，1人のお客がATM操作にかかる時間などがわかっている場合，**待ち行列の理論**によりATMの設置数に対するお客の待ち状況を考えることができる。この待ち状況をコンピュータによるシミュレーションで分析してATMを設置する台数を決めることができる。

▷待ち行列の理論
病院の待ち時間のような混雑現象を確率的に表した数理モデル。

③　最適化問題

　OR・経営科学に関する現実問題はしばしば最適化問題になる。最適化問題とは，ある条件の下で価値や費用を最大もしくは最小にする答えを求める問題のことである。最適化問題において，価値や費用を最大もしくは最小にしたい

▷目的関数
価値であれば最大，費用で
あれば最小になる解を求め
ることが最適化問題の目的
である。
▷制約条件
絶対に違反することのでき
ない条件。制約条件を満た
す解を実行可能解と呼び，
満たさない解を実行不能解
と呼ぶ。

ものを**目的関数**と呼び，その際に守らなければならない条件を**制約条件**という。
一般的に最適化問題は，目的関数と制約条件から成り立っている。

　現実社会にも，最適化問題は数多く存在している。例えば，キャンプに持っ
ていくものを決める問題は最適化問題である。ある人は，キャンプを楽しむた
めにできるだけ多くの物（食料やレクレーショングッズなど）を持っていきたい
と考えている。ところが，カバンの容量には限りがあり，すべてのものを持っ
ていくことはできない。このような状況において，この人は何を持っていけば，
キャンプを最も楽しめるかを考える。例えば，行き先でバーベキューをしよう
と考えた場合は，バーベキューセットを持っていくだろう。もし，バーベ
キューセットを持っていった場合，カバンの容量を考えると他の荷物はほとん
ど持っていけない。バーベキューに大きな価値を見出すならば，バーベキ
ューセットだけを持っていくことは間違いではない。しかし，せっかくキャン
プに行くのであればいろいろな遊びを楽しみたいと考えるのが普通である。し
たがって，この場合適度な食料と適度な遊び道具を持っていったほうがキャン
プ全体としては楽しいはずである。この適度な食料と遊び道具の量を具体的に
決めるのが最適化問題である。この問題は目的関数と制約条件で以下のように
表される。

　　　　目的関数：キャンプの楽しさ　→最大

　　　　制約条件：荷物の合計はカバンの容量以下

　この最適化問題を解くと，例えば，米500 g，野菜100 g，サッカーボール1
個のとき楽しさが最大になるといった答えが得られる。

　しかし，上述の問題は実際に解くのは難しい。なぜなら，楽しさを数値化す
ることは困難だからである。したがって，実際は目的関数と制約条件を数値で
表すことのできる問題を取り扱う。例えば，次のような最適化問題を考える。

　【最適化問題の例】あるパン屋がアンパン，メロンパン，クリームパンを作
ろうと考えている。このとき，使用できる材料の小麦は2000 g以下，作業時間
は120分以下である。また，アンパン，メロンパン，クリームパン，それぞれ
1個作るのに必要な小麦の量と作業時間および1個売れた場合の儲けは下の表
のようになっている。このとき，パン屋はパンをそれぞれ何個ずつ作ると儲け
が最大になるだろうか。

	小麦	作業時間	儲け
アンパン	50 g	9分	80円
メロンパン	110 g	6分	130円
クリームパン	140 g	5分	150円

この問題を目的関数と制約条件で表すと以下のようになる

　　　　目的関数：儲けの合計　　→最大
　　　　制約条件：小麦の使用量は2000g以下
　　　　　　　　　作業時間は120分以下

　目的関数である「儲けの合計」は各パンの個数と上表の儲けの金額により数値で表すことができる。制約条件も各パンの個数と上表の小麦の量と作業時間から数値で表現できる。このような最適化問題の答えは手計算で求めることもできるが，専用のソフトウェアを使うと簡単に解くことができる。

　実際に上述のパン屋の例題を解いた結果，儲けの合計が最大になるのは，アンパン2個，メロンパン16個，クリームパン1個を作ったときであり，儲けの合計額は2390円である。このときの使用した小麦の量とかかった作業時間は，それぞれ2000gと119分で制約条件を満たしていることがわかる（問題を数式で表す方法やソフトウェア等の詳細は XⅢ-3 「モデル化と解法」で述べる）。

❹ 目的関数と制約条件の関係

　現実問題を最適化問題として考える場合，目的関数と制約条件の設定が重要になる。目的関数を先に決めてから制約条件を考えることが多いが，制約条件は目的関数を悪くする方向に設定する必要がある。上のパン屋の例では，小麦が2000g 以下 という制約条件により，パンを作る量は制限されている。つまり，儲けさせないようにしている。もし，小麦の使用量の制約がなければ小麦は使い放題なので儲けが増えるはずである。現実問題を最適化問題として解こうとする場合，制約条件は目的関数を悪くする方向に自然に設定していることが多い。ところが，目的関数と制約条件の関係を意識していなければ目的関数が悪くならない方向に制約条件を設定してしまうことがある。例えば，上の制約条件を小麦の使用量を2000g 以上 とすると，小麦使い放題で目的関数を悪くするほうに働かないので，あってもなくてもよい条件になる。

　現実問題を最適化問題として扱う場合には，目的関数と制約条件の関係は注意しなければならないが，逆に目的関数と制約条件の関係から見落としている制約条件を見つけられることもある。例えば，目的関数を悪くする条件として各パンの製造個数に上限を設ける制約条件などが思いつく。この制約条件を上手に設定することで，ある特定のパンだけを作ることを防ぐことができる。

　本章ではOR・経営科学の中で，特に現実問題を最適化問題として扱う方法について解説する。

問題解決のためのアプローチ

1 現実社会に存在する最適化問題

現実社会に最適化問題は数多く存在する。以下に2つの最適化問題の例を挙げる。

○配送計画問題

宅配業者などが荷物を配って回るルートを決める問題である。宅配業者は効率的に荷物を配るために，なるべく一度で配り終えて移動時間を短くしたい。ところが，配送車に積むことのできる荷物の容量には限りがあるため，1台の配送車が一度に配ることのできる荷物の量は決まっている。また，配送先ごとに時間指定がされている場合は，指定された時間内に荷物を届けなければならない。以上の条件の下に宅配業者が決定するのは，配送車を何台使用するのかと，各配送車の配達ルートである。配送計画問題は最適化問題のなかでも盛んに行われている研究の1つである。

○勤務シフト作成問題

飲食店などでアルバイトや社員の出勤シフトを作る問題である。アルバイトや社員の出勤希望から自動的に適したシフトを作ることを目的としている。作成されるシフトは，日にちごとに必要な人数が割振られていて，さらに各人の勤務日数もある一定数以下に抑えられる。例えば，平日は5人で，休日は8人必要であり，各人が1カ月に勤務できる日数は20日以下であるという条件を考慮してシフトを作ることになる。その他の条件では，必ずどの時間も社員が1人はいなければならないといった条件や，連勤は5日までといった条件なども考えられる。勤務シフト作成問題は，業種や店舗の違いによって特有の条件が付くので，業種・店舗ごとに考える必要がある。有名な問題では，看護師の勤務シフトを作成するナーススケジューリングなどがある。

2 現実問題へのアプローチ

現実問題を解決しようとする場合，以下の2ステップを踏むことになる。

・ステップ1：現実問題のモデル化を行う。
・ステップ2：モデル化された問題を解く。

ここでのモデル化とは，現実問題を数理的な問題として表現することである。すなわち，抽象的な現実問題を解くことができる問題へと具現化する。以下で

▷宅配業者
ヤマト運輸や佐川急便など。

は，カーナビゲーションシステムを例に上述の2ステップについて説明する。カーナビゲーションとは主に自動車に搭載されていて，目的地を入力すると現在地から目的地までの最短の道順を求めてくれるものである。

3 カーナビゲーションシステムのモデル化

まず，**資料XIII-2**の地図を例にステップ1のモデル化の説明をする。今，資料XIII-2において，「現在地」から「スーパー」までの最短の道順を求めたい。このとき，最初に行うことは地図から必要な情報を以下の手順で抽出することである。

1．地図（資料XIII-2）上の交差点に番号を振る。
2．つながっている交差点同士を線で結ぶ。
3．交差点間の距離を測る。

手順1～3により，資料XIII-2の地図は**資料XIII-3**の図のように表される。ただし，資料XIII-3においてコンビニなどの施設は本来必要ないが，読者が資料

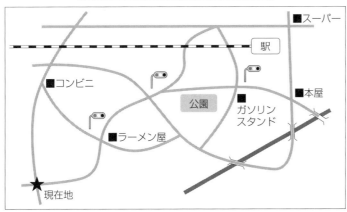

資料XIII-2　現在地からスーパーまでの地図

出所：筆者作成。

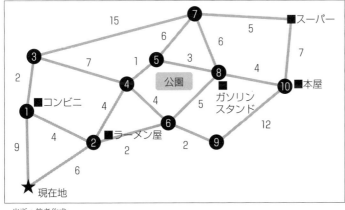

資料XIII-3　モデル図

出所：筆者作成。

XIII-3の図と資料XIV-2の地図を対応しやすいように残している。また，図中の線の長さには意味はなく，交差点同士のつながりのみを表している。したがって，資料XIII-3においては交差点のつながりが正確であるならば，交差点位置などは適当でも構わない。

このとき，「現在地」から「スーパー」までの最短の道順を求める問題における目的関数と制約条件は以下のように書くことができる。

　　　　目的関数：走行距離　→最小
　　　　制約条件：「現在地」から「スーパー」まで一つながりの道であること

目的関数は，資料XIII-3において，実際に通過する道（線）上の数字の合計で表現される。例えば，道順が「現在地」→①→③→⑦→「スーパー」の場合，目的関数は9+2+15+5=31である。制約条件は，「現在地」から「スーパー」まで途中で途切れずに行くことである。この制約条件は当たり前のように思われるが，この制約条件がなかった場合，「現在地」→①，⑦→「スーパー」のような，つながっていない道を求めてしまう可能性がある（詳細は XIII-4 「実際にどうやって解くか」）。

④ カーナビゲーションシステムの解法

次に，ステップ2のモデル化された問題の解き方について説明する。一般的に，最適化問題に対する解法はいくつか存在する。最も単純な解き方は，「現在地」から「スーパー」までのすべての道順を求め，その各経路の走行距離を計算して，走行距離が最も短い道順を答えとする方法である。資料XIII-3の図の場合，以下のような道順と目的関数（走行距離）を求める。

道順1：「現在地」→①→③→⑦→「スーパー」：31
道順2：「現在地」→①→③→④→⑤→⑦→「スーパー」：30
道順3：「現在地」→②→④→⑤→⑦→「スーパー」：22
道順4：「現在地」→②→⑥→⑧→⑩→「スーパー」：24
　　　　　⋮
　　　　　⋮

上記のようにすべて道順を挙げて，最も距離が短い道順を求めると道順3であった。すなわち，道順3が最適な道順（**最適解**という）となり，めでたく問題は解決したことになる。

ところが，すべての経路を求める方法はあまり現実的な解き方ではない。なぜなら，すべての経路を求めるのに膨大な時間がかかることがあるからである。ドライバーがカーナビゲーションを使用する場合，現在地から近いところを目的地にすることは少ない。目的地まで数時間かかるときに使用することもしば

▷最適解
制約条件を満たす解を実行可能解と言い，実行可能解のなかで最も良い解を最適解という。最適化では最初から最適解ではなく実行可能解を目指すこともある。

186

しばある。例えば，時速60kmで1時間走行する場合，単純計算で60km進むことになる（厳密には信号待ちなどがあるので60kmは進まないと思われる）。一般的には，60kmもの距離を走行する途中には，多くの交差点を通過することになる。交差点は資料XIII-3における○を意味しているので，60km先までの地図を資料XIV-3のように表すと，○の数が莫大になることは容易に予想できる。○の数が多いということは，目的地への道順の数も膨大になり，それらをすべて求めようとすると**天文学的な時間**がかかる。カーナビゲーションで，最適な道順を求めるのにそんなに時間がかかっていたのでは，誰も使用しない。1分でもちょっと遅いくらいである。

　実際にカーナビゲーションシステムは2，3秒で目的地までの道順を求めてくれる。それでは，カーナビゲーションシステムは一体どのように経路を求めているのか？　実は，この問題に対しては**ダイクストラ法**と呼ばれる速く最適な道順を求めることができる解法が使われている。ダイクストラ法を使った場合，交差点の数が1万個程度であっても，1秒もかからず最適な道順を求めてくれる。

5　モデルの改良

　モデル化とそれを解くという2ステップで現実問題を解決することができるが，実際に求めた答えが現実的でない場合もある。その場合は，求めた答えと現実とのギャップを検証して，モデルの改良を試みることになる。例えば，運転手が実際カーナビゲーションで求めたいものは，短い距離の道順よりも早く到着地点に着く道順であることが多い。途中で止まることがないと仮定すると，時間は距離にほぼ比例すると考えてよい。ところが，資料XIII-2の地図をみてみると，電車の線路が横切っているところが3カ所存在する。すなわち，踏切が存在していて，もし踏切で停車すると時間の大きなロスになることが予想される。このとき，前記の道順3よりも道順4の方が良い答えである可能性がある。なぜなら，道順3は踏切を通っているのに対して，道順4は踏切を通っていないからである。したがって，モデル化の段階で目的関数を走行距離に限ってしまうと，現実的な問題から乖離してしまうので，モデルの改良が必要になる。そして，改良されたモデルに対しても解法を考えて，再び求めた答えの現実性の検証を行う。これを繰り返すことで，より現実的なモデル化と解法を作っていく（**資料XIII-4**）。

資料XIII-4　現実問題へのアプローチ

現実問題 → モデル化 → 解法 → 答え → 検証 → 解決

出所：筆者作成。

▷**天文学的な時間**
最適化問題を解く際に単純に全ての解を列挙すると，コンピュータを使った場合でも何億・何兆年もかかることがある。つまり，実質答えが求まらない。

▷**ダイクストラ法（Dijkstra's algorithm）**
オランダ人の計算機科学者エドガー・ダイクストラが開発した解法。最短の道順を求める問題を高速に解くことができる。

モデル化と解法

 良いモデルとは

　良いモデルとは，現実問題を忠実に表現したものであるが，現実性にだけ捉われると実際には解けないモデルになってしまう。例えば，前出資料XⅣ-2の地図の情報を忠実に考えると，渋滞や信号での待ち時間や道が上り坂か下り坂などども考慮しないといけない。信号の待ち時間などは実際に近くまでいかないとわからないので，事前に予想することは難しい。これを解決するために信号の待ち時間を確率で表すことなどが考えられるが，確率の入った最適化問題は解くのが非常に難しい。したがって，モデル化の際には現実性だけでなく，実際にそのモデルに対して良い答えが求められるかも重要になる。もし，良い答えが求められないのであれば，現実性に対する多少の妥協は必要になる。

② 答えが求められるまでの時間

　現実問題を解く上で重要になるのが，答えが求められるまでの時間である。例えば，カーナビゲーションシステムで道を求める場合には2，3秒で答えを求めないといけないが，[XⅢ-1]「経営科学とオペレーションズ・リサーチ」で説明したパンを作る個数を決める問題の場合は，問題を解くのに一晩ぐらい使ってもいいかもしれない。問題を解くために使うことができる時間は状況によって変わる。また，解くためにかかる時間は問題の解き方で決まるが，モデル化の時点である程度決まってしまうこともある。なぜなら，モデル化された問題に対して解き方を考えるからである。したがって，モデル化の時点で問題を解くために使える時間を考慮して，解き方を考えていなければならない。

　また，同じ現実問題を解決する場合でも，1つのモデルになるとは限らないうえに，1つのモデルに対しても解き方は複数ある。そして，最適なモデルと解き方がわかっていない現実問題は数多く存在する。したがって，現実問題に対してどうモデル化して，どう解くかは解決者次第である。また，現実には最適解を求めるのが難しい問題も多く存在する。最適解を求めるのが難しい問題とは，答えを求めるのに時間がかかる問題のことである。最適解を求めるのが難しい問題に対しては，最適解を諦めるという手段もある。諦めるというと聞こえが悪いが，例えば最適解を出すのに3日かかる方法があるとする，一方で最適解より1％だけ悪い解を1秒で出す方法があるとする。状況にもよるが短

い時間で，最適でないにしても良い解を出す後者の方が役に立つことが多い。

3 定式化と最適化手法

ここからは，モデルが1つに確定したとして，その後のアプローチを説明する。実際の地図を資料XⅢ-3のような図で表現することもモデル化であるが，最適化問題の場合さらに定式化することがある（定式化まで含めてモデル化というときもある）。最適化問題における定式化とは，目的関数と制約条件を数式で表すことである。定式化は，最適化問題を解くに当たって絶対に必要というわけではないが，数式から問題の性質などが明らかになり，より良い解法がみつかることがしばしばある。

XⅢ-1 のパン屋の問題は以下のように定式化できる。

$$目的関数：80x+130y+150z \quad \rightarrow 最大$$
$$制約条件：50x+110y+140z \leq 2000$$
$$9x+6y+5z \leq 120$$
$$x, \ y, \ z：正の整数$$

x, y, z は変数といわれ，それぞれアンパン，メロンパン，クリームパンの個数を表している。例えば，3つのパンをそれぞれ1個作ったとすると，変数は $x=1, y=1, z=1$ となる。この x, y, z の値を目的関数の式に代入すると360，2つの制約条件式の左辺にそれぞれ代入すると，300，20となり，両方の制約条件を満たしているので，$x=1, y=1, z=1$ は実行可能解の1つである。ところが，どちらの制約条件においてもまだ余裕があるので，パンの数を増やしても制約条件は満たしそうである。すなわち，より儲けが出る答えが存在しそうである。

最適な x, y, z の値を手計算で求めようとすると大変だが，簡単な問題であれば定式化の後，**数理計画ソルバー**というソフトウェアを使って解くことができる。実際，定式化して数理計画ソルバーで解くアプローチが一番実用性は高いので，まずはこのアプローチを試すことが多い。ところが，定式化できたからといって必ず数理計画ソルバーで解けるわけではない。数日かかっても答えが求められない問題も多く存在する。数理計画ソルバーで答えが求められない場合は，解決者が解き方を考える（良い解き方がすでに存在する場合もある）。解決者が解き方を考える場合は，定式化の情報から考える場合と，定式化を全く必要としない場合がある。以上の関係を**資料XⅢ-5**にまとめる。

出所：筆者作成。

▷1 $80 \times 1 + 130 \times 1 + 150 \times 1 = 360$

▷2 $50 \times 1 + 110 \times 1 + 140 \times 1 = 300$

▷3 $9 \times 1 + 6 \times 1 + 5 \times 1 = 20$

▷4 $300 \leq 2000, 20 \leq 120$

▷5 実際，XⅢ-1 「経営科学とオペレーションズ・リサーチ」に記すように最適解は $x=2, y=16, z=1$ で儲けは2390円である。

▷数理計画ソルバー
有償と無償のものがある。有償のソルバーには，CP-LEX や Gurobi Optimizer といったものがある。無償のソルバーには，glpk などがある。

実際にどうやって解くか

▷最短路問題
スタート地点とゴール地点
が決まっている道で，最短
の道順を求める問題。最短
は距離や時間の最小化を意
味することが多い。

▷1　例えば，方程式$2x$
$-4=0$のxは変数で，$x=$
2と決定することは，この
方程式を解いたことを意味
する。変数をどのように設
定するかは大変重要であり，
設定を間違うと定式化が困
難になる。

① カーナビゲーションシステム問題へのアプローチ

本節では，XIII-2「問題解決のためのアプローチ」のカーナビゲーションシステムの問題（以下，**最短路問題**）を例に，実際に答えを求めることができる具体的なアプローチ方法を説明する。

② 定式化からのアプローチ

定式化では，まず変数の設定を行う。変数とは問題を解くことで値が決定するもので，つまり問題を解くということは変数の値を決定することに相当する。

資料XIII-3の最短路問題の答えは，「現在地」から「スーパー」への経路であり，これが変数になることが予想される。ところが，経路自体を変数に設定すると定式化が難しくなる。そこで，一般的な最短路問題においては道ごとに考えて，その道を通るか通らないかで変数を設定する。例えば，資料XIII-3において①→②の方向にこの道を通る場合は変数$x_{1,2}=1$，通らない場合は変数$x_{1,2}=0$となるように設定する（下付の数字の順番は進行方向を意味している。逆向きの②→①は変数$x_{2,1}$となる）。この変数は0か1しかとらない変数で，0-1変数と呼ばれ現実問題を定式化する場合にはしばしば登場する。全ての道で同じように変数を設定すると，例えば経路「現在地」→①→③→⑦→「スーパー」は，$x_{0,1}=1$，$x_{1,3}=1$，$x_{3,7}=1$，$x_{7,11}=1$（「現在地」を⓪，「スーパー」を⑪とおいている）他の変数は全て0，と表すことができる。

ここで実際に0-1変数を用いて資料XIII-3の最短路問題を定式化する。まず，目的関数「走行距離」を変数で表現すると以下のようになる。

$$9x_{0,1}+6x_{0,2}+4x_{1,2}+2x_{1,3}+4x_{2,1}+4x_{2,4}+2x_{2,6}+2x_{3,1}+\cdots+7x_{10,11} \qquad (1)$$

式(1)において，変数の前の数字はその道の距離を表していて，例えば道⓪→①を通る場合は$x_{0,1}=1$となり走行距離が9増える。経路「現在地」→①→③→⑦→「スーパー」（$x_{0,1}=1$，$x_{1,3}=1$，$x_{3,7}=1$，$x_{7,11}=1$，他の変数は0）の場合，式(1)の値は31となり，資料XIII-3においてはこの経路上の距離の合計，すなわち走行距離を意味している。

次に，制約条件を変数で表現する。制約条件は，「現在地」から「スーパー」まで一つながりの道になることである。一つながりの道とは，途中で道が途切れないことである。途中で道が途切れる状況は以下の2パターンで起こりうる。

1．ある交差点○まで来たが，そこから出ていかない。

2．ある交差点○には来ていないが，そこから出ていく。

　例えば，パターン1は「現在地」から③までは来たが，③から出ていかない。パターン2は逆に⑦には来ていないが，⑦から出ていく。すなわち，$x_{0,1}=1$，$x_{1,3}=1$，$x_{7,11}=1$ といった答えが求まってしまうときである。このような状況を防止する式を変数で表すために，制約条件「一つながりの道になること」を次のように言い換える。

　制約条件：交差点○にきた場合は必ず出ていく。○に来ていない場合は出ていってはいけない。この制約条件を①を例に表すと以下のようになる。

$$x_{0,1}+x_{2,1}+x_{3,1}=x_{1,2}+x_{1,3} \qquad (2)$$

　式(2)の左辺は①へ行く道を表していて，右辺は①から出ていく道を表している。①へ行く場合は左辺の $x_{0,1}$，$x_{2,1}$，$x_{3,1}$ のいずれかが1になるので，式(2)を満たすためには $x_{1,2}$，$x_{1,3}$ のどちらかが1になる必要がある。一方で，①へは行かない場合は左辺の $x_{0,1}$，$x_{2,1}$，$x_{3,1}$ はすべて0になるので，式(2)を満たすためには $x_{1,2}$，$x_{1,3}$ は両方とも0でなければならない。また，一般の最短路問題では同じ○に2回以上行くことはない。なぜなら，走行距離を短くすることが目的なので同じ○に何度も行くことは何のメリットもないからである。

　すべての○に関しても式(2)と同じように式をつくると，「現在地」から「スーパー」までの一つながりの経路をつくることができる。ただし，「現在地」からは行くだけで，来ることはないので式は以下のようになる。

$$x_{0,1}+x_{0,2}=1 \qquad (3)$$

また，「スーパー」には来るだけで出て行くことはないので，式は以下のようになる。

$$x_{7,11}+x_{10,11}=1 \qquad (4)$$

　以上より，この最短路問題は定式化できた。この定式化を数理計画ソルバーで解くことで最適解を求めることができる。

❸ 定式化しないアプローチ

　最適化問題の多くは上で述べたような定式化を行うことができる。ところが，数理計画ソルバーを用いた場合，答えを求めるのにかかる時間が膨大になることがしばしばある。現実的に答えを求めるのに数日かかってもよい問題もあるが，多くの場合はできるだけ速く答えを求めたい。答えを速く求めたい状況においては，数理計画ソルバーを用いるのは得策ではない（問題によっては数理計画ソルバーでも高速に答えを求められる）。そのような状況においては，問題に対する独自の解き方を考えることになる。独自の解き方の中には定式化の情報をもとに考える方法もあるが，ここでは前項で定式化した最短路問題に対して，定式化ができなくても解ける方法であるダイクストラ法（資料XⅢ-5では「既存の方

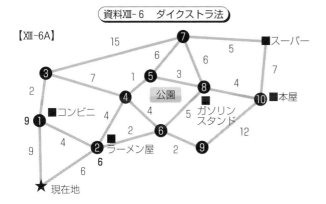

資料XIII-6　ダイクストラ法

【XIII-6A】

【XIII-6B】

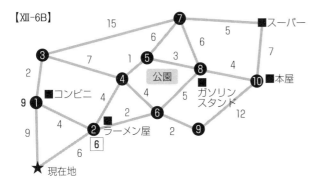

【XIII-6C】

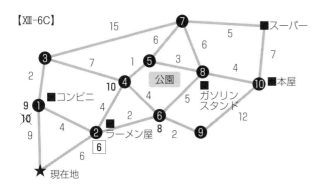

【XIII-6D】

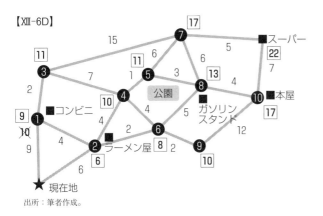

出所：筆者作成。

法」に当たる）を資料XIII-3の図を例に説明する。

　ダイクストラ法は，簡単にいうと「現在地」から各交差点○までの最短路を順番に決めていき，最終的に「スーパー」までの最短路を求める方法である。

　まずは，「現在地」につながっている○への距離を求める（①へは距離9，②へは距離6である）。求めた距離を○にラベル付けする（資料XIII-6A中の太字の数字）。すなわち，①には9，②には6というラベルを付ける。次に，最も小さいラベルをみつける。資料XIII-6Aでは，②の6が最小である。この時点で②への最短距離は6に確定する（最短距離確定の意味で6を□で囲む，資料XIII-6B）。最短距離が確定した○につながっている先の○への距離を求める。資料XIII-6Bにおいて，最短距離が確定した②につながっているのは，①，④，⑥であり，②を経由した場合の距離は，それぞれ10，10，8である。①，④，⑥にそれぞれ，10，10，8をラベル付けする（資料XIII-6C）。ただし，すでにラベルが付いている○の場合，新たなラベルが既存のラベルより小さな場合のみ置き換える。つまり，資料XIII-6Cの①では既存のラベル9のほうが，新しいラベル10より小さいので置き換えない。そして，確定していないラベルの中から再び最小のラベルをみつける。資料XIII-6Cでは，⑥の8が最小であり，⑥への最短距離は8に確定する。あとは同じことに繰り返すことで，すべての○および「スーパー」への最短距離を確定させる（資料XIII-6D）。

　資料XIII-6Dをみると，「現在地」から「スーパー」までの最短距離が22であることはわかるが，最短路は資料XIII-6D を見ただけではわからない。そこで，最短路を求めるために「スーパー」から道を戻っていく。資料XIII-6Dにおいて，「スーパー」に付いているラ

ベルは22である。まず，「スーパー」から⑩に戻ることを考えると，⑩→「スーパー」の距離が7であることから，⑩のラベルは 22−7＝15 であることが予想される。ところが，実際の⑩に付いているラベルは17である。この不一致は，⑩→「スーパー」の道は最短路には含まれていないことを意味する。次に，「スーパー」から⑦に戻ることを考えると，⑦→「スーパー」の距離が5であることから，⑦のラベルは 22−5=17 であることが予想される。実際の⑦のラベルを見ると17であり，予想と一致していることがわかる。すなわち，⑦→「スーパー」の道は最短路に含まれることがわかる。あとは同じように⑦から順に「現在地」まで戻っていくと，その戻った経路が実際の最短路である。資料XIII-6Dでは，「現在地」→②→④→⑤→⑦→「スーパー」が最短路になる。

実際に現実問題を解決しようと考えた場合，どのようなアプローチを行うかが重要になる。しかし，現実問題に対しては，このアプローチで間違いないと言い切れることはほとんどない。最短路問題でも条件が少し変われば，ダイクストラ法が適用できないことがある。したがって，解決者は問題の性質などを見極めた上で，適切なアプローチを考える必要がある。

▷2　ダイクストラ法は，非常に速く最適解を求められることが知られており，一般的な最短路問題に対しては，定式化からのアプローチよりもダイクストラ法が用いられることが多い。

Exercise

○理解できましたか？
　1）目的関数と制約条件が何か理解できましたか。
　2）現実問題を解決する手順が理解できましたか。
○考えてみましょう！
　1）現実に存在する最適化問題を考えてみましょう。
　2）最短路問題のカーナビゲーションシステム以外の現実問題への応用を考えてみましょう。

勉学へのガイダンス

○はじめて学ぶ人のための入門書
　松井泰子・根本俊男・宇野毅明『入門オペレーションズ・リサーチ』東海大学出版会，2008年。
　　身近な例を用いてオペレーションズ・リサーチの基礎をわかりやすく解説している。
　高井徹雄・青木武典・小沢利久・飯田哲夫・渋谷綾子『基礎から学ぶ経営科学』税務経理協会，2005年。
　　文系学部の教員によって書かれた経営科学の入門書である。
○本章をより理解したい人のための書物
　宮川公男・野々山隆幸・佐藤修『入門経営科学改訂版─Excelによる演習』実教出版，2009年。
　　経営科学としては基礎的な内容であるが，理解するためには簡単な数学の知識が必要である。
　大野勝久・玉置光司・石垣智徳・伊藤崇博『Excelによる経営科学』コロナ社，2005年
　　エクセルを使って問題を解く方法が詳しく解説されている。
○進んだ勉学を志す人のための書物
　藤澤克樹・梅谷俊治『応用に役立つ50の最適化問題』朝倉書店，2009年。
　　現実問題に適用できる最適化問題を扱っている。最適化の基礎知識があることが大前提である。
　藤澤克樹・後藤順哉・安井雄一郎『Excelで学ぶOR』オーム社，2011年。
　　様々な問題に対してエクセルを使って解く具体的な方法を解説している。数理的な解説も充実している。

（村上啓介）

経営情報論では何を学ぶのか

　経営情報論とは

▷**情報技術（Information Technology）**
高速なデータ処理を可能にするコンピュータ技術，それら同士を結合し機能させるネットワーク技術など，様々な電子通信技術の総称。こうした技術による社会的な影響を「IT 革命」と呼ぶこともある。

　インターネットの普及は新しいビジネスの起爆剤になっており，**情報技術（IT）**は現代の企業経営に不可欠なものになっている。経営情報論はビジネスにおける情報技術のあり方について考える学問であり，経営学における最も実践的な領域の１つである。本章では人の意思決定や情報，知識のあり方など基本的な理解を進め，最新の情報技術利用について扱っている。

　ビジネスに限らず人間活動において情報は重要な役割を担っている。特に近年ではその扱い方次第でビジネスの成否を左右するものと考えられている。経営情報論は，ビジネスにおける情報の扱い方に関する基本的な考え方について，情報の意味的側面から始まり，コンピュータ，通信技術といった技術的側面までを総合的に考察する研究分野である。

　資料XIV-１のように，ビジネスにおける情報システムの利用は企業がもつ情報に対する考え方，情報システム戦略に支えられ，初めて機能するものである。したがって，情報に関する基本的な理解，情報システムに関する全社的な戦略の理解が情報システムの利用には不可欠である。本章では，多岐にわたる情報システムのコンセプトについて，それぞれの背景や考え方，戦略を明らかにする。

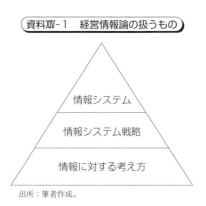

資料XIV-１　経営情報論の扱うもの

情報システム

情報システム戦略

情報に対する考え方

出所：筆者作成。

資料XIV-2 ビジネスシステム内の情報システム

組織内システム

企業間システム ⇔ 情報システム

出所：筆者作成。

2 ビジネスシステムと情報システム

○ビジネスシステムと情報システム

　企業は最終的に商品やサービスという形で顧客の価値をつくり出すために，原材料の調達から顧客への販売，アフターフォローまで様々な仕組みを有機的に統合している。それらの仕組み全体のことを**ビジネスシステム**と呼ぶ。情報システムはそれだけで価値を生み出すものではなく，ビジネスシステムに結びついてその機能を発揮するものであり，情報システムのビジネスシステム内の位置づけを明確に理解しておく必要がある（**資料XIV-2**）。

　ビジネスシステムは情報システムのほかに組織内システム，企業間システムからなる。組織内システムは自社内で行われる業務とそれを統合する仕組みである。組織内には全体を機能させるために様々なコミュニケーションの仕組みが存在し，情報システムはそれらの自動化または情報提供による支援を行う。またビジネスシステムは自社内で完結するものではなく，原材料の供給企業や顧客などほかの事業体や個人と関係をもっている。これらの管理，調整を行う業務，仕組みを企業間システムと呼び，情報システムはこれらの管理業務やコミュニケーションの支援を行う。つまり情報システムは基本的に組織内システムや企業間システムを自動化もしくは支援することによって顧客の価値の創造に貢献するものであり，これらは相互補完的な関係にある。

○環境適応と情報システム

　経営戦略は環境適応のための意思決定であるが，情報システムも環境変化に適応しなければならない。経営環境は非常に変化が激しく，既存の組織内システムや企業間システムの陳腐化のスピードは従来と比べて一段と早くなっている。したがってそれらは常に環境変化に応じて組み替えられ，情報システムもまた変化への対応を迫られる。その際の重要なキーワードは情報システムの柔軟性である。組織だけではなく，情報システムも様々な原因によって硬直化する傾向をもっている。企業はシステムの技術的な要因，担当する人間の心理的要因そしてパワー関係などの組織的な要因などの検討を行い，変化への対応力，柔軟性を確保しなければならない。

▷ビジネスシステム（Business System）

最終的に顧客の価値を生み出すために，組織内外の諸活動を結びつけ，管理するための仕組み。商品やサービスは他社に模倣されやすいが，ビジネスシステムは複雑な組織的要因が絡むために，近年，持続的競争優位の源泉として注目を集めている。⇨X-1「ビジネスモデルと事業システム」も参照。

ビジネスにおける情報システム

1 どのように意思決定しているのか

○意思決定プロセス

マネジメントとは意思決定であるといわれるように，意思決定は組織のあらゆるところで行われるものであり，ビジネスを支える最も基本的な概念の1つである。多くの企業組織や事業の仕組みは意思決定論を基礎に設計されており，情報システムも例外ではない。ここでは**資料XIV-3**にそって人の意思決定プロセスを説明していこう。

最初に意思決定しなければならない問題そのものを発見・認識することから始まる。理想の目標と現実とのギャップを何らかの指標をもとに把握し，解決すべき問題を明らかにする。次にそのギャップを解消するための解決策として，考えられうる代替案を列挙する。そしてそれぞれの代替案を実行することによって生じる結果を予測する。そのようにして得られた代替案の予想結果を意思決定の目標と照らし合わせながら評価し，最終的に選択・実行する。

○よい意思決定に向けて

それではよい意思決定，つまり目標とのギャップを埋め，望ましい状況に近づける意思決定はどのように生まれてくるのだろうか。よい意思決定を導く要因は大きく2つに分けて考えることができる。第1に意思決定にかかわる環境や代替案，予想される結果についての事実を知っているかどうか，第2に代替案の予想結果の評価や選択のときに適切に価値判断できるかどうかである。人間は「**経済人**」モデルが想定するような全知全能の存在ではなく，**制約された合理性**をもった人間である。したがって可能な代替案をすべて列挙できず，ご

▷「経済人」（Economic Man）モデル
人間を経済的動機にのみ動機づけられ，最大の賃金収入を得ようとするものと想定し，そのために必要な合理的意思決定を人間は行うことができると考える人間観の1つのモデル。⇨Ⅲ-3「組織とマネジメント」も参照。

▷制約された合理性（Bounded Rationality）
人間は限られた能力しかもっておらず，すべての代替案の列挙，結果に関する情報も不十分で，価値判断も完全ではないことを指した言葉。⇨Ⅲ-3「組織とマネジメント」も参照。

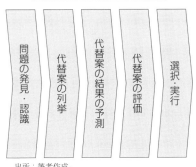

（資料XIV-3　意思決定プロセス）

問題の発見・認識

代替案の列挙

代替案の結果の予測

代替案の評価

選択・実行

出所：筆者作成。

く一部しか検討することができないものであるし，代替案の実行から生じる結果についての知識は断片的で不完全なものであり，それらを評価する価値基準が常に正しいとはいえないのである。ゆえに人は組織を利用して自らの能力の制約を克服しようとする。

　例えば組織内のコミュニケーションは意思決定者に様々な情報や知識を伝達することができ，適切な意思決定を導くことができる。組織は専門化された部門（部署）で構成され，個人の収集力を超える大量で緻密な情報を蓄積している。組織はコミュニケーション・システムを通してそうした情報を伝達し，組織全体の意思決定を効果的に行おうとするのである。情報システムは意思決定の有効性を高めるために，情報を収集，蓄積，伝達するコミュニケーション・システムの一部として利用されている。

○意思決定の内容と階層

　意思決定には様々なタイプがあり，その内容に応じて，日常的・反復的に行い標準化できる構造的な意思決定，稀にしか起こらず1回限りの直観的に行うような非構造的な意思決定，その中間の論理的（構造的）特徴と非論理的な特徴を併せもつような準構造的意思決定に分類することができる。

　また意思決定が行われる空間，つまり組織階層に応じて分類すると，戦略的な意思決定，管理的な意思決定，日常業務的な意思決定に分けて考えることができる。**戦略的意思決定**とは，企業の製品・市場の適切な選択を行うような，全社的な資源配分を決定する意思決定を指す。管理的な意思決定は戦略的意思決定に基づき，自社の仕事の流れなど構造づくりを進めるような意思決定である。日常業務的な意思決定は個々の経営資源を統制しプロセスの能率を最適化するような意思決定である。経営組織のトップマネジメントでは主に戦略的な意思決定を行い，現場では日常業務的な意思決定を担当することになる。

2 情報システムのコンセプト

○経営情報システム論

　資料XIV-4は前述した意思決定論に依拠し，経営情報システムの適用領域を表したフレームワークである。縦軸には意思決定の内容，特徴である構造的，準構造的，非構造的意思決定を採用している。また横軸は意思決定が行われる組織階層にそって日常業務的，管理的，戦略的意思決定を採用している。このマトリックス上の意思決定に情報技術を適用し，意思決定の有効性を高めていこうとするのが経営情報システムの考え方である。初期の経営情報システム論では，情報技術の**トランザクション処理**の機能を利用した日常業務的・構造的意思決定の効率化が最も大きな成果を上げた。定型的な伝票処理や受発注処理などはコンピュータを使った自動化で大幅なコスト削減を達成した。その後，準構造的な意思決定に対して，コンピュータを利用して情報ニーズを充足させ

▷戦略的意思決定（strategic decision making）
新聞や雑誌などでは，「戦略的」という言葉を単に「重要な」という意味で使うことが多い。戦略的意思決定とは本来，全社的な資源配分を決定する，後戻りできないような意思決定のことを指す。⇨ I-4「組織は戦略に従う」も参照。

▷トランザクション処理
データベース内で相互依存関係のある業務の一貫性を維持するため，複数の一連の業務（データ処理）を連結し，1つの処理単位として管理するデータ処理方式。

資料XIV-4　経営情報システムの適用領域

	日常業務的	管理的	戦略的
構造的	伝票処理 受発注処理	予算管理	
準構造的	在庫管理 生産管理	短期予測 予算編成	工場・物流立地
非構造的			合併・買収 研究開発

出所：G. A. Gorry and M. S. Morton, "A Framework for Management Information Systems," *Sloan Management Review*, Vol. 13, No. 1, 1971, p. 62. を一部修正。

ようとするシステムが注目を集めるようになった。

　このように経営情報システム論は，組織のなかで行われる意思決定をいかに効率的，有効的に行うかという視点から，情報システムを利用していこうとする考え方であった。単なるデータ処理というコンピュータ利用から，業務の合理化，情報処理機能による意思決定支援まで，意思決定論に依拠しその適用範囲を広げるフレームワークを提示した。しかしながら，その依拠する意思決定論は経営情報システム論の大きな制約にもなっている。意思決定の前提になる組織目的や意思決定構造を所与のものとしており，新しい組織構造の提案など能動的な組織行動を支援することが十分に扱われていなかったのである。そこで出てきたのが，戦略的情報システム論である。

○戦略的情報システム

　上述してきたように経営情報システムは意思決定論に依拠し，日常的な業務の自動化を促進し，情報を提供することによって意思決定を支援することを対象としていた。しかしながら，現実のビジネスではこれらの利用法以外の情報技術の使い方がみられる。それらは企業の競争戦略を形成または支援するために情報技術を利用していた。このような情報技術の利用法を**戦略的情報システム**と呼んでいる。

　資料XIV-5は，伝統的な情報技術の利用法と戦略的情報システムの違いを表したものである。伝統的な利用法は，情報技術のトランザクション処理機能を利用して組織の基本的なプロセスを自動化する，もしくは検索・分析機能を用いて情報ニーズを充足するものであった。一方，戦略的情報システムは情報技術を利用した企業の競争戦略の側面を重視し，競争で用いる武器として情報システムを利用し，新しい儲かる仕組みをつくろうとしている。そこでは情報技術を利用して新しい儲かる仕組みをライバル企業に先んじてつくり上げ，**先行者優位**を獲得することに焦点を当てているのである。このように戦略的情報シ

▷戦略的情報システム
(Strategic Information Systems)
戦略的情報システムとは，企業の競争戦略を形成または支援するための情報技術の利用法のことであり，英語の頭文字をとってSISと呼ばれることもある。アメリカン航空社の座席予約システムSABREが典型的なシステムとして取り上げられ，ビジネスシステムと情報技術の密接な関係が注目されるようになった。
▷先行者優位（First-Mover Advantage）
最も早くその市場をつくり出した者が後発者に対して優位性をもつこと。バイオビジネスなど最先端の技術領域では，特許などを通して先行者の利益が守られる仕組みがある。⇨Ⅶ-5「モノづくりとデジタル技術」も参照。

資料XIV-5 経営情報システムの種類

機能＼用途	基本的処理の自動化	情報ニーズの充足	競争戦略の形成・支援
トランザクション処理	MIS◁		SIS
検索・分析		MSS◁	

出所：C. Wiseman, *Strategic Information Systems*, Richard D. Irwin, 1988, p. 85（土屋守章・辻　新六訳『戦略的情報システム』ダイヤモンド社，1989年）.

ステム論は，既存の経営戦略や組織を前提とせず，情報技術が新しい仕組みやビジネスチャンスを提供してくれることを初めて明示した議論であり，ビジネスシステムと情報技術が密接に関連していることを明らかにしている。

○競争優位からみた情報システムのコンセプト

資料XIV-6 は**経営情報システム**◁と戦略的情報システムが提案された背景，目的，達成しようとした競争優位の源泉をまとめたものである。経営情報システムは60年代のアメリカにおいて市場が急速に拡大し，企業が直面した業務の効率化という問題を解決するために提案されたコンセプトである。したがって，その目的は業務の統合・自動化を達成し，拡大した組織のコミュニケーションのための情報提供を行うことであった。そうすることで有効性を高められた意思決定が競争優位の源泉になると考えられていた。

戦略的情報システムは80年代後半，多くの市場が成熟化するなかで競争が激化し，他社との差別化が企業に求められた環境で提案されたコンセプトである。したがって，その目的は情報技術を用いて新しい機能や仕組みを構築し，差別化を生み出す競争戦略を形成することであった。そのような仕組みとそれをライバルより先んじて構築する先行者優位によって競争優位が達成できると考えられていた。このように情報システムのコンセプトは，それが提案された時代背景と密接に関係しており，その正確な理解が必要である。

このような情報システムは，どのような企業でもすぐにできるものではない。企業の直面する環境や過去の資源の蓄積によって，様々なプロセスを経るものである。次に上述したようなシステムを構築するために，企業はどのようなプロセスを経るのか，その典型的なモデルを紹介しよう。

▷**経営情報システム(MIS, Management Information Systems)**
組織の基本的な業務プロセスを自動化・統合化することによって業務の効率化を目指す情報技術の利用法。狭義の経営情報システムの定義。

▷**経営意思決定システム(MSS, Management Support Systems)**
必要な情報の提供，組織内への共有を通して組織の意思決定の効率化を目指す情報技術の利用法。

資料XIV-6 様々な背景や目的をもった情報システム

	経済環境	情報システムの目的	競争優位の源泉
MIS	市場の拡大，業務の拡大	意思決定の自動化，情報ニーズの充足	支援する意思決定
SIS	競争の激化	競争戦略の形成・支援 新しい仕組み	新しい仕組み・機能と先行者優位

出所：矢田勝俊『データマイニングと組織能力』多賀出版，2004年，30頁を一部修正。

3 情報と知識

1 経営資源としての情報

　近年の経営環境のなかで情報の重要性はますます大きくなっている。ここでは情報的経営資源（伊丹敬之『新・経営戦略の論理』日本経済新聞社，1984年）という枠組みから組織内の情報のあり方を考えてみよう。企業の経営資源はヒト，モノ，カネ，情報に分類することができるといわれる。ここでの情報とは個人や組織がもつスキルや能力のことを指しており，見えざる資産と呼ばれるものである。こうした情報的資源は**資料XIV-7**のように，企業と環境の間の情報の流れに基づいて環境情報，企業情報，内部情報処理特性に分けて考えることができる。

　経営資源は2つの次元から特徴づけることができる。第1の次元は，活動をうまくするために必要なものかどうかである。第2の次元はお金では簡単に買えないか，企業間の移動が難しいかどうかである。こうした特徴をもつ経営資源ほど企業特殊的なものであり，企業の独自性の源泉になり，ひいては持続的な競争優位の源泉となりうる経営資源であるといえる。

　近年の経営資源に関する理論では，こうした持続的競争優位の源泉になりうる経営資源の特徴を **VRIO 分析** と呼ぶ枠組みで展開している。これによると，経営資源が有用な価値を創出するものであり，希少で，模倣が困難であり，資源を価値に転換できる組織が存在する場合，競争優位の源泉となる。情報的資源はこのような特徴をもつことが多く，そのマネジメントが企業の関心を集め

▷VRIO 分析
経営資源論の代表的な研究者である J・B・バーニーが提唱した持続的競争優位の源泉になる資源を分析するための枠組みで，有価値性（Value），希少性（Rarity），模倣困難性（Imitability），組織（Organization）の頭文字をとって名づけられた。➡ V-4 「経営資源アプローチ」も参照。

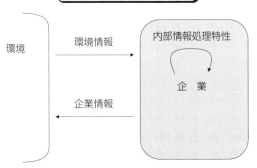

資料XIV-7　情報的資源の分類

出所：伊丹敬之『新・経営戦略の論理』日本経済新聞社，1984年，63頁。

ている。

2　知識のタイプ

　企業の競争優位の獲得について組織内外の人々の相互作用から生まれる知識に焦点をあてる考え方が大きな注目を集めている。近年では，経営資源論や組織学習論，コンピュータ・エンジニアリングなど様々な領域において知識という視点で総合的な研究が行われている。そこでの知識観として，2つのタイプの知識について説明しよう。

　形式知とは形式的・論理的言語によって伝達することが可能な知識である。書類やデータなどに記述されるもので，蓄積，伝達が比較的容易である。一方，暗黙知とは特定状況に関する個人に属する知識で，他人に移転することが難しいものである。人は言葉で語られる以上のことを知っているものであり，従来の西洋的な知識のとらえ方とは一線を画するものである。現代の知識観はこれらの2つのタイプの知識が人々の間で相互作用し，新しい知識が創出されると考えられている。

3　SECI モデル

　組織における新しい知識創造を説明するために，SECI モデル（I. Nonaka and H. Takeuchi, *The Knowledge-Creating Company*, Oxford University Press, 1995）を紹介しよう。野中らが提唱した SECI モデルは上述した2つのタイプの知識が組織内で変換されるプロセスを4つのモードで表したものである（**資料XIV-8**）。

○共同化（Socialization）

　共同化とは経験を共有することによって他者の暗黙知を獲得するプロセスである。徒弟制度の下で師匠から弟子に技が伝承されるプロセスはその典型である。プロジェクトや合宿を通じて場を共有し，創造的な対話を繰り返すことで相互に暗黙知を体得していく。そのように経験に基づいた新しい暗黙知は，新

資料XIV-8　4つの知識変換モード

出所：I. Nonaka and H. Takeuchi, *The Knowledge-Creating Company*, Oxford University Press, 1995, p. 62.

しいアイデアを生み出す源泉になる。

○ 表出化（Externalization）

　表出化とは共有された暗黙知をメタファー（隠喩）やアナロジー（類推），コンセプト（概念）などの明示的な形で形式知に転換するプロセスである。多くのメンバーに新しいアイデアを普及させるためには，暗黙知から形式知に転換し明示的な形で伝えなければならない。そのためにメンバーがイメージしやすいシンボルを提示し，直観的な理解を促して，自身のアイデア，コンセプトを理解させるのである。

○ 連結化（Combination）

　連結化は組織内の多様な形式知を組み合わせて 1 つの知識体系を創り出し，新しい形式知を創るプロセスである。既存の組織内の形式知を整理・分類することによって新しいアイデアを生み出すこともあるだろうし，コンサルティングからもたらされた新しい形式知を既存の形式知に統合していくことも考えられる。こうしたプロセスにはミドル・マネジャーが中心的な役割を担い，組織内の知識変換を促進する。

○ 内面化（Internalization）

　内面化とは形式知を暗黙知へ体化するプロセスである。行動によって学習され体化された暗黙知は知識創造の重要な源泉になる。また言語化された書類やマニュアル，また組織内の成功例がメンバーの理解を促進しメンタルモデルを作り出すことがある。こうして内面化された暗黙知が既存の知識と融合し，次の知識創造プロセスを形成していくのである。

　企業が起こすイノベーションを観察すると，このような 4 つの知識変換が絶え間なく引き起こされていることがわかる。これらのプロセスは相互に循環して引き起こされるものであり，個人レベルから組織レベルへとその範囲を広げていく。その中心的役割はミドル・マネジャーであり，トップとローワーの調整，相互作用の促進を担うことになる。

④ ナレッジ（知識）マネジメント

　新しい知識観，知識創造モデルが提案され，知識に対する関心はますます高まっている。企業は自社が保有する知識を効果的に管理し，新しい知識を創出しようと模索を始めている。組織内外の知識を統合し新しい知識をメンバーに共有させ，外部環境と経営資源の新しい適合関係を築くことをナレッジマネジメント（矢田勝俊「知識マネジメントの誕生」大澤幸生編著『知識マネジメント』オーム社，2003年，23-30頁）と呼ぶ。ナレッジマネジメントの基本領域として，次の 4 つのカテゴリーを説明しよう（**資料XIV- 9**）。

○ 知識の源泉

　企業は常に新しい知識を創出し，激しい競争を勝ち抜かなければならない。

▷ ミドル・マネジャー（middle manager）
欧米のトップダウン型に対して，日本ではミドルアップダウンと呼ばれるマネジメントスタイルが多くみられる。中間管理職に位置する課長や部長といった人々がトップやローワー（部下）に働きかけ，新しいアイデアを社内に創造，普及させることが多いからである。

▷ メンタルモデル（mental model）
組織内のメンバーで共有されている典型的なものの見方，考え方。コミュニケーションや意思決定のベースになり，組織内の調整を容易にする。

そのためには外部環境からどのように必要な知識を取り込むか，その企業間関係の構築が重要である。どのような企業とどのような関係を結ぶか，マネジメントの視点から判断が必要である。

○知識の内部移転

企業内の協働は獲得された知識を組織内に移転するプロセスとしてみることができる。こうした組織内の知識の移転を効果的・効率的に行うことが組織の生産性に大きな影響を与える。知識の送り手や受け手の状況，組織構造，知識のタイプなどによって，その効果的なプロセスが異なるため，適切なマネジメントを行う必要がある。

○知識の外部移転

協働は企業内部だけではなく外部，つまり他社に属する人々とも行うものである。したがって企業の境界を超えた外部移転も適切にマネジメントする必要がある。外部移転の効率性は知識のタイプ以外にも企業間関係の内容，組織文化の差異などに影響を受けるだろう。

○知識の統合

新しい価値は既存の知識と新しい知識が統合され，新しい商品やサービス，組織プロセスに転換されて初めて実現するものである。組織内外で様々な知識を統合し，どのように新しい価値に結びつけ，持続的競争優位を獲得していくか，そのプロセスに関するマネジメントが必要になる。

資料XIV-9 ナレッジマネジメントの基本領域

○知識の源泉
⇨どのように新しい知識の源泉を確保するのか？
○知識の内部移転
⇨組織内の知識移転をどのように促進させるのか？
○知識の外部移転
⇨組織外への知識移転を効率的に行うには？
○知識の統合
⇨どのように知識を統合し、新しい価値を創出するのか？

出所：前頁の矢田（2003）をもとに筆者作成。

新しい知識を発見する

 知識発見プロセス

　近年，情報技術の革新が知識の見方に大きな影響を与えている。そのなかでもデータベースからの知識発見は大きなビジネスチャンスをもたらすものとして，多くの企業から注目を集めている。知識発見とは，情報機器の普及によって蓄積されるようになった企業の膨大なデータから有用なルールやパターンを発見し，ビジネスの効率化に利用しようとするものである。

　その典型的なプロセスは，**資料ⅩⅣ-10**に示すとおりである。まず知識発見の目的を設定し，必要なデータを選択する。社内外のデータベースを統合し，分析対象となるターゲットデータを構築する。これらのデータは異なる目的の下で蓄積されたデータであるために，前処理によって再加工が必要になる。データの定義，形式などが整えられ，前処理されたデータとして次の**データマイニング**のプロセスに引き渡される。

　分析目的とデータの特性をもとに適切な解析手法を選択する。選択した解析手法に合わせてデータを変換し，解析を試みる。出力された結果を様々な角度から解釈し，十分な結果が得られなければ，それまでのサイクルを繰り返すことになる。これらのサイクルを繰り返すことによって，ビジネスに有用な知識を発見するのである。

▷**データマイニング（Data Mining）**
知識マネジメントの基礎技術の１つであり，大規模なデータベースから有用なパターンやルールを抽出するための技術，プロセスのことを指す。

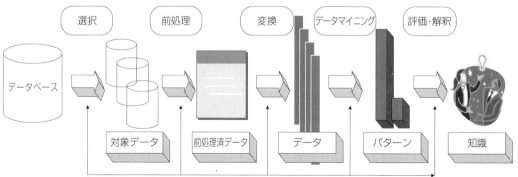

資料ⅩⅣ-10　データベースからの知識発見

出所：U. Fayyad, G. Piatetsky-Shapiro and P. Smyth, "From Data Mining to Knowledge Discovery in Databases", *AI Magazine* 17, 1996, pp. 1 – 34.

② 解析手法の一例：バスケット分析

　データからの知識発見のなかで最も典型的な解析手法の一例として**バスケット分析**を紹介しよう。バスケット分析とは，同時購入確率などをもとに商品間の関連性を発見しようとするものである。1回の購入をバスケットに入っている商品と見立て，バスケット内にどのような商品が一緒に入っているかを調べることからこの名前が付いている。例えばアメリカのスーパーでは，週末には紙オムツとビールが同時によく売れることをバスケット分析によって発見し，品揃えや関連商品陳列などに利用されている。

　抽出されるパターンやルールの評価には，いくつかの指標が用いられる。ルールやパターンの確からしさを測るコンフィデンスは，条件 A を満たすデータが現象 B を引き起こす割合を指す。これらの指標は抽出されたルールの共起頻度を明らかにしてくれるが，その重要性を十分に説明することはできない。ルールに当てはまるデータが全体のほんのわずかな部分を占めるにすぎないこともあるからだ。したがって全データにおいて，条件 A を満たす現象 B の占める割合をサポートとして表し，コンフィデンスと合わせてルールの評価を行うことが多い。

　バスケット分析には同時購入商品の関連性だけではなく，様々な使われ方がある。ある顧客の一定期間の購入商品群を1つのバスケットとみれば，ライフスタイルを把握するための購入傾向を分析することができる。また誕生日や結婚，出産などイベントが起こった日の購入にバスケット分析を行った場合，イベント需要を予測する**時系列解析**にも利用できる。**資料XIV-11**のように現在では多様な解析手法が開発され，われわれの生活の様々な局面で利用されており，科学的な分析に基づくビジネスの基礎技術の1つとなっている。

▷**バスケット分析（basket analysis）**
コンピュータサイエンスの領域ではアソシエーションルール（association rule）と呼ばれ，属性間，データ間の関連性を発見する典型的なテクニックである。近年では時系列の変化を明らかにする手法などが開発され，通信や金融などあらゆる分野での利用が広がっている。

▷**時系列解析**
時間の経過に伴う状態の変化をもとに，その変化の特性に関する構造を明らかにする解析手法や考え方。将来の予測や現象の本質的理解のために，時間による変化を考慮した解析手法であり，多様な手法が存在する。

資料XIV-11　多様な解析手法

○**関連性分析**
　⇨バスケット分析
○**特徴抽出**
　⇨バスケット分析
　⇨決定木
○**予測モデルの構築**
　⇨決定木
　⇨ニューラルネットワーク
○**クラスタリング**
　⇨K-means法

出所：筆者作成。

こうした解析手法の適用領域として近年，FSP データ，つまり顧客の購買履歴データに関心が集まっている。ここでは顧客データの重要性が高まってきた背景を経済的観点と技術的観点から考えてみよう。

まず経済背景からみてみると近年のデフレ，価格競争の激化が挙げられる。多くの店が無謀な低価格戦略を続けるなかで十分な利益が確保できず，次々と経営不振に陥っている。小売店は価格訴求以外の販売促進の手法を探し続け，顧客データを用いた新しい販促手法に期待を寄せている。一方でメーカーとしては，小売業における価格競争が自社のブランド力を傷つけ，**製品ライフサイクル**を短期化させていることに懸念を抱いている。そこでメーカーは長期間，高い付加価値を消費者に提供できる魅力ある製品を作り出そうと努力を始めている。この両者の動きは「消費者のことを知る」という方向で一致している。現在，製販統合の動きのなかで消費者の購買行動に関する研究会が全国で開催されており，そのなかでも顧客の購買データの活用，重要性が再認識されてきている。

技術的な背景としては，情報化の進展が挙げられる。情報機器の低価格化によってコンピュータ導入が進み，インターネットの普及がさらに企業間のネットワーク化を加速させた。様々な取引が自動化され，そのやり取りがすべて電子化され企業内にデータとして蓄積されるようになっているのだ。顧客の購買データも会員カードなどをもとに一元的に管理され，電子マネーの導入は企業間の消費者行動の追跡も可能な条件を満たしつつある。また大量データの解析技術の開発も進んでいる。顧客の購買データは莫大で1店舗1カ月間の顧客の購買データが100万行を超えることも珍しくない。研究機関で開発された様々な解析技術がこうしたデータに対して適用され，顧客の購買行動の分析に役立っている。

このような分析を基礎に，企業は消費者の購買データを詳細に把握し，一人

Column

地に足の着いた情報化とは？

アメリカの友人と企業の情報システムについて話をしていたとき，次のような面白い話を聞いた。「アメリカでは，情報システムにいくら投資したかが経営者のステータスになってるんだよ。不思議だと思わないかい？」もちろん「日本も同じだよ」と即答した。日本でも新聞が書き立てるのは，企業の情報システムへの投資額，新しいシステムの導入のことばかりである。表面的なことばかりにとらわれ，その本質が十分に理解されることはない。そこである経営者の言葉を思い出す。内容が同じで手書きの文書とワープロで清書した文書があり，部下が経営者にどちらの報告書がよいか質問した。部下は見栄えが綺麗なワープロが採用されるものと期待していた。すると経営者は「どちらが安いですか？　安いほうを採用します」とその部下に応えた。高度な情報技術が必ずしも高い価値を生むものではない。手書きが必ずしもよいとは思わないが，厳しい時代だからこそ，この経営者のように，きらびやかな言葉に踊らされず，地に足の着いたビジネス活用を心がけることが大事ではないだろうか。

ひとりに合った顧客サービスを提供しようと様々な試みが行われている。特にインターネットを通じた新しいビジネス形態を採用する企業は，従来型の企業に対してこうしたサービスを差別化の武器に利用することが多い。**データのハンドリング**や分析は企業に欠かせないものであり，これから企業で働く人間に必須のスキルになりつつある。

▷**データのハンドリング**
(Data Handling)
データが発生する業務の知識とデータの傾向を捉える統計の知識に基づいて，元データから解釈可能なデータに加工すること。

Exercise

○理解できましたか？

　1）よい意思決定のためには何が必要でしょうか？

　2）経営情報システムと戦略的情報システムの違いは何ですか。

○考えてみましょう！

　1）意思決定の効率化では捉えられない事象について述べてみましょう。

　2）組織内の知識創造において情報技術の役割を述べてみましょう。

　3）身の回りで生成されるデータから抽出されるルールについて述べてみましょう。

勉学へのガイダンス

○はじめて学ぶ人のための入門書

　大澤幸生編著『知識マネジメント』オーム社，2003年。

　　技術的，経営的観点から知識マネジメントを総合的に解説している知識マネジメントの入門書。

　H・A・サイモン『新版　経営行動』（桑田耕太郎・西脇暢子・高柳美香・高尾義明・二村敏子訳）ダイヤモンド社，1989年。

　　意思決定の基本的な原理を理解するための必読書。

○本章をより理解したい人のための書物

　C・ワイズマン『戦略的情報システム』（土屋守章・辻新六訳）ダイヤモンド社，1989年。

　　現代のIT利用の基礎になったもので，ビジネスシステムとITとの関係に初めて注目した研究。インターネットビジネスなどを理解するうえで欠かせない。

　野中郁次郎・竹内弘高『知識創造企業』（梅本勝博訳）東洋経済新報社，1996年。

　　組織的知識創造について新しい知識観に基づく理論構築を行い，多くの知識マネジメント研究の基礎になっている。

○進んだ勉学を志す人のための書物

　加藤直樹・羽室行信・矢田勝俊『データマイニングとその応用』朝倉書店，2008年。

　　データマイニングに代表される大規模データ処理技術に関する網羅的なテキストであり，実例を交えて深い理解をすすめるものとなっている。

　大澤幸生監修・著『チャンス発見の情報技術』東京電機大学出版局，2003年。

　　意思決定に重要な影響を及ぼす稀な事象をチャンスと定義し，チャンス発見の基礎理論，実現のための組織過程，それらを支援するツールなどチャンス発見を総合的に解説した研究書である。

（矢田勝俊）

企業経営関連年表

年	世界の政治・経済・企業経営	日本の政治・経済	日本の企業経営
1945	8. 日本がポツダム宣言を受諾		
1946	2. 世界初のコンピュータENIACが完成(ペンシルヴェニア大学) 3. 英首相チャーチル「鉄のカーテン」演説(冷戦の始まり)	11. 日本国憲法公布	8. 経済団体連合会(経団連)創立
1947	3. 米大統領トルーマン,ギリシャ・トルコへの軍事援助を発表(トルーマン・ドクトリン) 6. 米国務長官マーシャル,ヨーロッパ復興計画(マーシャル・プラン)を発表 10. GATT(関税と貿易に関する一般協定)が調印される 12. ベル研究所,トランジスタを発明	4. 労働基準法公布 4. 独占禁止法公布 5. 日本国憲法施行 7. 公正取引委員会発足	
1948	8. 大韓民国成立 9. 朝鮮民主主義人民共和国成立	12. GHQなど経済安定9原則を発表	
1949	4. NATO(北大西洋条約機構)成立 9. ドイツ連邦共和国(西ドイツ)成立 10. 毛沢東,中華人民共和国成立を宣言 10. ドイツ民主共和国(東ドイツ)成立	4. 1ドル＝360円単一為替レート実施 4. ドッジ公使,49年度予算につき健全財政主義の徹底を強調(ドッジ・ライン) 8. シャウプ税制使節団,税制改革(所得税を主体とする直接税中心主義,資本蓄積のための減税措置等)を勧告(シャウプ勧告) 12. 外国為替及び外国貿易管理法(外為法)施行	
1950	6. 朝鮮戦争勃発	5. 外資に関する法律(外資法)公布 ○朝鮮戦争による特需景気始まる	
1951	9. サンフランシスコ講和条約,日米安全保障条約調印 12. マーシャル・プラン終了	5. 9電力会社発足(電力再編)	4. 東レ,デュポンからナイロン生産技術を導入 6. デミング賞,創設
1952		8. 日本,IMF(国際通貨基金)・世界銀行に加盟	8. 日本電信電話公社発足 12. 日本長期信用銀行設立
1953	7. 朝鮮休戦協定調印	2. NHK,テレビ本放送開始(東京地区)	1. 早川電機(現シャープ)国産初のテレビを発売 8. 日本テレビ,民間初の本放送開始
1954	9. 東南アジア条約機構(SEATO)創設	4. 第1回全日本自動車ショー開催('64年から東京モーターショー) 8. 日本,GATTに加盟 12. 神武景気始まる 　三種の神器(冷蔵庫,洗濯機,白黒テレビ)の需要拡大	

1955			1. トヨペット・クラウン発売（初の純国産乗用車） 2. 日本生産性本部設立 9. 東京通信工業（現ソニー）世界初のトランジスタラジオを発売
1956	10. 日ソ国交回復に関する共同宣言調印 12. 国連総会，日本の国連加盟を可決	7. 経済白書「もはや戦後ではない」と規定	11. 八幡製鉄戸畑製鉄所が銑鋼一貫化を決定（'59.9に第一高炉火入れ）
1957	3. 欧州経済共同体（EEC）設立条約調印 9. 米，1957年公民権法成立 10. ソ連，人工衛星打ち上げに成功（スプートニク・ショック）	7. なべ底不況始まる	4. 東芝，国産初のカラーテレビを発表 4. 主婦の店ダイエー設立
1958	1. 欧州経済共同体設立条約発効（EEC 発足） 9. TI（テキサス・インスツルメンツ）社が集積回路を発表	5. テレビ受信契約数，100万突破 7. 岩戸景気始まる	3. 富士重工，スバル360発表
1959	1. キューバ革命	1. メートル法実施（尺貫法廃止） 4. 皇太子の結婚パレード（テレビ視聴者推定1500万人） 5. 百貨店法公布 11. 通産省，対ドル地域輸入制限180品目の自由化決定（貿易自由化開始）	5. 三菱油化・四日市工場（日本初の石油化学コンビナート）完成 8. トヨタ元町工場完成（日本初の乗用車専用工場）
1960	9. 石油輸出国機構（OPEC）結成	6. 新安保条約，自然承認 9. カラーテレビ本放送開始 11. 国民所得倍増計画発表 ○日本，テレビ年間生産高で世界第2位（357万台）となる。	4. ソニー，世界初のトランジスタ・テレビを発売 11. 住友銀行，乗用車の月賦金融（自動車ローン）を開始。三越・富士銀行，クレジットカード発行（消費者金融の本格的開始）
1961	1. ケネディ，米国大統領に就任 8. ベルリンの壁構築		1. 東芝，国産初の電子レンジを開発 10. イトーヨーカ堂チェーン展開を開始 ○各地で石油コンビナートの建設が進む
1962	7. ウォルマート1号店出店 10. キューバ危機	10. オリンピック景気始まる	2. NEC，国産初の大型電子計算機 NEAC2206 発表 3. 八幡製鉄戸畑で世界最大の高炉に火入れ 7. 佐世保重工，世界最大のタンカー日章丸（13万トン）を進水 9. 富士ゼロックス，国産コピー機を完成
1963	8. 米英ソ，部分的核実験停止条約に調印 11. ケネディ米大統領暗殺	2. 日本，GATT11条国へ移行（国際収支上の理由での貿易制限禁止） 7. 中小企業基本法公布	2. トヨタ，マイカーローン実施 5. 日本科学技術連盟主催の第1回 QC サークル大会開催 6. トヨタ，かんばん方式を全社で導入 10. 原子力研究所，原子力動力炉の発電実験に成功
1964	4. 日本，IMF8条国に移行（国際収支上の理由での為替制限禁止） 4. 日本，経済協力開発機構（OECD）に加盟（先進国の仲間入り） 4. IBM システム360発売 7. 米，1964年公民権法成立 8. トンキン湾事件（米駆逐艦が北ベトナム魚雷艇に攻撃されたと発表）	2. 政府，初の中小企業白書を発表 10. 東海道新幹線開業（東京～新大阪） 10. 東京オリンピック開催 ○証券不況始まる	6. 三菱系3重工業会社が合併し三菱重工業発足

	8. 米軍機，北ベトナム海軍基地を報復爆撃		
1965	2. 米軍，北爆開始（ベトナム戦争） 6. 日韓基本条約調印	7. 名神高速道路全線開業 10. 完成自動車の輸入を自由化 11. 戦後初の赤字国債発行決定 11. いざなぎ景気始まる ○3C（カー，クーラー，カラーテレビ）の需要拡大	3. 繊維業界で中小企業の倒産激増 6. 山一證券に日銀特融 8. ソニー，世界初の家庭用 VTR を発売 11. 東海村原子力発電所，初の営業用原子炉発電に成功（'66年本格的発電開始）
1966	7. 中国で文化大革命始まる	○日本の総人口，1億人を突破	8. 日産自動車・プリンス自工が合併し日産自動車となる（自動車業界再編成始まる） 10. グリコ，ポッキーを発売
1967	6. 第3次中東戦争始まる 7. 欧州共同体（EC）発足 8. 東南アジア諸国連合（ASEAN）結成	6. 資本取引関連法改正（資本取引の自由化） 8. 公害対策基本法公布	11. KDD，通信衛星用の世界初の標準地上局を茨城県に設置
1968	1. アラブ石油輸出国機構（OAPEC）結成 7. ケネディ・ラウンドの第1回関税引き下げ実施 7. EEC 関税同盟発足 7. インテル社創業 10. ジョンソン米大統領，北爆停止を表明	5. 消費者保護基本法公布 ○日本，GDP 世界第2位となる	10. 三井東圧化学発足 10. 日商岩井発足
1969	6. 南ベトナム臨時革命政府樹立 7. アポロ11号が月面着陸	1. 対米鉄鋼輸出自主規制 5. 東名高速道路全面開通 5. 政府，新全国総合開発計画を決定	12. 住友銀行，日本初の ATM を設置
1970	9. 米上院，マスキー法（大気汚染防止法）を可決 10. インテル社，1キロ DRAM を開発	3. 大阪・千里で日本万国博覧会開催 6. 日米安保条約，自動延長	3. 八幡製鉄・富士製鉄が合同して新日鉄となる（粗鋼生産世界第1位）
1971	1. ヨーロッパ経営者フォーラム（現・世界経済フォーラム：通称ダボス会議）が初めて開催 8. ニクソンショック（ニクソン大統領，金とドルの交換一時停止等を発表） 10. 中国の国連復帰決定 12. スミソニアン会議（10カ国蔵相会議）	6. 沖縄返還協定調印 7. 環境庁発足 10. NHK 総合テレビ，全カラー化 12. 大蔵省，基準外国為替相場を1ドル＝308円に変更	7. 日本マクドナルド1号店，銀座三越に開店 9. 日清食品，カップヌードル発売 10. 第一銀行と日本勧業銀行が合同して第一勧業銀行となる（預金高日本1位）
1972	2. ニクソン米大統領，中国訪問 6. 米，ウォーターゲート事件発覚 9. 田中首相が訪中，日中国交樹立	1. 日米繊維協定調印 2. 冬季オリンピック札幌大会開催 2. あさま山荘事件 3. 山陽新幹線開業（新大阪～岡山） 5. 沖縄が日本に復帰 6. 田中角栄通産相「日本列島改造計画」	10. 本田，低公害の CVCC エンジン搭載車を発表 8. カシオがパーソナル電卓カシオミニを発売 8. ダイエーが三越の売上高を抜き日本小売業1位に 8. ソニー，カリフォルニア州でカラー TV の生産開始（日本家電メーカー初の米現地生産）
1973	1. ベトナム和平協定調印 2. 米，ドル切り下げなどの対外経済政策を発表 9. GATT 閣僚会議，東京宣言を採択（多角的貿易交渉） 10. 第4次中東戦争勃発 10. 石油メジャーとサウジアラビア，原油供給量10%削減を通告	2. 日本，変動相場制に移行 10. 第1次オイルショック 11. トイレットペーパー買いだめパニック	2. 古河鉱業，足尾銅山を閉山 3. 住友金属，別子銅山を閉山 11. イトーヨーカ堂とサウスランド社，CVS 経営のライセンス契約

年	国際情勢	日本の政治・経済	企業・産業
1974	8. ニクソン米大統領, ウォーターゲート事件で辞任	4. 大規模小売店舗法施行 5. 日本消費者連盟結成 9. 原子力船むつ, 放射能漏れ	5. セブンイレブン日本1号店が開店
1975	4. ベトナム戦争終結 4. マイクロソフト社設立 9. 米シカゴ商品取引所での金利先物取引承認される 11. 第1回先進国首脳会議（サミット）開催	3. 山陽新幹線開業（岡山〜博多）	○トヨタ, 米国輸入車でトップシェア
1976	2. 米上院でロッキード事件発覚 4. 第一次天安門事件 7. ベトナム社会主義共和国樹立宣言（南北ベトナム統一）	7. 田中角栄前首相, ロッキード事件で逮捕	1. ヤマト運輸が「宅急便」サービスを開始 3. 超LSI技術研究組合結成
1977	3. 米で日本製カラーテレビの輸入急増が問題化	7. 対米カラーテレビ輸出自主規制	
1978	2. 中国, 改革開放路線 8. 日中平和友好条約調印	1. 円の対ドル相場1ドル237.9円を記録（戦後最高値） 4. 日本, 第5次資本自由化 5. 新東京国際空港（成田空港）開港 12. 日米農産物交渉妥結	8. セブンイレブン・ジャパンが自動発注システムを導入 10. 新日鉄, 4製鉄所の9設備休止の合理化案を労組に提示
1979	1. 米中国交回復 1. 石油メジャー各社が対日原油供給削減を通告（第二次石油ショック） 2. イラン革命成る 3. 米スリーマイル島原発で放射能漏れ事故 5. サッチャーが英首相に就任 7. GATT東京ラウンドが妥結 12. ソ連, アフガニスタンに侵攻		7. ソニー, ウォークマン発売 9. 本田, 米オハイオ州の二輪車工場完成 9. NECがPC-8001を発売（パソコンブーム） 11. フォード社と東洋工業（現・マツダ）, 資本提携
1980	8. ポーランドで「連帯」が創設（ワレサ委員長） 9. イラン・イラク戦争勃発	3. 第2次オイルショック 12. 外為法改正 12. 臨時行政調査会設置 ○自動車生産台数で日本が米国を抜き世界1位に	2. ダイエー, 日本小売企業で初めて年商1兆円を達成 4. 大塚製薬がポカリスエットを発売
1981	1. レーガン, 米大統領に就任 4. スペースシャトル・コロンビア打ち上げ 8. IBMがマイクロソフト社のOS, インテル社のMPUを搭載したIBM-PCを発売（ウィンテル連合）	5. 日米, 対米自動車輸出自主規制で合意	1. 日産自動車, イギリスで乗用車生産を行うと発表（初の欧州本格進出） 9. ソフトバンク社設立
1982	1. コカ・コーラ社, コロンビア映画を買収 4. フォークランド紛争（イギリスとアルゼンチン間の領有権争いが背景）	6. 東北新幹線開業（大宮〜盛岡） 10. 改正商法施行（総会屋への利益供与禁止, 新株引受権付社債の発行など） 11. 上越新幹線開業（大宮〜新潟） 11. 第1次中曽根康弘内閣発足	5. 富士通「マイ・オアシス」発売（ワープロ普及始まる） 6. FBI, IBM機密情報の入手容疑で日立製作所, 三菱電機の社員を摘発 10. ソニー, CDプレイヤーを発売 11. 本田, 米オハイオ工場で4輪車生産開始（日本自動車企業初の北米現地生産）
1983	8. 米国, 産業競争力強化委員会を設置	2. 日本初の実用通信衛星打ち上げ 3. 中国自動車道全通（吹田〜下関） 11. レーガン大統領訪日	2. セブンイレブン・ジャパンが全店にPOSシステムを導入 4. 東京ディズニーランド開園 6. 日産自動車, アメリカで小型トラックの生産開始 7. 任天堂, ファミリーコンピュータ発売

1984	1. アップル・コンピュータがマッキントッシュを発売 11. レーガン大統領再選 11. デル創業	11. 日銀，新札発行（1万円札が福沢諭吉，5,000円札が新渡戸稲造，1,000円札が夏目漱石）	2. トヨタ・GM の合弁で NUMMI 設立 8. トヨタ自動車，製造業初の5兆円企業（売上高）となる
1985	1. 大統領産業競争力委員会報告（ヤング・レポート）発表 8. IBM，PC／AT を発売 9. 5カ国蔵相・中央銀行総裁会議でドル高修正のための為替市場への協調介入強化で合意（プラザ合意）	7. 円高不況 8. 日本，大口預金金利自由化	4. 日本電信電話株式会社（NTT）発足 4. 日本たばこ産業（JT）株式会社発足
1986	4. ソ連のチェルノブイリ原子力発電所で爆発事故 9. GATT 閣僚会議，ウルグアイラウンドの開始を宣言	4. 男女雇用機会均等法施行 4. 経済構造調整研究会報告（前川レポート） 7. 労働者派遣法施行 9. 日米半導体協定締結 12. バブル経済始まる	1. トヨタ，単独米国進出 10. NTT 株が売り出される（1株119万7,400円）
1987	3. 米政府，日本が日米半導体協定に違反しているとして制裁措置発表 10. ニューヨーク証券取引所で株価暴落（ブラックマンデー）		3. アサヒビール，スーパードライ発売 4. 国鉄分割・民営化（JR 各社へ） 9. 新電電3社（DDI，日本テレコム，日本高速通信）が市外電話サービス開始 11. 日本航空が完全民営化
1988	4. アフガニスタン和平協定調印（5. ソ連軍撤退開始） 7. BIS，銀行の自己資本比率規制の国際的統一基準を8％と決定（BIS 規制） 8. イラン・イラク戦争停戦 8. 米，新包括通商法が成立	3. 青函トンネルで JR 津軽海峡線開業 4.「マル優」制度廃止 4. 瀬戸大橋開通 6. リクルート疑惑明るみに出る	3. ブリヂストン社がファイアストン社を買収
1989	6. 第2次天安門事件 9. 日米構造問題協議（SII）開始 11. アジア太平洋経済協力会議（APEC）発足 11. ベルリンの壁崩壊 12. マルタ島での米ソ首脳で「冷戦終結宣言」	1. 昭和天皇崩御 1. 平成と改元 4. 消費税導入（3％） 6. NHK，衛星放送（本放送）開始 11. 日本労働組合総連合会（連合）発足	10. 三菱地所がロックフェラービルを買収 11. ソニー，34億ドルでコロンビア映画を買収 12. 東証平均株価，3万8,915円の史上最高値
1990	2. ネルソン・マンデラ氏釈放 5. マイクロソフト，ウィンドウズ3.0出荷 8. イラクがクウェート侵攻（湾岸危機） 10. 東西ドイツ統一	3. 不動産向け融資総量規制の大蔵省通達 6. 日米構造問題協議決着 10. 東証株価，2万円を割る（バブル経済崩壊） ○自動車の日本国内生産台数がピーク（1,349万台）	4. 太陽神戸銀行と三井銀行が合併（太陽神戸三井銀行，'92.4.にさくら銀行） 11. 松下電機産業（現・パナソニック），MCA（ユニバーサル映画はその傘下のひとつ）買収
1991	1. 多国籍軍がイラク攻撃（湾岸戦争） 2. 米財務省，金融制度改革案（グラス・スティーガル法の撤廃）を提出 4. 国連安保理，湾岸戦争終結を確認 7. ワルシャワ条約機構解体 8. ソ連共産党解散 12. マーストリヒト条約（EU 創設）合意 12. ソビエト連邦解体	4. 牛肉・オレンジ輸入自由化開始	3. イトーヨーカ堂，サウスランド社を買収 6. 田淵野村證券社長，大口顧客への損失補填問題で引責辞任 7. TI（テキサス・インスツルメンツ），キルビー特許侵害で富士通を提訴 12. トイザらス社，日本進出
1992	6. 地球環境サミット（環境と開発に関する国際会議） 12. 中国「社会主義市場経済」路線	1. 大店法改正施行（規制緩和で出店競争本格化） 7. 山形新幹線開業	10. 日本 IBM，低価格パソコンを発売。パソコンの普及進む。 12. 日本鉱業と共同石油が合併しジャパンエナジーに

1993	1. 欧州共同体（EC）統合市場発足 11. マーストリヒト条約発効 11. APEC 第 1 回非公式首脳会議 12. GATT ウルグアイラウンド妥結	8. 細川非自民連立政権発足 8. 円高，1 ドル＝100円台に突入 9. 日本，コメ不足で緊急輸入 11. 環境基本法公布 11. 平岩レポート	2. 日産，座間工場閉鎖などリストラ計画
1994	1. NAFTA（北米自由貿易協定）発効 7. Amazon のサービス開始	6. 円高，1 ドル＝100円を突破 9. 関西国際空港開港 9. 日欧電子企業，DVD の規格統一で合意 ○自動車生産台数で米国が日本を再逆転	3. イトーヨーカ堂，ウォルマートと提携
1995	1. WTO（世界貿易機関）発足	1. 阪神・淡路大震災 4. 円高，1 ドル＝79.75円の戦後最高値 7. 製造物責任（PL）法施行 9. 日銀が公定歩合を過去最低の0.5％に引き下げ 10. 育児・介護休業法施行	4. 松下電機産業（現・パナソニック），MCA 売却 5. 経団連『新時代の「日本的経営」』を発表 8. マイクロソフト，ウィンドウズ95を世界25カ国で発売（11. 日本で発売） 9. 三菱地所，ロックフェラービル売却を発表 12. 政府，住専処理案を決定
1996	12. 韓国が OECD 加盟（先進国入り）	5. カラーテレビ，95年度に初めて輸入が国内生産を上回る 7. 日米半導体協定の廃止	4. 三菱銀行と東京銀行が合併して東京三菱銀行が発足 4. フォード社，マツダを子会社化 6. アサヒスーパードライ，キリンラガービールを抜いて月間シェア No. 1となる 10. 新王子・本州製紙が合併し王子製紙発足（国内トップ） 10. デジタル CS 放送パーフェク TV 開業
1997	4. ナイキ，契約工場での労働者搾取（スウェット・ショップ）問題発覚。後に不買運動につながる 7. タイ通貨危機（アジア通貨危機の引き金） 7. 香港，英国から中国に返還 12. 京都議定書（COP 3）採択	3. 秋田新幹線開業 4. 消費税率 5 ％へ引き上げ 6. 改正独占禁止法公布（持株会社解禁） 10. 長野新幹線開業	3. 野村證券，総会屋への利益供与を認める（証券不祥事広がる） 4. 日産生命破綻 5. 楽天市場開設 11. 三洋証券，北海道拓殖銀行，山一證券が相次いで破綻
1998	4. 英，北アイルランド紛争の和解合意 4. 米金融会社大型合併相次ぐ 6. 欧州中央銀行（ECB）発足 8. ロシア経済危機 9. グーグル設立	2. 冬季オリンピック長野大会開催 4. 明石海峡大橋開通 4. 改正外為法施行（日本版金融ビッグバン） 6. 金融監督庁発足 9. スカイマーク，定期航空路線に35年ぶり新規参入（羽田～福岡） 12. 特定非営利活動促進法（NPO法）施行 12. 金融システム改革法施行	10. 日本長期信用銀行，一時国有化 11. ダイムラー・ベンツとクライスラーが合併しダイムラー・クライスラー発足 12. 日本債券信用銀行，一時国有化
1999	1. EU11カ国，単一通貨ユーロ導入 3. コソボ紛争勃発 12. ポルトガル，マカオを中国に返還	1. IT バブル始まる 2. 日銀，ゼロ金利政策開始 4. 整理回収機構（RCC）発足 6. 男女共同参画社会基本法施行 12. 改正労働者派遣法施行（派遣対象業務を原則自由化）	2. NTT ドコモ，i モード発売 3. 日産，ルノーの傘下に入ると発表 7. NTT が分割再編される
2000	5. プーチン，ロシア大統領に就任 7. グローバル・コンパクト正式に発足	4. 介護保険法施行 5. 大規模小売店舗立地法施行 7. 金融庁発足	4. 3 月末の携帯電話台数が5000万台を超えて固定電話を抜く 7. 雪印乳業製品で集団食中毒発生 7. そごうグループ，経営破綻 7. 三菱自動車工業リコール隠し事件

			10. 協栄生命保険，千代田生命保険経営破綻
2001	9. 米，同時多発テロ 10. 米，アフガニスタンを空爆 10. アップル，iPod 発売 12. 中国，WTO に加盟 12. 米エネルギー大手エンロン破産	1. 中央省庁再編成 1. 日銀，量的規制緩和を開始 4. 家電リサイクル法施行 4. 小泉内閣成立	4. 三井住友銀行発足 5. NTT ドコモ，FOMA サービス開始 6. ソニー銀行開業
2002	7. サーベンス・オクスレー法（企業改革法）制定 7. 米通信会社ワールドコム破産	2. いざなみ景気始まる 5. 日本経団連発足（経団連と日経連が統合）	1. 雪印食品牛肉偽装事件（2. 会社解散） 3. 西友，ウォルマートと包括契約（05年子会社化） 5. トヨタ自動車の経常利益，日本企業で初の1兆円突破
2003	3. イラク戦争開始 3. 中国広東省，香港などで SARS 集団発生 12. 米軍，フセイン元大統領を拘束	4. 日経平均株価終値7,607円88銭（バブル後最安値） 7. アメリカでの日本製アニメビジネス市場規模が鉄鋼製品輸入額の4倍となる 12. テレビ地上デジタル放送開始 ○新・三種の神器（デジタルカメラ，DVD レコーダー，薄型テレビ）の需要拡大	8. コニカとミノルタが統合しコニカミノルタ発足 4. 日本郵政公社発足 6. りそな銀行，実質国有化決定
2004	2. Facebook, Inc. 設立 6. EU 憲法採択	11. 新札発行（1,000円札は野口英世，5,000円札は樋口一葉）	3. 三菱ふそう，11万台リコール 4. ソニー，金融持株会社設立 12. ダイエー，産業再生機構支援決定 12. 任天堂，ニンテンドー DS 発売
2005	2. 京都議定書発効（地球温暖化防止）	1. 日中貿易額が04年統計で日米貿易額を上回る 4. ペイオフ解禁 10. 郵政民営化法成立	10. 楽天が TBS に経営統合申し入れ 12. セブン＆アイ・ホールディングスがそごう・西武百貨店を統合
2006	5. イラク正統政府発足	5. 新会社法が施行 10. 政府月例経済報告で4年10カ月連続の景気拡大「いざなぎ超え」と判断	1. 東京三菱と UFJ が合併し三菱東京 UFJ 銀行成立 1. ライブドア堀江貴文社長ら逮捕される 6. 村上ファンド・村上彰世代表逮捕される
2007	1. 中国，'06年国内新車販売台数が日本を抜いて世界第2位となったと発表 6. 米アップル，OS を搭載した iPhone（初代）を発売 8. 低信用住宅融資に起因する金融システム不安で世界同時株安（サブプライム・ショック）	8. 関西国際空港，国内初の完全24時間空港化	1. 食品偽装相次ぐ 4. 電子マネー nanaco の運用開始（セブン＆アイ HD） 8. 三越と伊勢丹が統合発表 9. 大丸と松坂屋 HD が統合（J フロントリテイリング） 10. 阪急と阪神，百貨店を統合（エイチ・ツー・オーリテイリング） 10. 日本郵政グループ発足 10. イオン銀行開行 12. トヨタ自動車，GM を抜き生産台数世界第1位
2008	7. 米アップル，iPhone 3G を発売 9. 米証券リーマン・ブラザーズが経営破綻（リーマン・ショック） 10. グーグル，AndroidOS を提供 12. 米政府，GM とクライスラーに緊急融資決定	10. 日本政策金融公庫発足 12. 年越し派遣村	2. 東芝，HD 方式から撤退し新世代 DVD 規格がブルーレイ方式となる 9. 野村 HD，リーマンのアジア・欧州・中東部門買収を発表 9. 三菱 UFJ，モルガンスタンレーを傘下に入れる 10. 松下電器，パナソニックに改称

2009	1. オバマ，米大統領就任 4. 米クライスラーが経営破綻 6. BRICs，初の首脳会議 6. GM，一時国有化による再建へ	3. 日経平均終値，7,054円98銭（バブル後最安値を更新） 8. 衆議院選挙で民主党大勝，政権交代 9. 消費者庁発足	5. トヨタ自動車，71年ぶりの営業赤字転落
2010	3. 欧州信用不安 3. 中国・吉利汽車，ボルボ買収 4. アップル，iPad 発売 ○中国の国内総生産（GDP），日本を抜き世界第2位へ	1. 輸出過去最大の前年比33％減，中国が最大の貿易相手国になる 12. 東北新幹線全線開業（東京〜新青森）	1. 日本航空，会社更生法適用申請 5. レナウン，中国企業の傘下に入る 6. 経済産業省製造産業局がクール・ジャパン室を設置し，日本の戦略産業分野である文化産業（デザイン，マンガ，アニメ，ファッション，映画など）を正式に支援 10. パナソニック，パナ電工と三洋電機を完全子会社化
2011	1. チュニジア大統領亡命（アラブの春の端緒となる） 5. 米軍，オサマ＝ビンラディンを殺害 12. 米軍，イラクから撤退完了	3. 東日本大震災 3. 福島第1原発で過酷事故 12. 貿易収支が31年ぶりの赤字となる	6. NHN Japan（現・LINE 株式会社）LINE提供開始 9. 大王製紙で100億円以上の不正借入が発覚 11. オリンパスで1,000億円以上の損失隠しが発覚
2012	1. イーストマン・コダック破産 11. オバマ，米大統領に再選	2. 復興庁発足 5. 東京スカイツリー開業 12. 衆議院選挙で自公が大勝，政権交代	2. エルピーダメモリ破綻 3. 日本初の LCC ピーチ就航 6. 東京電力の実質国有化を決定 7. ジェットスター・ジャパン就航
2013	3. 習近平，中国国家主席となる 8. ソフトバンク，米スプリント・ネクステルの買収完了 8. デトロイト市破産	4. 日銀「異次元の金融緩和」を決定，アベノミクス始動 9. 2020年オリンピック開催地に東京が決定 12. 特定秘密保護法が成立	1. 東京証券取引所と大阪証券取引所が合併 3. パナソニック，プラズマテレビ生産からの撤退表明 3. 日銀総裁に黒田東彦 4. グランフロント大阪開業 12. バニラエア就航
2014	6.「イスラム国」勢力拡大 12. 米，キューバが国交正常化を合意（15.7国交回復）	4. 消費税率8％へ引き上げ 7. 政府が集団的自衛権使容認を閣議決定 12. 衆院選で与党圧勝 12. 円安（1ドル121円）・株高（1万8,000円）進む	7. ベネッセから2,000万件の個人情報流出
2015	9. VW の排ガス不正が発覚 10. TPP 交渉が大筋合意 11. COP21 でパリ協定採択 ○イスラム過激派テロが頻発 ○ギリシャ金融危機	3. 北陸新幹線（長野〜金沢間）開業 9. 安全保障関連法が成立 10. 共通番号（マイナンバー）制度始まる	7. 東芝，不正会計問題が発覚，歴代社長が辞任 ○訪日観光客が増加し「爆買い」に注目集まる
2016	4. 租税回避地の実態示す「パナマ文書」公開される 6. 英国民投票で EU 離脱派が勝利 11. 米大統領選でドナルド・トランプ氏が当選	1. 日銀，マイナス金利政策を導入 3. 北海道新幹線（新青森〜新函館北斗間）開業 4. 熊本地震	4. シャープ，鴻海精密工業（台湾）の傘下に入る 4. 三菱自動車，燃費の不正が発覚，日産自動車が資本参加筆頭株主へ（10月） 9. 電通社員・高橋まつりさんの過労自殺が労災認定
2017	1. トランプ，アメリカ大統領に就任 5. 韓国大統領選挙で文在寅氏が当選 11. NY ダウ平均が2万4000ドルを突破（最高値）	2. プレミアムフライデー開始 7.「共謀罪」法成立 12. ビットコインが高値	1. 東芝，原子力発電事業で巨額損失発覚 8. ホンダジェットの上期出荷機数が世界一 10. 電通，労働基準法違反罪で有罪判決 ○自動車企業等で品質不正・データ改ざん問題発覚
2018	4. 南北首脳が「板門店宣言」に署名 5. 米イラン核合意から離脱 6. シンガポールで初の米朝首脳会談 12. TPP11（米を除く環太平洋連携協定）が発効	6.「働き方改革」関連法が成立 7. オウム真理教松本被告ら14人に死刑執行 9. 台風21号により関西国際空港が閉鎖 9. 北海道胆振東部地震の影響で北海道全域が停電	1. コインチェックで仮想通貨 NEM が580億円分流出 4. 大阪市営地下鉄が民営化 11. 日産自動車のカルロス・ゴーン会長逮捕される 11. 大阪万博（2025年）開催決定する

		10. 築地市場閉場，豊洲市場オープン ○森友学園・加計学園問題で政権批判	
2019	1. 仏ルノー，カルロス・ゴーン会長解任 3. エチオピア航空運航 B737-MAX 墜落 7. ボリス・ジョンソンが英首相に就任 8. 香港で反政府デモ始まる ○徴用工問題で日韓関係が悪化	4. 平成天皇退位 5. 令和と改元 6. G20 大阪サミット開催 10. 消費税率10％へ引き上げ 12. カルロス・ゴーン被告レバノンに逃亡	9. ヤフー，ZOZO 買収を発表 9. 関西電力金品受領問題が発覚 11. ヤフーと LINE，経営統合を発表
2020	1. 中国・武漢で新型コロナ感染症発生 1. 英 EU を離脱 2. 新型コロナ世界中に広がる（パンデミック） 11. アメリカ大統領選挙でバイデンが勝利	2. 新型コロナで全国の小中高休校要請 4. 新型コロナ感染拡大し緊急事態宣言 8. 4～7月の GDP 成長率が年率マイナス27.8％となる 9. 安倍総理辞任，菅義偉内閣が発足	3. 第5世代通信（5G）商用サービス開始 6. スパコン「富岳」計算速度ランキングで世界1位 12. 映画「鬼滅の刃」累計興行収入が300億円を超える
2021	1. バイデン，アメリカ大統領に就任 3. スエズ運河でコンテナ船が座礁し世界の物流に影響 7. ジェフ・ベゾスら宇宙飛行 8. アメリカがアフガンから撤退，タリバンが全土掌握 10. フェイスブックが「メタ」に名称変更 11. GE が会社3分割を発表	2. 新型コロナワクチン接種開始 7. 東京オリンピック2020が1年遅れで開幕 9. デジタル庁発足 10. 菅総理辞任，岸田文雄内閣が発足 11. オミクロン株国内初確認	2～9. みずほ銀行でシステム障害が多発 3. 日本郵政と楽天が業務提携 11. 東芝が会社3分割を発表 12. 前沢友作 ISS（国際宇宙ステーション）に到着

参考文献：塩見治人・堀一郎『日米関係経営史——高度成長から現在まで』名古屋大学出版会，1998年，367-387頁；中村政則・森武麿『年表昭和・平成史1926-2011』岩波ブックレット，2012年；矢部洋三『現代日本経済史年表1868～2010年』日本経済評論社，2012年；新聞各紙。

人名索引

事 項 索 引

執筆者紹介（氏名／よみがな／執筆担当／現職／専門分野／主著／現代経営を学ぶ読者へのメッセージ）　＊50音順

荒木孝治（あらき・たかはる／第XII章）
関西大学商学部教授
経営統計，経営システム論
『RとRコマンダーではじめる多変量解析』（編著，日科技連出版社）
統計的思考力は，いつの時代も社会において要求される最も重要な能力の一つです。

西村成弘（にしむら・しげひろ／第I章）
関西大学商学部教授
経営史，ビッグ・ビジネス
Organizing Global Technology Flows（eds., Routledge），『国際特許管理の日本的展開』（有斐閣）
企業経営を長期的な視野で把握する大局観こそ，大学時代に会得しておくべき重要な能力の一つである。

陰山孔貴（かげやま・よしき／第III章）
関西大学商学部准教授
ビジネス・マネジメント，企業と経営
『脱コモディティ化を実現する価値づくり』（中央経済社），『できる人の共通点』（ダイヤモンド社）
こつこつ学んでいきましょう。「千里の道も一歩から」ですね。

朴　泰勲（パク・テフン／第VII章）
関西大学商学部教授
イノベーション・マネジメント，ケーススタディ
『戦略的組織間協業の形態と形成要因』（白桃書房）
ケーススタディとデータ分析の融合を通じて日進月歩する技術を競争戦略の視点から分析しましょう。

片岡　進（かたおか・すすむ／序章第4～6節，第II章）
関西大学商学部准教授
現代社会と企業，コーポレート・ガバナンス
『現代企業の所有・支配・管理』（共著，ミネルヴァ書房）
本書をきっかけに正しい企業経営とコーポレート・ガバナンスについて興味をもっていただければ幸いです。

原　拓志（はら・たくじ／第IV章）
関西大学商学部教授
経営組織論，組織イノベーション論
『技術経営』（編著，中央経済社）
Innovation in the Pharmaceutical Industry（Edward Elgar）
1人では叶えられないことも組織を通せば叶うかもしれません。そんな組織のことについて，理解を深めましょう。

佐伯靖雄（さえき・やすお／第V章）
関西大学商学部教授
競争戦略論，経営戦略論
『自動車電動化時代の企業経営』（晃洋書房）
『中国地方の自動車産業』（編著，晃洋書房）
『東北地方の自動車産業』（編著，晃洋書房）
経営学はきわめて実践的・実戦的な学問です。よく学び，社会に出てから大いに役立てて下さい。

廣瀬幹好（ひろせ・みきよし／序章第1～3節）
関西大学名誉教授
ビジネス・マネジメント，経営思想史
『フレデリック・テイラーとマネジメント思想』（関西大学出版部），『ビジネスとは何だろうか』（文眞堂）
マネジメントの古典学習は，経営研究の道しるべとしてとても大切です。

千葉貴宏（ちば・たかひろ／第IX章）
関西大学商学部准教授
消費者行動論，サービス・マーケティング論
"Are Superior Services Always Good for Satisfaction Formation?" in *Serviceology for Smart Service System,* Springer
理論から実際を，1つの抽象化から10の具体化を発想することで，ともに知性を鍛えましょう。

細見正樹（ほそみ・まさき／第VI章）
関西大学商学部准教授
ヒューマン・リソース・マネジメント，現代の労務管理
『ワーク・ライフ・バランスを実現する職場』（大阪大学出版会）
組織とヒトについて学び，やりがいと幸福度を高める方法を考えよう。

西岡健一（にしおか・けんいち／第X章）
関西大学商学部教授
ビジネスモデル論，ニュービジネス論
『「製造業のサービス化」戦略』（共著，中央経済社）
『サービス・イノベーション』（共著，有斐閣）
傍観者ではなく，主体的に新しいビジネスをつくっていきましょう。

村上啓介（むらかみ・けいすけ／第XIII章）
関西大学商学部准教授
生産管理論，経営科学
「顧客の需要量が不確実な状況下におけるロバスト配送計画」『日本経営工学会論文誌』60(6)：289-296
経営問題に対する科学的アプローチを学びましょう。

執筆者紹介（氏名／よみがな／執筆担当／現職／専門分野／主著／現代経営を学ぶ読者へのメッセージ）　＊50音順

矢田勝俊（やだ・かつとし／第XIV章）
関西大学商学部教授
経営情報論，データマイニング論
『データマイニングと組織能力』（多賀出版），『データマイニングとその応用』（共著，朝倉書店）
ビジネスの楽しさを学んでください。

横山恵子（よこやま・けいこ／第XI章）
関西大学商学部教授
ベンチャー論，中小企業論
『企業の社会戦略とNPO』（白桃書房），『エシカル・アントレプレナーシップ』（編著，中央経済社）
ベンチャーの多様性と，そこに流れるヒューマン・ドラマを一緒に学びましょう。

李　振（リ・シン／第VIII章）
関西大学商学部准教授
デジタル・マーケティング・マネジメント，データサイエンス
『Rで統計を学ぼう！　文系のためのデータ分析入門』中央経済社
焦らず少しずつ理解していきましょう！　楽しく学ぶことは，一番大切なことです。

やわらかアカデミズム・〈わかる〉シリーズ

よくわかる現代経営［第7版］

2004年10月20日	初　版第1刷発行	（検印省略）
2009年2月20日	第2版第1刷発行	
2012年4月25日	第3版第1刷発行	
2014年3月10日	第4版第1刷発行	
2017年3月30日	第5版第1刷発行	
2021年3月30日	第6版第1刷発行	
2023年3月30日	第7版第1刷発行	
2024年2月20日	第7版第2刷発行	

定価はカバーに表示しています

編　者　「よくわかる現代経営」編集委員会
発行者　杉田啓三
印刷者　江戸孝典
発行所　株式会社　ミネルヴァ書房

607-8494 京都市山科区日ノ岡堤谷町1
電話代表（075）581-5191
振替口座 01020-0-8076

ISBN978-4-623-09549-0
Printed in Japan